# A CIÊNCIA DOS SUPERPODERES

Juan Scaliter

# A CIÊNCIA DOS SUPERPODERES

## Ficção e Realidade sobre os Poderes e Proezas dos Heróis, Anti-heróis e Vilões no Universo dos Quadrinhos

*Tradução*
CLÁUDIA GERPE DUARTE
EDUARDO GERPE DUARTE

Editora
Cultrix
SÃO PAULO

Título original: *La Ciencia de los Superhéroes*



Texto de acordo com as novas regras ortográficas da língua portuguesa.

1ª edição 2013.



**Editor:** Adilson Silva Ramachandra
**Editora de texto:** Denise de C. Rocha Delela
**Coordenação editorial:** Roseli de S. Ferraz
**Produção editorial:** Indiara Faria Kayo
**Assistente de produção editorial:** Estela A. Minas
**Revisor técnico:** Adilson Silva Ramachandra
**Preparação de originais:** Marta Almeida de Sá
**Revisão:** Maria Aparecida A. Salmeron e Vivian Miwa Matsushita
**Editoração eletrônica:** Join Bureau

Dados Internacionais de Catalogação na Publicação (CIP)
(Câmara Brasileira do Livro, SP, Brasil)

---

Scaliter, Juan
A ciência dos superpoderes : ficção e realidade sobre os poderes e proezas dos heróis, anti-heróis e vilões no universo dos quadrinhos / Juan Scaliter; tradução Cláudia Gerpe Duarte, Eduardo Gerpe Duarte. – São Paulo : Cultrix, 2013.

Título original: La ciencia de los superhéroes.
ISBN 978-85-316-1219-0

1. Histórias em quadrinhos 2. Quadrinhos – História e crítica 3. Super-heróis 4. Super-heróis na literatura I. Título.

13-00475 CDD-741.5

---

Índices para catálogo sistemático:
1. Super-heróis em quadrinhos : Ciências 741.5

Direitos de tradução para o Brasil adquiridos com exclusividade pela
EDITORA PENSAMENTO-CULTRIX LTDA que se reserva a
propriedade literária desta tradução.
Rua Dr. Mário Vicente, 368 – 04270-000 – São Paulo – SP
Fone: (11) 2066-9000 – Fax: (11) 2066-9008
http://www.editoracultrix.com.br
atendimento@editoracultrix.com.br
Foi feito o depósito legal.

# NOTA DO EDITOR

As descrições dos personagens apresentados neste livro são meramente resumos do autor, baseados nas versões mais conhecidas. Não têm, portanto, a pretensão de abarcar todos os dados biográficos acrescentados ou modificados por gerações de roteiristas (inclusive os provenientes de histórias sobre viagens no tempo, universos paralelos e realidades alternativas). Sua função é servir de respaldo para o debate das questões científicas por trás dos poderes e façanhas dos super-heróis, anti-heróis e vilões do universo dos quadrinhos, mostrando o que é pura fantasia e o que a ciência já transformou em realidade.

# SUMÁRIO

## PARTE 2 ▶ MUTANTES



## PARTE 3 ▶ PODERES DE LABORATÓRIO

## PARTE 5 ▶ ANTI-HERÓIS

# AGRADECIMENTOS

Agradeço àqueles que determinaram a minha vida com suas perguntas.

Aos meus filhos: que ainda me perguntam "**por quê?**".

À minha mulher: que sempre quer saber **quanto**, quando a resposta é tudo.

À minha mãe: que sempre me faz lembrar **quem eu sou**.

Às minhas irmãs: que me ensinaram **como** eu deveria me comportar.

Este livro tornou-se realidade graças a dezenas de pessoas que abriram para mim os seus braços e a sua mente. Portanto, quero agradecer a Martí Pallàs, da Robinbook, que soube enxergar um livro onde só havia cinco perguntas sem sentido. Ele foi responsável por torná-lo interessante e compreensível.

Estou também em dívida com a equipe da revista *Quo*, com a qual muito tenho aprendido em todos estes anos, tanto na esfera humana quanto na profissional.

Agradeço também a todos os cientistas que entrevistei e que suportaram (não me ocorre outro termo mais adequado) as estranhas perguntas que eu fazia quando lhes telefonava ou conversava pessoalmente com eles. Ainda me lembro de alguns olhares benevolentes diante de dúvidas incompreensíveis; por exemplo, se é possível ativar um vírus a distância.

Sou grato ainda a todos os cientistas do Centro de Astrobiologia (CAB), em Madri. Foi um privilégio conhecer aqueles que tentam explicar o nosso Universo e a origem da vida na Terra. Muito obrigado.

Agradeço aos meus amigos Lorena, Vicente, Rodolfo e Rafael (todos incríveis jornalistas), que durante meses foram pacientes com as minhas dúvidas, as minhas teorias e os meus pedidos de ajuda.

Finalmente, agradeço à MHD. Muito obrigado pelos anos de lealdade.

# INTRODUÇÃO

"Nós nos detemos em curiosidades improdutivas; transformamos nossos piolhos e pulgas em bois e porcos com a ajuda de lentes de aumento; buscamos o mundo que existe na Lua por meio de telescópios ou vamos pesar o ar no ponto mais elevado de Tenerife... que são coisas claramente ingênuas." Esse texto faz parte de um livreto publicado em 1680 por um autor anônimo que queria atacar os cientistas.

Essas agressões me fazem lembrar de uma das frases de Arthur Clarke: "Toda tecnologia suficientemente avançada é indistinguível da magia". E o que hoje nos parece muito surpreendente – os transplantes de rosto, o teletransporte, a criação de antimatéria ou a capacidade de ler os sonhos de outras pessoas – há cinquenta anos era impensável, uma quimera... pura magia.

Acontece que, às vezes, nem mesmo os próprios cientistas confiam na ciência... e tampouco nos seus colegas do futuro. Um dos meus cientistas preferidos é lorde Kelvin, que aos 10 anos de idade foi aceito na University of Glasgow. Aos 20, publicou artigos tão inovadores sobre matemática pura que os assinava com um pseudônimo, para não envergonhar seus professores. Ele também se destacou em física, formulou a segunda lei da termodinâmica, escreveu trabalhos revolucionários sobre eletromagnetismo e a teoria da luz e, como se não bastasse, patenteou quase setenta invenções e redigiu mais de 650 artigos científicos. Apesar de tudo isso, em 1900, lorde Kelvin garantiu que "agora não há mais nada a ser descoberto na física, tudo o que resta a fazer são medições mais precisas". Se os cientistas que vieram depois tivessem acreditado nesse gênio (e, na verdade, examinando a sua história, não havia nenhuma razão para duvidar), as viagens espaciais, a internet, os satélites e, em suma, o nosso conceito do mundo moderno teriam estacionado no século XIX.

Até meados do século, os super-heróis e os vilões do mundo das histórias em quadrinhos possuíam superpoderes que hoje a ciência não apenas explica, como também recria. O Homem de Ferro já existe; já se criou vida, como fez Reed Richards, do Quarteto Fantástico; e povoar o deserto, como conseguia o Monstro do Pântano, também é uma realidade.

Por isso, este livro também poderia chamar-se "Os que sabiam" – de algum modo, os criadores desses personagens sabiam que, em um futuro próximo, as suas proezas poderiam ser recriadas pelos cientistas e atender ao mesmo propósito dos super-heróis: ajudar a humanidade melhorando a nossa qualidade de vida, possibilitar que exploremos os confins da nossa galáxia e explicar o Universo na sua escala mais diminuta.

Este livro não inclui todos os personagens do mundo das histórias em quadrinhos; no total são pouco mais de sessenta os que são mencionados nestas páginas, mas logo serão muito mais. A ciência avança a passos tão velozes que, frequentemente, presenciamos inovações que antes só tinham lugar uma vez em cada década.

Não tenho nenhuma dúvida de que, em poucos anos, precisarei escrever a segunda parte deste livro, que abordará tudo aquilo que hoje nos parece irrealizável: viagens no tempo, a exploração de outras galáxias, transplantes de cérebro, porque, como diz o escritor de ficção científica Arthur C. Clarke em sua Primeira Lei, "quando um cientista ilustre, porém de idade avançada, diz que algo é possível, ele está quase sempre certo. Quando ele diz que algo é impossível, ele está muito provavelmente errado".

# Parte 1

# PODERES NATOS

Exceto pela Mulher-Maravilha, todos os personagens deste capítulo vêm de outras galáxias, ou pelo menos de outros planetas. Quando a maioria deles foi criada, por coincidência, a exploração espacial estava nos seus primórdios e as pessoas começavam a se perguntar se haveria vida em outros planetas, como seriam os habitantes de outros mundos e o que aconteceria se nos encontrássemos com eles. Uma prova de que esses pensamentos estavam no ar foi que, em 1938, o mesmo ano em que foi publicado o primeiro exemplar da revista *Action Comics* com o Super-Homem na capa, houve a famosa transmissão radiofônica de *Guerra dos Mundos,* narrada por Orson Welles.

Sendo assim, as opiniões estavam divididas: os alienígenas poderiam ser como o Super-Homem e ter como objetivo o bem, ou poderiam ser vilões com quem teríamos de tomar muito cuidado, como no romance de H. G. Wells. Ninguém sabia a resposta (e ainda ninguém sabe), mas a ideia havia se fixado no âmago da sociedade e as revistas de histórias em quadrinhos a utilizaram, já que ela reunia emoções básicas do ser humano (esperança, temor, curiosidade etc.) e, sobretudo, podia responder, pelo menos hipoteticamente, à grande pergunta: estamos sozinhos no Universo?

## A fórmula do E.T.

Em 1961, o radioastrônomo Frank Drake, presidente e fundador do projeto SETI (sigla de Search for Extraterrestrial Intelligence, que significa Busca por

Inteligência Extraterrestre), idealizou uma fórmula para calcular a possibilidade de encontrarmos vida em outros lugares do Universo. Embora os seus parâmetros tenham sido questionados inúmeras vezes, principalmente pelo fato de muitos deles serem uma incógnita, a intenção de responder à pergunta anteriormente formulada é clara. A equação se baseia na seguinte fórmula:

**N = R x Fp x ne x F1 x Fi x Fc x L**

Ela parece incoerente e ininteligível, porém aqui vai a explicação:

N = Número de civilizações na Via Láctea com emissões eletromagnéticas detectáveis.

R = Ritmo médio de formação estelar na galáxia.

Fp = Fração dessas estrelas com sistema planetário.

Ne = Número médio de planetas com sistema planetário e um ambiente adequado à vida.

F1 = Fração de planetas adequados nos sistemas onde há vida.

Fi = Fração de F1 onde se desenvolveu vida inteligente.

Fc = Fração de Fi onde tenha se desenvolvido uma civilização tecnológica com meios de comunicação e que emita no espaço sinais da sua existência.

L = Período de tempo em que Fc sobreviveria.

O resultado que Drake obteve foi que dez civilizações na nossa galáxia poderiam abrigar vida inteligente. No entanto, esses parâmetros são constantemente revistos, e não há unanimidade em quase nenhum deles. Pode haver dez, como pode haver dez milhões. Ou nenhuma. Entretanto, se pudéssemos vê-las... seriam como as imaginamos?

# HERÓIS

# ▶ 1

## SUPER-HOMEM

### O herói que veio de Krypton

É o super-herói por antonomásia. Não apenas porque foi o primeiro a se constituir como tal, mas também porque na sua personalidade "humana" é um homem socialmente tímido, profissionalmente medíocre e afetivamente inseguro, algo com o que não temos dificuldade em nos identificar. Um fato interessante (e que tem sido objeto de inúmeras análises) é que, enquanto para outros super-heróis a máscara é o personagem (Batman, Flash, Demolidor etc.), para o Super-Homem, o aspecto humana é a sua máscara, e para mimetizar-se com a humanidade ele se "veste" como um ser retraído e solitário.

Kal-El – o seu verdadeiro nome – nasceu no planeta Krypton e foi enviado para a Terra pelo pai, o cientista Jor-El, antes que o seu planeta fosse destruído. Na Terra, ele foi adotado e criado por um casal de idade avançada, Martha e Jonathan Kent. Foram eles que lhe inculcaram os valores morais que distinguem esse personagem... embora no início da saga ele não fosse tão "moralmente correto": nos primeiros números da revista, o Super-Homem aterrorizava os agressores, despejava a sua fúria sobre os criminosos e era muito violento com os valentões.

O que mais chama atenção na história do Super-Homem não é o fato de ele voar ou ser capaz de emitir raios X pelos olhos (habilidades que discutiremos neste capítulo), mas sim o de os seus pais adotivos, ao comprovarem que há vida em outros planetas, que não estamos sozinhos no Universo, em vez de contarem o fato para todo mundo, terem decidido ocultar a prova e criar o filho como se nada tivesse acontecido. Isso realmente chama atenção, não é mesmo?

## Uma questão de gravidade

Como isso não tem resposta, vamos examinar algo que poderia ser respondido. Primeiro, o voo do Super-Homem. Nas suas primeiras aventuras, o super-herói de Krypton não voava, apenas saltava por cima de prédios. A explicação que se dava era que o Super-Homem vinha de um planeta cuja gravidade era muito maior do que a da Terra. Vamos começar descrevendo sucintamente a gravidade. Imaginemos que o Universo seja como um colchão: quando colocamos um objeto no centro do colchão, a área em volta do Universo afunda e, quanto mais pesado o objeto, mais o colchão afunda. Algo semelhante ocorre no Universo. Quanto maior a massa de um planeta, mais "afundará" a superfície que o rodeia. A zona afundada é a que está sob a influência da gravidade do objeto, neste caso, um planeta. A grande diferença com relação à comparação com o colchão é que a gravidade atua em todas as dimensões: nas três dimensões espaciais (altura, largura e profundidade) e na temporal (veremos mais adiante como a gravidade influi no tempo). Por enquanto, quanto maior a massa de um planeta (ou qualquer corpo estelar), maior a sua gravidade e maior a atração que ele exerce sobre os corpos próximos. Se Krypton fosse um planeta com uma massa enorme um campo de gravidade imenso, o Super-Homem conseguiria levantar objetos que nós sequer poderíamos mover e seria capaz de dar saltos enormes. Algo semelhante ocorreria se estivéssemos na Lua; poderíamos dar saltos de doze metros de altura ou levantar um automóvel. Como sabemos disso? A força necessária para levantar um objeto é igual à massa do objeto multiplicada pela força de gravidade do planeta. Desse modo, se na Terra conseguimos levantar cem quilos ou saltar dois metros, na Lua, cujo campo de gravidade é 1/6 do terrestre, os números se multiplicam por seis.

## Forte como o aço

Voltemos agora ao Super-Homem. O nosso super-herói é, supostamente, mil vezes mais forte do que qualquer ser humano. Pelos cálculos que fizemos anteriormente, sabemos que, se ele for mil vezes mais forte, a gravidade em Krypton teria de ser mil vezes maior. Um planeta assim precisaria ter uma massa três vezes maior do que a do Sol. A pergunta que surge é óbvia: poderia existir um planeta com uma gravidade tão grande? A verdade é que isso não é possível, pelo menos com os nossos conhecimentos de física. De fato, se existisse um planeta assim, o

Super-Homem nunca teria chegado à Terra, já que a força da gravidade de Krypton seria tão grande que não haveria energia suficiente para que um foguete escapasse de lá.

Supondo que as atuais leis da física, de algum modo, estivessem equivocadas ou ignorassem exceções que explicassem a existência de um planeta como Krypton, a realidade é que o Super-Homem poderia levantar objetos que pesassem cerca de 100 mil quilos,[1] como um avião, ou dar saltos de até 2 mil metros de altura. No entanto, voar não seria possível. E por uma simples razão: ele não poderia alterar a direção e variar a altura do salto constantemente.

Em um aspecto os roteiristas estavam certos: o Super-Homem seria o homem de aço. Se a gravidade de Krypton fosse mil vezes maior do que a nossa, os habitantes desse planeta precisariam ter ossos e músculos mil vezes mais fortes, para não sucumbir à extraordinária força de gravidade do planeta.

## Para ser feliz quero um supercondutor

Porém... o que diz a ciência sobre o voo? Poderemos voar um dia?

A resposta é afirmativa. Com uma condição: que descubramos supercondutores que funcionem à temperatura ambiente. Vamos examinar o assunto passo a passo. Frequentemente comprovamos que, se aproximarmos dois ímãs, com o polo norte de um voltado para o polo norte do outro, os ímãs se repelem, se afastam. É aqui que entram os supercondutores. Em 1911, o físico holandês Heike Kamerlingh Onnes descobriu a supercondutividade. Quando substâncias são esfriadas a temperaturas próximas do zero absoluto (-273 °C), elas perdem a sua resistência elétrica. Isso ocorre porque, como veremos no caso do super-herói Átomo, a temperatura representa o grau de atividade dos átomos: mais atividade, mais calor, e vice-versa. Desse modo, se os átomos não estão ativos, oferecem menos resistência à eletricidade quando ela passa por um condutor de metal.[2] À medida que a ciência avança, vai descobrindo materiais com qualidades supercondutoras a uma temperatura mais elevada. Atualmente, o recorde é uma substância composta de óxido de cobre, mercúrio, tálio, bário e cálcio que se torna supercondutora a -135 °C. Quando os átomos atravessam um condu-

1. Um ser humano em boa forma física pode levantar 100 quilos, que multiplicados por 1.000 é igual a 100.000 quilos.

2. Imagine a eletricidade como uma prancha de skate. Quando um material esfria a essas temperaturas, os átomos se "aquietam" e a superfície deixa de ser como um tapete e passa a se parecer com o mármore (pelo menos no nível atômico), de modo que a prancha de skate (a eletricidade) desliza com mais facilidade.

tor, eles se alinham em um mesmo sentido,[3] o que cria um campo magnético, fazendo surgir, assim, basicamente, um campo eletromagnético. Em certo sentido, é como se nós colocássemos todos os átomos em uma fileira: se estiverem voltados para um lado, o campo magnético será positivo, se estiverem voltados para o outro, será negativo.

Um supercondutor, por ser milhões de vezes mais eficiente na transmissão da eletricidade, possibilita o alinhamento mais eficaz dos átomos e a criação de campos magnéticos muito mais fortes, a ponto de fazer um carro levitar. Se tivéssemos supercondutores que funcionassem à temperatura ambiente, poderíamos construir ímãs com uma potência milhões de vezes mais intensa do que a do campo magnético terrestre. Esse seria um dos ímãs; o outro deveria ser um pequeno cinturão, também com supercondutores do mesmo polo que o ímã. Por apresentarem polaridades idênticas, eles se repeliriam e permitiriam que levitássemos, construíssemos carros voadores e voássemos... quase como o Super-Homem.

Lamentavelmente, as pesquisas de supercondutores à temperatura ambiente são uma questão de tentativa e erro: os cientistas constantemente experimentam diferentes materiais ou combinações desses. Por conseguinte, as descobertas desse tipo de tecnologia poderiam acontecer amanhã ou daqui a uma década, mas isso não é algo inconcebível, já que não desafia as leis da física nem está fora das nossas barreiras tecnológicas.

## O Super-Homem pode emitir raios X?

Na questão anterior, vimos que, quando os elétrons se alinham, eles criam um campo eletromagnético. Quando os mesmos elétrons se deslocam para trás e para a frente, ou seja, oscilam, eles criam uma onda que, obviamente, recebe o nome de onda eletromagnética. Toda matéria que está acima do zero absoluto emite ondas eletromagnéticas. Quanto mais elevada a temperatura, mais intensa é a energia e menor a onda eletromagnética, e vice-versa. Por exemplo, as ondas geradas por dispositivos eletrônicos (rádio, televisão, micro-ondas) têm uma grande amplitude (chegam a cem metros) e, portanto, baixa temperatura e pouca energia. À medida que nos deslocamos no espectro eletromagnético (o conjunto de todas as radiações conhecidas), as ondas ficam menores e a energia aumenta.

---

3. A rigor, são os elétrons (carga negativa) e os prótons (carga positiva) que se alinham, ou seja, as partículas carregadas eletronicamente.

A luz visível, por exemplo, é emitida por uma matéria que está acima de 700º C, e a sua amplitude de onda determina a cor. Esse espectro vai do vermelho, que é a cor que tem a maior amplitude de onda, com cerca de 700 nanômetros,[4] ao violeta, com uma amplitude de onda de cerca de 400 nanômetros. Por isso, às vezes, falamos de óculos infravermelhos (que possibilitam ao ser humano enxergar ondas abaixo do vermelho) ou ultravioletas (acima do violeta). Nesse espectro também estão incluídos os raios X.[5] Esse tipo de onda eletromagnética é produzido quando um elétron com grande energia se choca contra um metal, e o resultado da colisão são os raios X. Por conseguinte, o Super-Homem deveria ser capaz de emitir grande quantidade de energia através dos olhos, dirigir essa energia para um objeto metálico e fazer o raio resultante focalizar exatamente o que ele pretendesse ver. Algo bastante complicado... No entanto, e se o Super-Homem conseguisse enxergar os raios X? A verdade é que as coisas também não mudariam, por mais que os vendedores de óculos de raios X quisessem nos convencer do contrário. A única coisa que o Super-Homem conseguiria fazer seria ver objetos que emitissem raios X ou detectar a sua transmissão.

---

4. Um nanômetro é a bilionésima parte do metro.

5. Os raios X recebem esse nome porque, quando o físico alemão Wilhelm Roentgen os descobriu, em 1895, eles pareciam tão misteriosos que ele ficou sem saber que nome dar a eles.

# 2

## SURFISTA PRATEADO

### Parece que vi uma estrela prateada

O mensageiro de Galactus nasceu Norrin Radd, um alienígena do fictício planeta Zenn-La, que orbita uma estrela muito real, Deneb (Alpha Cygni), localizada na também verdadeira constelação do Cisne, ou Cygnus, a 1.425 anos-luz da Terra. Os zennlavianos pertencem a uma avançada raça tecnológica que não se interessa mais por fazer explorações e deseja viver em paz no seu próprio planeta. E consegue o seu intento. Pelo menos até que surge Galactus, o devorador de mundos. Norrin enfrenta o ser maléfico e diz a esse que dedicará a vida a procurar outros planetas para alimentá-lo se ele salvar o seu planeta e, com ele, a sua amada Shalla Bal. Galactus aceita o trato e confere a Norrin o poder cósmico, o que o transforma no Surfista Prateado. Inicialmente, o nosso herói busca planetas em que não há vida, mas fica cada vez mais difícil achá-los. Galactus, no entanto, logo se dá conta do estratagema e faz uma lavagem cerebral no seu enviado para romper a barreira autoimposta, quando então o Surfista Prateado encontra a Terra e diz a Galactus que ela será um alimento perfeito. Entretanto, ao chegar aqui, ele conhece o Quarteto Fantástico, e a nobreza dos super-heróis que formam esse grupo ativa novamente as barreiras morais do Surfista Prateado, que decide enfrentar Galactus. Este, para castigar o Surfista por sua rebeldia, constrói um muro ao redor da Terra que só afeta o seu antigo pupilo, impedindo-o de voltar ao seu planeta.

## Meu nome é Negro, Buraco Negro

Galactus, um devorador de mundos do qual nada escapar, poderia tranquilamente ser um sinônimo para buraco negro: uma região do espaço com uma densidade tão imensa que gera um campo gravitacional tão forte que nem a luz consegue escapar dele, daí o seu nome. É possível, então, acabar com um buraco negro? A ciência diz que sim, embora isso seja muito complicado. Ted Jacobson, da University of Maryland, e Thomas Sotiriou, da University of Cambridge, propõem basicamente alterar as condições que possibilitaram o surgimento do buraco negro. De acordo com esses cientistas, se o equilíbrio se altera, o buraco negro desaparece, revelando o seu interior. Como isso acontece? É nisso que os físicos ainda não estão de acordo, já que o sistema cria uma singularidade: o que acontece quando uma teoria desmorona e precisamos de uma nova explicação para o novo evento. Para compreender um pouco melhor o fenômeno, consultei Char Orzel, professor do Departamento de Física e Astronomia do Union College em Schenectady, no estado de Nova York, e autor do livro *How to Teach Physics to Your Dog*. "Para destruir um buraco negro, a coisa lógica a se fazer seria anular a sua fonte de recursos, ou seja, cortar a sua alimentação. Isso impediria que ele se desenvolvesse ainda mais. Pode ser que, a partir desse momento, tenha início a sua involução e ele desmorone por causa de seu próprio peso." Então eu pergunto: o que aconteceria? Veríamos um buraco branco?[6]

"Os buracos brancos fazem parte de uma teoria, de modo que sua existência não está confirmada. Se pudéssemos estudar o que ocorre dentro de um buraco negro, poderíamos não apenas entender o fenômeno, mas também saber, talvez, em última análise, o que existe. No entanto, por ora, não possuímos a tecnologia necessária para realizar uma simulação desse nível."

## Soprando o vento... solar

No entanto, algo mais realista do que saber como acabar com um buraco negro (assunto que por ora não deveria preocupar nem a você nem aos seus descendentes durante várias centenas de gerações) é compreender como o Surfista

---

6. Um buraco branco é o possível "espelho" de um buraco negro. Enquanto nesse último tudo entra e nada consegue escapar, do buraco branco tudo sai. É como uma imensa torneira emissora de radiação.

Prateado fazia para se transportar de uma galáxia a outra. O mais provável é que ele usasse o vento solar como forma de propulsão.

No começo do século XVII o astrônomo Johannes Kepler observou, através do seu telescópio, que a cauda dos cometas parecia ser arrastada pelo que ele chamou de "vento solar". Centenas de anos depois, os cientistas demonstraram que o espaço está dominado pelo vácuo: neste, o ar não "se desloca", de modo que não pode haver vento. O que Kepler tinha visto era o modo como as partículas desprendidas pelo cometa se chocam contra os fótons (partículas de luz) ou exercem pressão contra eles. A força dessa pressão é muito leve, e na Terra não a percebemos, porque a força de atrito da atmosfera é maior, e a sua origem reside nos fótons e nas partículas que o Sol "dispara" (irradia seria mais correto), que os astrofísicos chamam de vento solar. Apesar da sua pouca força, a pressão dos fótons é muito constante e poderia servir como energia para alimentar naves solares que funcionariam com velas enormes em vez de usarem combustível que lhes fornecesse um impulso poderoso, mas de curta duração, pelo menos no que diz respeito a viagens interestelares. A constância desse tipo de radiação seria muito mais eficiente do que qualquer combustível químico e possibilitaria

que se alcançassem velocidades de até 10% da velocidade da luz; ou seja, na potência máxima, a nave poderia percorrer em uma hora a distância média que nos separa de Marte, quando hoje levamos quatro meses para chegar ao planeta

vermelho.[7] O problema das naves que funcionam com ventos solares são as velas. Estas precisam ser suficientemente grandes, ter mais ou menos cerca de meio quilômetro de diâmetro, para começar a tirar proveito da energia transportada pelos fótons. Para isso, as velas devem ser estendidas tão logo a nave esteja em órbita; caso contrário, podem transcorrer meses até que uma velocidade proveitosa seja alcançada. Isso se deve ao atrito atmosférico anteriormente mencionado. Atualmente, o material mais usado é o alumínio (mais precisamente, uma película de Kapton, uma espécie de polímero aluminizado) com uma espessura de 0,1 micrômetro (um micrômetro equivale à milionésima parte do metro). Para manobrar esse tipo de nave, basta agitar a vela para afastá-la um pouco da trajetória dos fótons (como se fosse um leme). O maior obstáculo presente na fabricação de uma nave espacial impulsionada pelos ventos solares é o material do qual serão feitas as velas. Por causa de sua estrutura delgada e delicada, elas não podem ser dobradas como papel e embaladas para ser colocadas em órbita e, devido ao seu tamanho, atualmente tampouco podem ser lançadas nas laterais do foguete, como se este fosse o Super-Homem e as velas fossem a sua capa. Para piorar as coisas, o desdobramento das velas no espaço é uma tarefa delicada que ainda não foi testada muitas vezes.

## Levantando voo

No entanto, em 2010, com o lançamento da IKAROS (sigla de Interplanetary Kite-Craft Accelerated by Radiation Of the Sun), o vento solar foi usado pela primeira vez como a principal forma de propulsão de uma nave espacial.[8] A IKAROS (é curioso que ela tenha o nome do personagem mitológico que morreu por se aproximar demais do Sol) estendeu velas de 200 metros quadrados no dia 10 de junho. Quando concluí este livro, a IKAROS continuava sua jornada de seis meses até Vênus e de três anos até a face mais distante da nossa estrela.

Se no futuro conseguirmos criar novos elementos (consulte o capítulo do Homem Absorvente) com melhores propriedades, talvez seja possível realizar viagens à estrela mais próxima, Alfa Centauri C, ou Próxima Centauri, situada a 4,22 anos-luz, no mesmo período de tempo que hoje levaríamos para chegar a Júpiter. Serão esses os materiais que "revestem" o corpo do Surfista Prateado?

---

7. A velocidade das partículas oscila entre 350 km/h e 800 km/h.

8. Nave-pipa Interplanetária Acelerada pela Radiação do Sol. (N. dos T.)

# 3

## ETERNOS

## Eternamente vivos

Inspirado na ideia de que o nosso planeta teria sido visitado há milhares de anos por civilizações avançadas, e que os seus vestígios estavam evidentes em construções como as pirâmides do Egito ou em desenhos como as linhas de Nazca, o desenhista e roteirista Jack Kirby (criador de Thor, o Quarteto Fantástico, X-Men, Surfista Prateado e outros super-heróis, junto com o escritor e roteirista Stan Lee) criou os Eternos. Segundo a lenda, uma civilização alienígena – chamada os Celestiais – chegou ao nosso planeta há cinco milhões de anos e, por meio de experiências genéticas, criou duas raças: os imortais Eternos e os grotescos e monstruosos Deviantes. A partir desse momento, ambas as raças estavam destinadas a se enfrentar e lutar pela humanidade: os Deviantes, para subjugá-la, os Eternos, para protegê-la.

Inicialmente, os Eternos tinham uma vida muito mais longa do que o normal, mas o seu poder não abrangia a imortalidade. No entanto, tudo mudou quando um dos seus líderes, Kronos, realizou uma experiência que fracassou estrondosamente e, além de ter tirado a vida do líder, ativou certos genes latentes nos Eternos, os quais, a partir de então, se tornaram imortais. Teriam sido os genes da medusa *Turritopsis nutricula*?

### Bob Esponja, nosso antepassado?

Há cerca de 998 milhões de anos, a esponja *Amphimedon queenslandica* era o primeiro animal no planeta. O que a diferenciava dos vegetais eram, basica-

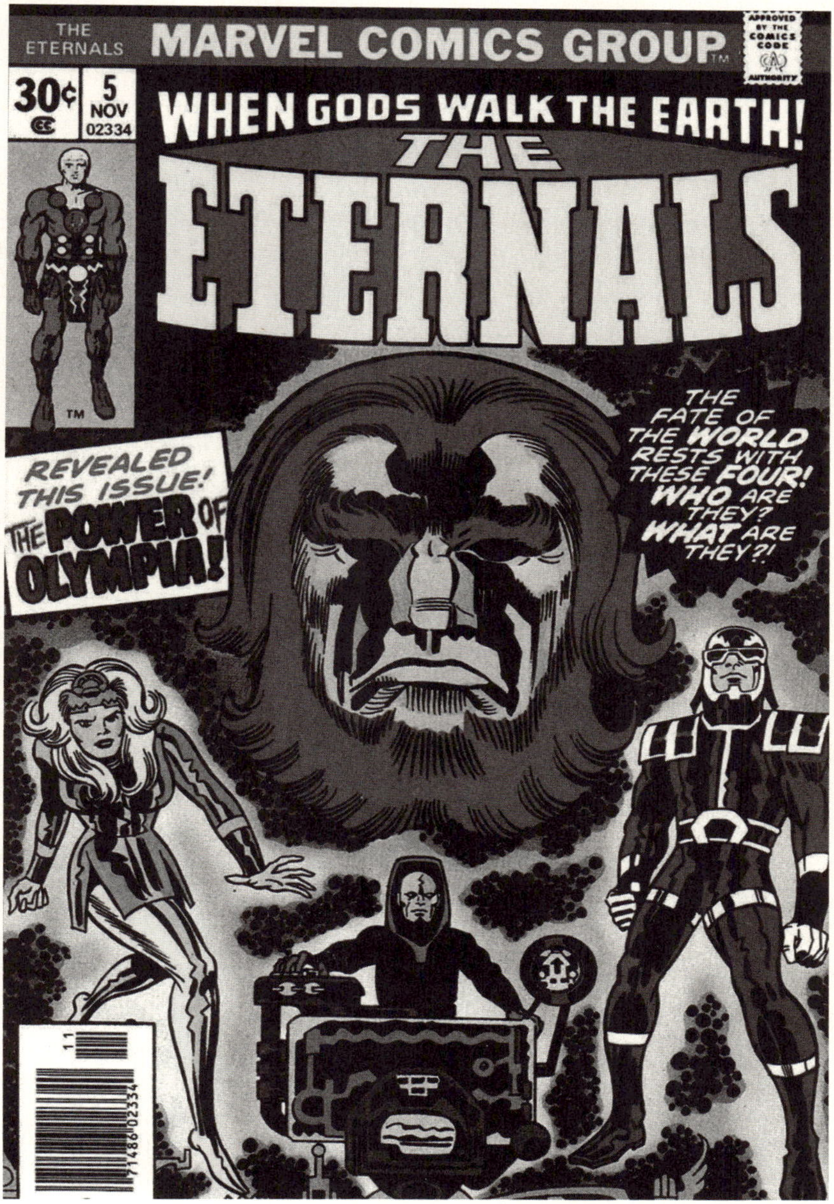


mente, as seguintes características: as esponjas são heterotrópicas, ou seja, digerem a comida em câmaras internas e não têm paredes celulares rígidas, como as plantas e os cogumelos. E o que essa esponja tem de especial? A análise comparativa do seu genoma sugere que os seus genes estão alinhados da mesma maneira que os do restante dos animais. As esponjas têm entre 18 mil e 30 mil genes, uma quantidade muito semelhante à da drosófila (ou mosca da banana) e a do homem. O estudo desse genoma também respalda a ideia de que as esponjas são a raiz da árvore evolutiva dos animais. Compartilhamos muitos genes com esse "Adão dos animais", por mais que estejamos separados por quase um bilhão de anos de evolução. Pouco tempo depois da esponja, surgiu outro ser vivo: a anteriormente mencionada medusa *Turritopsis nutricula*. Esse animal tem um ciclo de vida muito parecido com o de todas as medusas. Pouco depois de nascer, flutua livremente no mar até encontrar uma rocha, quando então se prende a essa rocha e se converte em pólipo. Cada pólipo se multiplica até formar uma colônia que logo se liberta da rocha e se transforma em uma medusa, que, ao atingir a maturidade sexual, se reproduz sexualmente e... (agora é que é interessante) pode regressar ao seu estado de pólipo, voltar à maturidade sexual... e fazer isso sempre que quiser! Essa medusa é imortal. Aparentemente, essa estratégia evolutiva é implementada quando há escassez de alimentos ou muitos predadores. A medusa imortal consegue fazer isso graças à transdiferenciação, processo que permite que uma célula, sem ser célula-mãe, se transforme em outro tipo de célula. A salamandra e a galinha também podem fazer isso; quando a galinha perde o cristalino do olho, as células da íris se transformam em células de cristalino. E se as galinhas, com quem compartilhamos um ancestral comum que viveu há 324 milhões de anos, têm essa capacidade, por que nós não temos? A verdade é que isso já está sendo investigado nos seres humanos, porém os resultados ainda são inconclusivos. A empresa Neurotech conseguiu fazer fibroblastos (uma célula fixa que nasce e morre no tecido conjuntivo) expressarem características próprias das células imunológicas. A confirmação dessa descoberta seria apenas um primeiro passo no longo caminho necessário para imitar a medusa imortal.

# 4

## MULHER-MARAVILHA

## É difícil escapar do laço da verdade

Essa personagem foi criada em 1940 como uma amazona cuja missão era trazer à Terra os ideais próprios da sua raça: paz, amor e igualdade sexual em um mundo despedaçado pelo sexo masculino. No entanto, mais importante do que a sua história ou os seus poderes, dos quais falaremos mais tarde, é quem a criou: William Moulton Martson, que concluiu o doutorado em psicologia na Harvard University em 1921 e que, sete anos antes, havia inventado um detector de mentiras que utilizava a pressão sanguínea da pessoa para avaliar se ela estava dizendo a verdade... Isso mesmo. Martson foi um dos pioneiros do uso do polígrafo, há quase um século. Portanto, não surpreende que o laço da verdade estivesse entre as poderosas armas da sua criação, a Mulher-Maravilha. Entretanto, sem querer ser redundante, é mais fácil detectar a verdade a olho nu do que com um laço. Pelo menos é o que demonstram recentes pesquisas.

### A mentira vive em nosso cérebro

Em primeiro lugar, os mitomaníacos têm entre 22% e 26% mais substância branca no cérebro do que as pessoas que dizem a verdade. A matéria branca é, em certo sentido, o software do cérebro, ao passo que a substância cinzenta é o hardware. Por contar com maior quantidade de substância branca (quase ¼), os mentirosos patológicos têm mais capacidade para transmitir as informações de um neurônio a outro (a tarefa da substância cinzenta é processar essas informações). De algum modo, os mentirosos fazem isso sem pensar, automaticamente. No entanto, eles deixam um rastro. E é isso que poderíamos usar para detectar a mentira sem recorrer ao laço da Mulher-Maravilha.

## Minta, minta bastante, que algo permanecerá

Os mentirosos, por exemplo, repetem frases para enfatizar que estão dizendo a verdade. Também usam os chamados gestos metafóricos, como tocar o coração quando falam de amor ou mostrar com as mãos as dimensões de um objeto para

indicar o seu tamanho. De acordo com pesquisas da University of Portsmouth, quem costuma enganar os outros (ou tem a intenção de fazê-lo) utiliza 25% mais esses gestos.

Outra ferramenta que permite que nos convertamos em polígrafos humanos consiste em observar o corpo de outra pessoa. Segundo a American Psychiatric Association, que elaborou uma lista de referência de expressões verbais e não verbais que expõem a mentira, existem ações que evidenciam a simulação.

Entre outras, as seguintes expressões são encontradas nas pessoas mentirosas:

- Elas inclinam mais o corpo para a frente.
- Bebem e comem mais.
- Tocam mais vezes o rosto.
- Evitam cruzar o olhar com os outros.
- Aumentam a quantidade de negações e erros no discurso.
- Gaguejam mais quando falam.

Paul Ekman, antigo professor de psicologia da University of California e um dos maiores especialistas em mentira, é, nesse sentido, o Homem-Maravilha. Em 1991, ele realizou um estudo em que, apenas analisando expressões faciais, conseguiu detectar 85% dos mentirosos.

Consta que Martson não foi o primeiro a usar um detector de mentiras. Segundo uma lenda, o primeiro "polígrafo" foi criado por um monge indígena. O religioso trancava os criminosos em um quarto escuro com um burro. O monge garantia que o animal era mágico e, portanto, era capaz de detectar a mentira. O burro, sempre de acordo com a lenda, falava cada vez que um mentiroso puxava o seu rabo. No entanto, se quem puxava o rabo era um homem sincero, o burro ficava calado. O que os acusados não sabiam era que o monge untava o rabo do burro com betume. Quando o acusado saía do quarto e garantia que o burro não havia falado, a única coisa que o monge precisava fazer era olhar para as mãos dele. Se estas estivessem manchadas de preto, significava que o acusado nada tinha a esconder, caso contrário...

# 5

# MICRONAUTAS

## Há vida em outro universo

Esta é outra história de super-heróis cuja origem é acidental. Em 1979, Bill Mantlo era um dos roteiristas da Marvel. O seu filho ganhou de presente de Natal alguns bonecos (os Micronautas) que inspiraram Mantlo a escrever a história de heróis que habitam um universo paralelo, o Microverso, uma série de planetas ou *habitats* microscópicos que se entrelaçam como uma cadeia molecular. Eles eram tão pequenos que na folha de rosto eram apresentados como "Os Micronautas", vindos do espaço interior!".

Mas isso é possível? Quero dizer, existem universos paralelos? Por mais surpreendente que possa parecer, alguns cientistas afirmam que sim, que existem. No entanto, para compreendê-los, temos de falar um pouco de física quântica.

### O universo é absurdo

Comecemos pelo mundo quântico. Para que você não se sinta frustrado, o Nobel de Física Richard Feynman dizia que a mecânica quântica "descreve a natureza como algo absurdo a partir do ponto de vista da acepção comum, porém concorda plenamente com os testes experimentais. Por conseguinte, espero que vocês possam aceitar a natureza como ela é: absurda". E o diz a mecânica quântica? Basicamente que no nível microscópico é impossível saber com absoluta precisão a velocidade e a posição de uma partícula. Além disso, ela acrescenta que isso (e agora vem a confusão) se aplica a qualquer componente da natureza. Tomemos um exemplo. Imagine que você está no parque observando algumas crianças que estão brincando de pique. A distância, você pode determinar a posição em que elas estão em cada momento, porém não é capaz de definir a velocidade delas. O problema é que, quando você se aproxima para medir a velocidade, as crianças fogem porque acham que você está querendo brincar com elas; você pode segui-las com um medidor de velocidade, mas agora não consegue determinar a posição delas, pois quanto mais perto você está das crianças, mais rápido elas fogem.

De acordo com a mecânica quântica, todo objeto é descrito por meio de uma função de onda. O que esta faz é determinar a probabilidade de encontrar um objeto nos diferentes estados permitidos. Quais são os estados? São as propriedades que descrevem um objeto; por exemplo, no parque, brincando de pique. Desse modo, quanto maior a magnitude da onda associada a uma partícula, maior a probabilidade de que ela esteja nesse lugar. Atualmente, os físicos estão conduzindo isso a escalas muito maiores – ao Universo –, e a conclusão natural é que existam universos paralelos.

## Começa a função

Já vimos, com o exemplo da brincadeira de pique, como é difícil medir a função de onda de uma partícula. A mecânica quântica, em certo sentido, diz que todas as variações que têm lugar no parque (se as crianças aceitam que brinquemos, se torcemos o tornozelo durante a brincadeira etc.) interagem com a função de onda, mas não podemos ver essas interferências porque fazemos parte da função de onda (só vemos o que escolhemos). Isso se chama "decoerência" (ou "descoerência"). De uma maneira muito básica, cada nova interação cria uma nova função de onda, uma nova possibilidade: se decidimos brincar com as crianças ou se vamos tomar um sorvete e nos esquecemos delas. Cada uma dessas decisões dará origem a novas decisões e interagirão com a função de onda. Hugh Everett, físico da Princeton University, garantiu, em 1957, que todas essas novas possibilidades que nos são apresentadas existem, ou seja, que em um determinado universo decidimos brincar de pique, mas em outro fomos tomar sorvete. Cada nova decisão cria, em certo sentido, um novo universo. No entanto, nós só podemos ver aquele que estamos observando, porque fazemos parte dessa função de onda. Alan Guth, físico do MIT, explica isso dizendo que "existe um universo no qual Elvis está vivo". De certa maneira, é como quando sintonizamos uma estação de rádio: as ondas de outras emissoras continuam a existir, mas não são coerentes com o nosso aparelho de rádio.

## A semente de outros universos

Finalmente, temos a opinião de Lee Smolin, da University of Pennsylvania. Smolin se inspirou nas condições semelhantes entre as que antecederam ao *big bang* e as que existiriam no interior dos buracos negros para deduzir que todo buraco negro é a semente de um universo paralelo que não podemos ver porque a sua luz não chega até nós. Smolin deduziu que, quando um Universo surge de um buraco negro, a massa das partículas e a intensidade das forças (por exemplo, a da gravidade) são parecidas com as do universo anterior, porém não são idênticas a elas. Como os buracos negros surgem de certo tipo de estrelas que se extinguem, e o surgimento dessas depende de valores, como a massa das partículas e a magnitude das forças, o número de buracos negros que um universo pode produzir depende em grande medida desses valores. Pequenas variações desses parâmetros resultariam em um universo com uma capacidade melhor de gerar buracos negros que dariam à luz, por sua vez, novos universos com mais buracos negros, e assim *ad infinitum*. Em certo sentido, é como se as estrelas possuíssem um DNA. Aquelas que, dentro dos seus genes, tivessem as informações necessárias para gerar buracos negros (e neles, novos universos) transmitiriam os "genes de buracos negros" ao novo universo, otimizando assim o ciclo para que fossem gerados, cada vez mais, buracos negros e, logicamente, segundo Smolin, mais universos paralelos.

Lamentavelmente, os físicos também estão de acordo com o fato de que decididamente não existe vida nesses universos. Uma pequena variação em qualquer tipo de força impediria isso. Por exemplo, se a energia nuclear fosse um pouco mais forte, as estrelas se queimariam rápido demais para que surgisse a vida. Se, ao contrário, ela fosse um pouco mais fraca, as estrelas demorariam tanto a se iluminar que a vida não chegaria a se formar por falta de energia.

## Não acredito neles... mas que existem, existem

A última descoberta, no campo da astrofísica, relacionada com os universos paralelos é muito recente, tão recente que por pouco deixou de entrar neste livro. Um grupo de cientistas, liderados por Hiranya Peiris da University College de Londres, procurou pela primeira vez indícios de outros universos. Para isso,

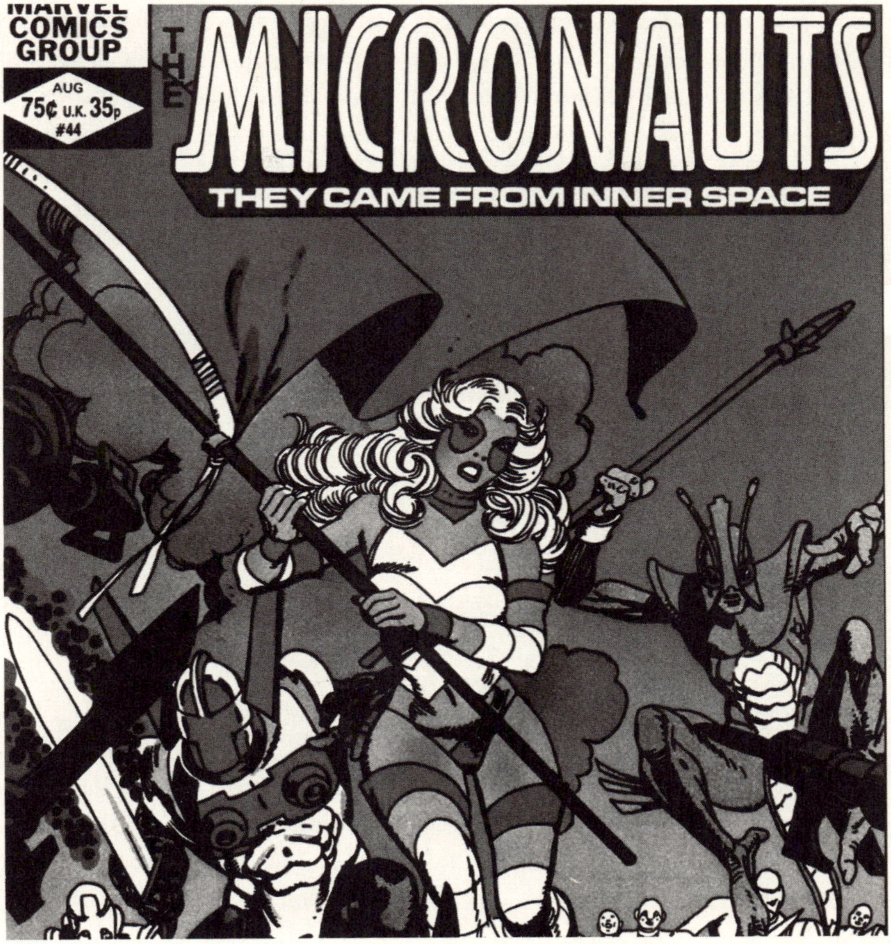


estudou a radiação de fundo[9] baseando-se na teoria de que, se um universo tivesse interagido de alguma maneira com o nosso, antes do *big bang*, teria deixado um rastro no mencionado fundo, o qual deveria possuir características

9. Em 1965, Arno Penzias e Robert W. Wilson, dois físicos americanos, tentavam melhorar os sistemas de comunicação por antena entre as estações da Terra e os satélites em órbita. De repente, uma emissão de ruído, vinda de todos os lados, os sobressaltou. A onda era pequena demais para ser visível e só poderia ser detectada por meio de radiotelescópios. A chave da descoberta foi que a sua origem não se encontrava em uma direção determinada, mas procedia de todos os lugares. Eram os restos do *big bang*, resíduos da grande explosão que deu origem ao Universo e que hoje conhecemos como radiação de fundo.

muito específicas. Para encontrá-las, os astrofísicos desenvolveram um algoritmo que analisa uma pequena parte dos dados registrados pela sonda Wilkinson Microwave Anisotropy Probe (WMAP), da Nasa.[10] Esse algoritmo indica que há dados consistentes com os que se buscavam. Isso não confirma que há universos paralelos, mas indica que pode haver.

De acordo com o físico Max Tegmark, do MIT, daqui a cinquenta anos, a ideia dos universos paralelos, que hoje nos parece tão estranha, "será comparável à ideia da existência de outras galáxias, que há cem anos era extremamente polêmica".

10. A WMPA é uma sonda da Nasa, lançada em junho de 2001 com o propósito de medir as diferentes temperaturas procedentes da radiação de fundo.

# 6

# JEMM, FILHO DE SATURNO

## Magia quântica

Este personagem, criado por Greg Potter para a DC Comics em 1984, tem uma biografia bastante turbulenta. De acordo com a mitologia concebida por Potter, os saturnianos foram criados por uma raça de trabalhadores clonados de Marte e são tratados como escravos por alguns marcianos e como iguais por outros. Isso dá origem a uma guerra civil, da qual Jemm escapa em uma nave rumo ao nosso planeta. Ao chegar aqui, ele aterrissa no bairro nova-iorquino do Harlem e conhece um afro-americano chamado Luther Mannkin (qualquer semelhança com Martin Luther King é mera coincidência). A partir de então, ele se dedica a combater as injustiças galácticas vestido com um *collant* azul bem justo.

Um dos seus poderes mais notáveis é a magia quântica. Por mais enigmático que isso possa soar, a realidade é que, atualmente, os cientistas estão, de fato, fazendo mágica nesse nível. Os computadores quânticos são o mais próximo que podemos chegar atualmente desse tipo de "magia".

### Estas partículas estão loucas

Anteriormente, quando falamos dos Micronautas e dos universos paralelos, falamos também da mecânica quântica. Na escala microscópica, como a do mundo quântico, as partículas fazem coisas muito estranhas: comportam-se como ondas; é impossível determinar a sua posição e a sua velocidade ao mesmo tempo. Esse estado é conhecido como superposição. Isso ocorre quando uma partícula exibe, simultaneamente, dois ou mais estados, como a posição ou a energia. Uma das primeiras experiências nesse sentido possibilitou que se fizesse girar ao mesmo tempo, em sentido horário e anti-horário, um bilhão de elétrons (isso pode parecer muito, mas um cubo de Rubik possui quase três vezes mais). Atualmente, os membros de uma equipe de físicos da University of California Santa

Barbara detêm o recorde experimental de superposição; eles conseguiram mover e deixar imóvel, ao mesmo tempo, um pequeno remo de 30 micrômetros. Pode parecer contraditório que algo apresente duas características opostas, mas, de acordo com os físicos, isso acontece em todas as escalas. No entanto, nós somos incapazes de vê-lo porque ocorre em uma velocidade imperceptível para o nosso olho (no corpo humano ocorreria em 10 a 30 segundos). O fato é que, para conseguir fazer a mágica quântica, os cientistas recorrem a essa capacidade dos átomos de estar em dois lugares ao mesmo tempo para obter o computador quântico: a espada Excalibur dos cientistas da computação.

## O mago Merlin é espanhol

Um dos especialistas que estão pesquisando isso é o espanhol Ignacio Cirac, diretor do Max-Planck-Institut für Quantenoptik. Em 1995, Cirac já falava que seria possível construir um computador quântico. Qual é a diferença entre um computador "normal" e um quântico? O computador que usamos habitualmente manipula as informações a partir de bits em linguagem binária, o 0 e o 1. No entanto, se construíssemos um computador no qual o bit de memória fosse substituído por átomos (que podem ser 1 e 0 ao mesmo tempo), um computador de 500 qubits (bits quânticos) equivaleria a um processador com uma capacidade de 10 elevado a 150. Atualmente, o computador mais potente, o Jaguar, tem um petabyte, ou seja, 10 elevado a 15, apenas 10% do que alcançaria um computador quântico com somente 500 átomos. De acordo com Cirac, um cálculo que levaria bilhões de anos para ser efetuado por um computador que trabalha com bits seria concluído em apenas meia hora por um computador quântico. O risco envolvido é de que um computador com essa potência, ao efetuar bilhões de operações em um instante, possa decifrar, em minutos, os códigos mais secretos não apenas de pessoas, mas também de bancos, governos etc. O computador quântico é, sem dúvida, o sonho de qualquer hacker. Isso acontece porque, atualmente, a criptografia se baseia no fato de que não podemos fatorar (ou seja, expressar um número como produto de outros) um número de mil dígitos. Em que medida estamos próximos de conseguir isso? Hummmm. Até agora, os cientistas conseguiram conectar três átomos para que compartilhem informações. A dificuldade de isolar átomos individualmente e logo conectá-los para que compartilhem informações é o maior obstáculo. No entanto, é algo que pode ser realizado, só que ainda não sabemos quanto tempo levaremos para fazer isso.

# 7

# THOR

## Em casa de ferreiro...

Esse deus das sagas escandinavas chega às histórias em quadrinhos pelas mãos de Stan Lee e Jack Kirby em 1960. De acordo com a sua biografia oficial, ele é filho de Odin, o principal deus dos povos nórdicos. Thor é agressivo, encrenqueiro e injusto, e o seu pai o castiga enviando-o à Terra como Donald Blake, um médico manco e desmemoriado: ele só se lembraria das suas origens quando fosse capaz de valorizar a justiça e a paz. Segundo a história, o castigo alcança o seu objetivo e, enquanto Blake está de férias na Noruega (casualidade?), presencia a chegada de extraterrestres que têm a intenção de invadir o nosso planeta. Tomado pelo pânico, ele foge e acaba preso em uma gruta. Ali, ele reencontra seu destino: recupera a memória e encontra um cajado de madeira que, ao ser golpeado contra o chão, se transforma no mítico martelo Mjölnir, enquanto ele próprio se transforma no filho de Odin, Thor (que, de acordo com a mitologia nórdica, significa Trovão). Existe apenas um problema: se Thor soltar o martelo por um minuto na Terra, acaba por se transformar no seu *alter ego* e, logicamente, fica vulnerável. No entanto, para que Thor soltaria o martelo? Para voar!

### A chave são as revoluções... por segundo

Uma das proezas fisicamente mais possíveis é a que esse deus escandinavo realiza graças ao seu mítico martelo Mjölnir. Quando Thor gira o martelo no ar, acontece a mesma coisa que ocorre quando um helicóptero está prestes a decolar.

À medida que a velocidade de rotação aumenta, o ar debaixo do martelo é pressionado até o solo (como uma pessoa que estivesse tentando colocar mais algodão dentro de uma caixa: ela empurraria o algodão para baixo, e este exerceria pressão contra as bordas da caixa), enquanto o ar em cima do martelo (ou das hélices do helicóptero) gira a uma velocidade maior, porém com uma pressão menor. O ar embaixo do martelo de Thor faz força para baixo, conferindo-lhe 25% do impulso, mas, ao mesmo tempo, o ar embaixo do martelo (que se encontra em uma pressão elevada) busca a pressão mais baixa do ar que está em cima do martelo, que o atrai como um ímã. Se Thor, no momento de velocidade máxima de rotação, der um pequeno salto, será lançado na direção apontada pelo seu corpo. Para conduzir o voo, ele deve apenas deslocar as pernas na direção que pretende seguir. Entretanto, antes que você compre um martelo e um capacete com pequenas asas nas laterais, saiba que o contrato de super-herói contém uma cláusula em letras miúdas: o martelo deve ser curvo na parte superior (para que o ar seja impelido para baixo) e você deve ser capaz de imprimir nele mais de duzentas rotações por segundo. Se você conseguir, escreva uma carta para o editorial, aos meus cuidados, e eu lhe enviarei, sem nenhum custo, o traje de Thor (não me pergunte por que tenho um).

# 8

## CAÇADOR DE MARTE OU AJAX, O MARCIANO

### Você é muito sensível

Aparentemente, os marcianos não apenas possuem a tecnologia necessária para se esquivar de nós e ficar invisíveis aos nossos olhos, mas eles também podem se teletransportar. Ou ao menos podiam, segundo a lenda de J'onn J'onzz, o verdadeiro nome desse personagem. Tudo começa quando, no planeta vermelho, um cientista, Dr. Erdel, inventa uma máquina para teletransportar pessoas e decide vir para a Terra junto com o pobre J'onzz. Apesar de a máquina aparentemente funcionar bem, o Dr. Erdel ainda não tinha resolvido a questão da aterrissagem (ou do reaparecimento), porque, ao chegar ao nosso planeta, ele morreu com o impacto, que também destruiu a máquina e deixou o nosso herói completamente perdido e sem ter como voltar ao seu lugar de origem. Por sorte, ele tem uma ideia brilhante: enquanto a ciência marciana não encontrar uma forma de possibilitar que ele volte ao seu planeta, J'onzz aguardará na Terra, decidido a combater o crime em uma cidade chamada Apex (que logo descobriremos ser Chicago), fazendo-se passar por um detetive que responde pelo nome de John Jones. É claro que a sua careca brilhante, a simplicidade da sua roupa (um traje de banho esportivo e uma capa) e a sua pele verde tornam inevitável que ele saia do anonimato e se declare super-herói e membro da Liga da Justiça (ao lado de Batman, Super-Homem e outros). J'onzz se faz passar por vilão para ingressar em organizações criminosas e, em várias ocasiões, demonstra não ter medo de morrer para preservar o bem em nosso planeta. Além disso, de vez em quando, os roteiristas também o sacrificam um pouco em detrimento de um extraterrestre mais conhecido e com maior tiragem: o Super-Homem.

## Isso faz muito sentido

Frequentemente se menciona que esse personagem tem outros sentidos – mais exatamente, nove –, mas nunca fica claro quais são eles e tampouco para que servem. De qualquer maneira, isso é bobagem se os compararmos aos 21 sentidos que muitos cientistas acreditam que nós temos (sem falar nos mais radicais, que nos outorgam um total de 33).

Estamos acostumados a perceber o mundo exclusivamente por intermédio de nossos cinco sentidos. Porém estamos enganados. Façamos um exercício. Coloquemo-nos na ponta de um dos pés enquanto mantemos o outro levantado. É difícil manter o equilíbrio? E se estendermos os braços, fica mais fácil ou mais difícil nos equilibrarmos? Portanto, temos aqui um novo sentido: o equilíbrio. Para que exista um sentido, deve haver um órgão que se encarregue de levar as informações ao cérebro, um órgão cuja tarefa seja, especificamente, transmitir essas informações. O órgão responsável pelo equilíbrio é o ouvido. Imaginemos um nível, a régua usada na construção civil que contém um pequeno tubo com um líquido no qual foi deixada uma bolha de ar que é utilizada para verificar a inclinação de qualquer plano: se a bolha estiver no centro do tubo, não existe inclinação; caso contrário, o plano não está alinhado. Algo semelhante ocorre em nosso ouvido; a diferença é que, em vez de um líquido qualquer, contamos com um fluido chamado *endolinfa,* que avisa imediatamente o cérebro quando a "bolha" está inclinada, para que ele compense a diferença.

Uma característica fundamental dos sentidos é que, na ausência deles, careceríamos de informações importantes para nos relacionarmos com o ambiente à nossa volta. Isso acontece com o equilíbrio e também com outros sentidos, como a percepção da dor, da temperatura, da posição de nossas articulações (propriocepção[11]), do movimento (cinestesia), e até mesmo com alguns sentidos internos. A lista completa dos 21 sentidos que a ciência designa inclui o sentido da visão (desmembrado em dois, que nos permitem perceber a luz, mesmo com os olhos fechados, e a cor), o paladar (desmembrado em quatro, que nos permitem detectar os sabores doce, amargo, salgado e ácido), o tato, o olfato, a audição, o equilíbrio, a sede, a fome e alguns bem estranhos, como o conteúdo de oxigênio no

---

11. "Propriocepção", também denominada "cinestesia", é o termo utilizado para nomear a capacidade de reconhecer a localização espacial do corpo, sua posição e orientação, a força exercida pelos músculos e a posição de cada parte do corpo em relação às demais, sem utilizar a visão. (N. dos T.)

sangue, a dilatação pulmonar e o pH do fluido cerebrospinal. Os seis sentidos restantes, que não são tão surpreendentes quanto os últimos, e, por isso mesmo, são mais identificáveis, estão explicados na Tabela 1, que se segue.

| Sentido | Órgão | Funcionamento |
|---|---|---|
| Dor | Nociceptores | São células sensíveis encontradas em todo o nosso corpo que se ativam quando o estímulo ultrapassa um determinado limiar. Nesse momento, elas enviam um sinal de perigo ao sistema nervoso central. |
| Propriocepção (capacidade de saber onde estão as nossas extremidades) | Fusos musculares | Estes fusos são formados por pequenas fibras musculares dotadas de fibras nervosas que informam o comprimento do músculo a células sensíveis semelhantes às que nos fornecem informações sobre o equilíbrio. Graças a essas células, podemos nos movimentar no escuro e tocar o nariz, mesmo de olhos fechados. |
| Cinestesia (o sentido do movimento) | Os mesmos órgãos da propriocepção | Neste caso, a informação se transmite ao centro do equilíbrio, que informa qualquer movimento do nosso corpo. |
| Temperatura (frio ou calor) | Os órgãos envolvidos ainda estão sendo pesquisados, mas se sabe que estão relacionados com o tato | As informações são emitidas quando sentimos temperaturas que estão abaixo da temperatura do nosso corpo (frio) ou quando estão acima dela (calor). |
| Pressão | Receptores na pele | Ela nos informa o peso de um objeto. É um sentido que pode ser treinado. Por exemplo, quando uma pessoa está acostumada a levantar grandes pesos, a pressão possibilita que ela avalie a distância e o tempo que levará para transportar o objeto. Esse sentido também é muito desenvolvido nos mergulhadores, que conseguem sentir no corpo as diferentes pressões da água à medida que mergulham em grandes profundidades. |

# 9

## CORAÇÃO NEGRO

## A mente em branco

Os assassinatos cometidos durante séculos em um bar de Nova York conhecido como Christ's Crown [Coroa de Cristo] se converteram em uma quantidade de energia maligna suficiente para permitir que o demônio Mefisto gerasse um filho: Coração Negro. Este tem o poder de dominar as pessoas e fazer nelas uma lavagem cerebral. Desse modo, ele consegue torturar o Demolidor e criar um esquadrão para enfrentar o próprio pai. No entanto, ele é derrotado, e Mefisto o envia à Terra para aprender a ser humilde. Por sorte, há bons mestres em nosso planeta, e Coração Negro logo cruza com o Motoqueiro Fantasma e Wolverine no Christ's Crown. O plano do Coração Negro é fazer os super-heróis quebrarem a promessa de não fazer mal a pessoas inocentes, então ele sequestra uma menina e faz uma lavagem cerebral nela. Para o demônio, essa é uma medida preliminar para a formação de um exército que possibilitará que ele enfrente o pai na disputa pelo poder do ultramundo. Mas os heróis não se deixam enganar e derrotam Coração Negro sem fazer mal a nenhum inocente. E com a consciência limpa. Será que é porque não fizeram neles uma lavagem cerebral?

### Guia para uma mente limpa

No final da década de 1950, o psicólogo Robert Jay Lifton começou a estudar as consequências da Guerra da Coreia (1950-1953) sobre os prisioneiros de guerra americanos. As análises levaram a concluir que a maioria deles havia

passado por um processo que começava com ataques à autoestima e terminava com uma mudança nas convicções pessoais. Foi esse tipo de trabalho que produziu nos americanos o medo do comunismo e da lavagem cerebral que este poderia realizar, provocando uma caça às bruxas entre os políticos, artistas e atletas. Será que a lavagem cerebral se apoia em alguma base científica?

De acordo com Lifton, a resposta é afirmativa. Na realidade, ele elaborou uma série de passos que definem e determinam como é possível fazer a lavagem cerebral. Cada uma dessas etapas tem lugar em um ambiente de isolamento no qual todas as referências sociais normais estão ausentes, e cada etapa é intensificada com o recurso da privação do sonho, da desnutrição e da constante sensação de ameaça que dificulta o raciocínio crítico e independente.

- O primeiro deles é o roubo de identidade. E o lema que o torturador tem a intenção de inserir é "você não é quem você pensa". Tudo se baseia em um ataque sistemático à identidade da pessoa e às suas convicções: "você não é um soldado", "não é um homem". Essas afirmações são feitas incessantemente durante semanas até que a vítima fica exausta e confusa e a sua escala de valores se desequilibra.

- Segunda etapa: culpa. "Você é mau." Enquanto a crise de identidade se estabelece no prisioneiro, o torturador cria um grande sentimento de culpa baseado em qualquer "pecado" que a vítima poderia ter cometido, e ela começa a sentir vergonha do seu comportamento, como se tudo que fizesse fosse errado.
- Terceira etapa: autotraição. "Concorde comigo que você é mau." Uma vez que a pessoa está desorientada e oprimida pela culpa, o torturador a obriga (mediante coação ou ameaça de um dano físico) a denunciar a família, os amigos ou qualquer pessoa que compartilhe o sistema de valores "equivocado" dela. A traição contra o seu círculo pessoal faz a culpa ser ainda maior.
- Quarta etapa: ponto de ruptura. "Onde eu estou, quem sou eu e o que devo fazer?" Uma vez que tenha traído as pessoas mais próximas e esteja tomada por um imenso sentimento de culpa, a vítima sofre uma ruptura: perde o contato com a realidade e sente que está completamente perdida e sozinha.
- Quinta etapa: misericórdia. "Eu posso ajudá-lo." Com a vítima em um completo estado de crise, o torturador faz uma pequena demonstração de amabilidade. Ele pode simplesmente oferecer um copo d'água ou fazer uma pergunta a respeito do passado dela. Por estar em um estado de tensão total, o prisioneiro tem a impressão de que esse pequeno gesto é enorme e sente gratidão e alívio, como se o carcereiro tivesse salvado a sua vida.
- Sexta etapa: compulsão para a confissão. "Você pode ajudar a si mesmo." Pela primeira vez em todo o processo da lavagem cerebral, a vítima se vê diante do contraste entre a culpa e o repentino sentimento de compaixão. Nesse momento, ela sente a necessidade de retribuir a amabilidade de que foi alvo. É nessa ocasião que se apresenta a ela a possibilidade de confessar todos os seus "pecados".
- Sétima etapa: canalizar a culpa. "Por isso você sente dor."

Depois de semanas ou meses de agressão, confusão e tentativas de rompimento da sua identidade, a vítima não sabe exatamente o que fez de errado. Sabe apenas que está equivocada. A situação proporciona muitos vazios na mente da vítima que o carcereiro se encarregará de preencher, atribuindo a culpa ao compartimento que seja mais conveniente: o sistema político, o país ou os valores familiares. Nesse momento, o prisioneiro "se dá conta" de que é o sistema político, por exemplo, que causa o seu sentimento de culpa. O contraste entre a sua vida passada e a sua realidade atual foi estabelecido. O velho sistema é o culpado da sua dor, e o novo é a forma de escapar dessa dor.

- Oitava etapa: liberação da culpa. "Não sou eu, são as minhas convicções."

A vítima finalmente encontra alívio ao se conscientizar de que existe uma causa externa para o seu comportamento equivocado, passando a crer que não é ela que é inevitavelmente má. Isso quer dizer que ela pode escapar, fugindo do sistema. E tudo o que tem de fazer é denunciar as pessoas e instituições responsáveis (que podem ser o governo, uma família ou uma empresa). Com essa confissão em mãos, a vítima completa a rejeição psicológica da sua identidade passada, e é o carcereiro que pode lhe oferecer uma nova.

## Um microchip para controlar a todos

Todos esses conhecimentos poderiam possibilitar que conduzíssemos o comportamento de alguém, pelo menos na teoria. No entanto, a tecnologia deu um passo na direção de governar a mente alheia. Cientistas da State University of New York implantaram alguns eletrodos no cérebro de vários ratos com o propósito de estimular as células do córtex cerebral, em particular as dos centros que controlam o prazer. Em seguida, um computador portátil, que conectava os eletrodos a uma rede, estimulava os ratos para que percorressem um circuito de obstáculos: quando havia dois caminhos a escolher e o rato escolhia o caminho adequado, ele era estimulado; caso contrário, não recebia nenhuma "recompensa neuronal". Foi desse modo que foram construídos os primeiros robôs animados que obedeciam calados às ordens que recebiam. O incrível é que os ratos não sabiam que estavam sendo guiados. Será que também temos essa mesma ignorância? Será que estamos sendo conduzidos sem perceber?

# 10

## IMMORTUS

## O tempo em suas mãos

Parece que a vida de soldado é muito dura. Pelo menos essa era a opinião de Kang, o Conquistador, principalmente quando teve de suportar a perda da sua mulher, Ravonna, e de seu filho. Sentindo pena por sua desgraça, os Protetores do Tempo (viajantes do tempo do fim do Universo) – uma raça de alienígenas – insistem com Kang para que se torne agente deles e para que, em vez de conquistar épocas diferentes, as preserve. Em troca, lhe concederão a imortalidade. É óbvio que Kang aceita, porém ele tem os seus próprios planos: conquistar o Universo. É claro que, para sorte nossa, ele nunca alcança o seu intento e sempre acaba derrotado nas mãos da equipe de super-heróis Os Vingadores. Immortus, além de ser imortal, também tem a capacidade de manipular o tempo. Pode viajar para o passado? Na verdade, não. Na realidade, Stephen Hawking sempre afirma que, se pudéssemos viajar para o passado, os turistas temporais já teriam vindo nos contar a história. Mas e as viagens ao futuro? Bem, esse é outro tema. Pensemos em um objeto com uma gravidade tão grande que nada possa escapar dele, nem mesmo a luz; pensemos em um buraco negro.

### A quarta dimensão

Quando falamos no Super-Homem, mencionamos que a gravidade não apenas afeta as três dimensões espaciais, mas também a dimensão temporal. E agora cabe explicar isso. Vamos falar primeiro de Einstein e de Newton. Quando o físico inglês formulou a sua lei sobre a gravidade, ele concebeu o tempo como uma flecha: imutável na sua trajetória, um minuto seria um minuto em qualquer lugar do Universo. No entanto, Einstein reformulou essa lei: para o gênio alemão, o tempo era mais um rio que se ajustava ao terreno, variando a sua forma de acordo com os obstáculos que encontrasse pelo caminho. Desse modo, quanto mais obstáculos, menor a velocidade... e esses obstáculos, no cenário do Universo, representam a gravidade. Por conseguinte, quanto maior a gravidade,

mais devagar passa o tempo. Essa teoria (parte da relatividade especial de Einstein) pôde ser comprovada quando um ônibus espacial foi colocado em órbita. Foi instalado nele um relógio extremamente preciso, coordenado exatamente com outro idêntico na Terra. E quando o ônibus entrou em órbita, a cerca de 300 quilômetros de altitude (ainda sob a influência da gravidade terrestre, porém em um grau muito menor), foi comprovado que o relógio do ônibus espacial andava um pouco mais rápido do que o da Terra, já que a gravidade era menor. Quanto mais rápido? Quase nada. Em 105 anos, a diferença seria de um segundo. Outra experiência mais recente foi realizada por físicos do National Institute of Standards and Technology (NIST). Eles demonstraram que esse efeito também ocorre com uma diferença de altura de apenas 33 centímetros. Isso nos faz envelhecer mais rápido quando ficamos acima do solo, no segundo degrau de uma escada, mas a diferença é tão pequena que só se acrescentam aproximadamente 90 bilionésimos de segundo a uma vida de 79 anos. A experiência foi realizada com dois relógios atômicos.[12] Esses relógios são tão precisos que se estivessem funcionando desde a formação do Universo conhecido, há mais ou menos 15 bilhões de anos, só teriam se atrasado pouco mais de quatro segundos. Os relógios atômicos, situados em diferentes laboratórios, estavam conectados por 75 metros de fibra óptica.

## Onde estão os viajantes do tempo?

Em poucas palavras, e voltando ao exemplo do Super-Homem, você se lembra da analogia do colchão e como uma bola pesada arqueava o espaço? Pois a mesma bola também modifica o tempo se estiver perto da sua zona de influência. Além disso, como vimos há pouco, quanto maior a influência da gravidade sobre o tempo, mais devagar este passa.

Immortus, o super-herói que estamos analisando, é capaz de manipular o tempo. Como dissemos anteriormente, viajar ao passado é algo que viola as leis da física. Para isso, teríamos de viajar mais rápido do que a luz, o que, como veremos quando examinarmos o Flash, é impossível, graças ao incremento da massa. (Se você ficar curioso demais, avance no livro para ler o trecho sobre o Flash e volte para cá com a rapidez desse super-herói.) Pensemos em um objeto com uma gravidade tão grande que nada possa escapar dele, nem mesmo a luz; pensemos em um buraco negro.

O primeiro a falar deles foi o astrônomo alemão Karl Schwarzchild, fazendo-o como um complemento das teorias de Einstein. Schwarzchild postulava que, se a massa de uma estrela estiver concentrada em uma região suficientemente pequena, de modo que a massa da estrela dividida pelo seu raio supere um valor crítico, a sua influência sobre o tempo e o espaço seria tão grande que

---

12. Um relógio atômico funciona medindo a ida e a volta de um átomo que se choca contra um "solo" e um "teto" de energia mais de 9 bilhões de vezes por segundo e "sempre" à mesma velocidade.

nada conseguiria escapar da sua atração. Mas qual deve ser a concentração dessa estrela para que isso aconteça? Por exemplo, se o nosso sol, em vez de ter 724 mil quilômetros de raio, passasse a ter apenas 3 quilômetros, ele se transformaria em um buraco negro. Para você ter uma ideia, o Sol caberia em uma área mais ou menos equivalente à do palácio de Alhambra em Granada, e uma fração mínima dessa estrela pesaria tanto quanto os Pirineus.

## Em busca do túnel do tempo

Os astrônomos buscam a existência de buracos negros observando comportamentos estranhos em estrelas próximas. Quando o gás e a poeira dessas estrelas chegam ao horizonte de eventos de um buraco negro (uma esfera próxima ao centro do buraco negro, um ponto sem retorno no qual tudo entra, porém nada sai), eles se aceleram, quase atingindo a velocidade da luz, e o atrito gera uma enorme quantidade de energia que faz a mistura de gás e poeira se tornar incandescente e emitir luz visível e raios X. Existem muitos indícios nesse sentido, que evidenciam que no centro da Via Láctea há um buraco negro cuja massa equivaleria a mais de 2 milhões de vezes à do Sol.

Suponhamos que Immortus pudesse se posicionar quando quisesse, perto de um buraco negro, exatamente na borda do horizonte de eventos, porém sem cair nele. Ali, devido à atração gravitacional, o tempo seria muitíssimo mais lento. Por exemplo, se o buraco negro tivesse mil vezes a massa do sol, o relógio de Immortus andaria cerca de 10 mil vezes mais devagar do que o de qualquer amigo que ele tivesse na Terra. O extraordinário é que isso é compatível com as leis da física, de modo que, se você encontrasse um buraco negro e conseguisse se manter suspenso durante um ano no horizonte de eventos, quando voltasse à Terra, aqui teriam se passado 10 mil anos enquanto para você apenas 365 dias teriam transcorrido.

# ▶ 11

## LOBO

## Alguma coisa vai mal

Este extraterrestre, originário do planeta Czárnia, é um mercenário interestelar, caçador de recompensas (supondo-se que exista uma galáxia neutra, uma Suíça do espaço, onde seja possível depositar o dinheiro obtido com esse tipo de trapaça). Obviamente, entre os seus poderes estão o da força sobrenatural, a regeneração quase instantânea e a capacidade de sentir prazer com a morte alheia. Em um dos seus confrontos com o Super-Homem, ele diz a este: "Sou o último czarniano. Eu me desfiz do resto dos habitantes do meu planeta em benefício do meu projeto científico. Você deveria criar um sobressalente meu". Caso as coisas não tenham ficado claras, o seu nome verdadeiro é Khundian, que significa "quem devora as suas entranhas e sente prazer nisso". Filho de uma mulher muito carinhosa, esse personagem tem o poder de detectar, por meio do olfato, qualquer um dos seus alvos por distâncias siderais. Obviamente, isso é impossível, mas o sentido do olfato, o mais desprezado dos nossos cinco sentidos, possui características singulares.

### O segredo está na mucosa

Nos seres humanos, o centro olfatório se encontra precisamente debaixo do cérebro, em uma região chamada mucosa nasal. Nela está situado o epitélio olfatório, que, por sua vez, está coberto de muco. A mucosa nasal tem receptores que começam a atuar quando um odor as atinge. De acordo com Peter

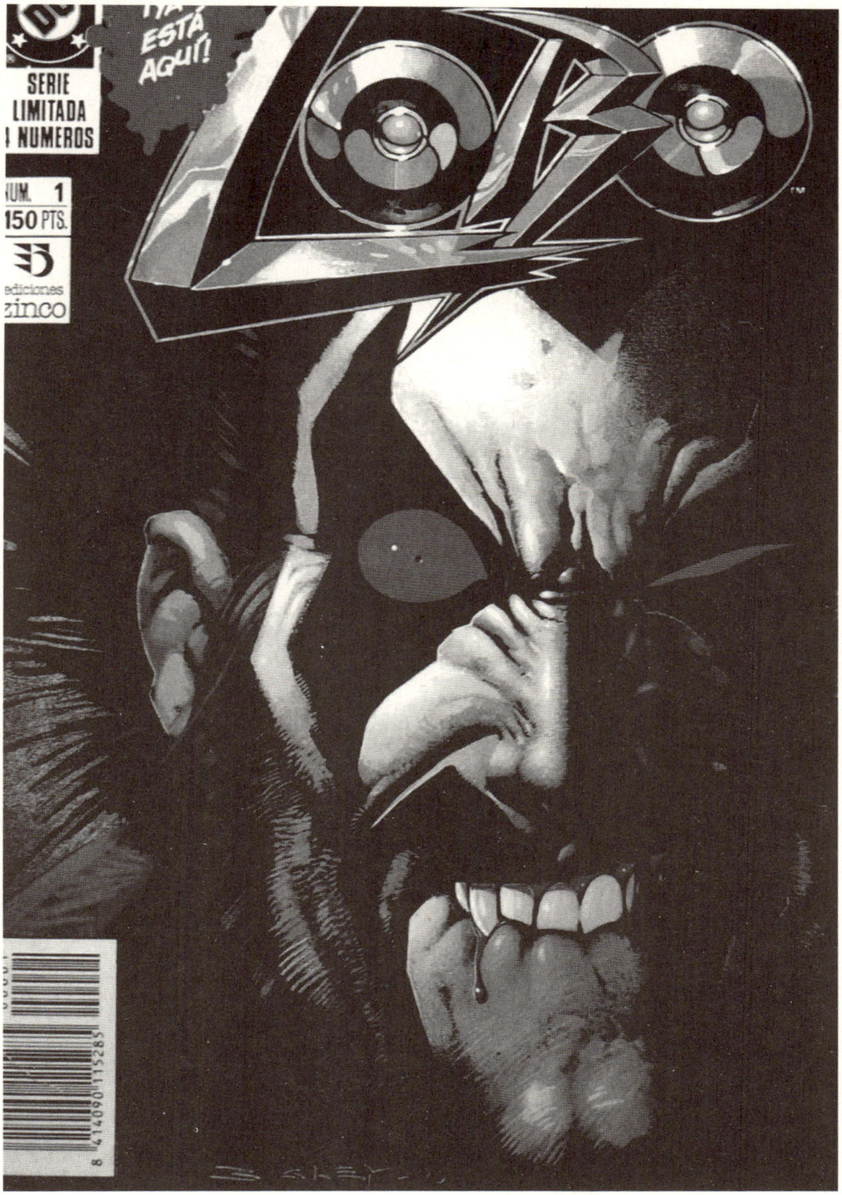


Brennan, especialista da University of Bristol, quando as moléculas que formam um aroma entram no nariz e se dissolvem no muco, "unem-se a elas células receptoras, que são como uma espécie de garagem onde as moléculas do odor cabem com bastante precisão. Na realidade, temos cerca de 350 dessas garagens, embora o correto fosse chamá-las de receptores de odor. Mas isso não significa que sejamos capazes de detectar apenas 350 aromas". É mais ou menos como na televisão; vemos muitas cores, mas no fundo todas são geradas apenas por três delas: vermelho, verde e azul. Os seres humanos são capazes de detectar cerca de 10 mil odores.

Isso não é nada mal em comparação com outras espécies, como a baleia, que nem mesmo tem o sentido do olfato. Mas o que possibilita que detectemos tantos tipos diferentes de aromas?

## Uma questão de genes

Os cientistas descobriram recentemente uma grande família de genes que codificam os receptores de odor e se encarregam de programar entre quinhentos e mil tipos de neurônio que estão aleatoriamente dispostos no bulbo olfatório. Os cientistas demonstraram que cada um desses neurônios participa ativamente do ato de cheirar. Quando chegam as informações sensoriais, o estímulo ativa todo o bulbo olfatório, e não apenas alguns receptores. No entanto, o bulbo traça uma espécie de mapa único e individual para cada odor, o que possibilita que o cérebro identifique as suas características.

Assim como nos animais, o olfato tem um papel muito importante em nossa vida. Pesquisas realizadas no Monell Chemical Senses Center, na Filadélfia, demonstraram que os odores pessoais estão codificados pelos genes de histocompatibilidade, os mesmos que são responsáveis pela nossa aceitação ou rejeição de implantes, e poderiam afetar a nossa escolha do parceiro ao fazer com que nos sintamos atraídos por quem tem uma informação genética diferente da nossa.

## Nós os temos conosco desde que estávamos no ventre materno

Também foi demonstrado que os recém-nascidos são capazes de distinguir entre um tecido usado pela mãe e um trajado por outra mulher que também tenha dado à luz recentemente.

Esse fato não é nem um pouco estranho. "O nosso olfato" – esclarece Brennan – "é um sentido muito primitivo. Na realidade, em nosso cérebro atual, a maior parte da área cortical se desenvolveu a partir de regiões de cérebros primitivos dedicadas ao sentido do olfato e intimamente relacionadas com as áreas emocionais de uma maneira mais direta do que os outros sentidos."

Nos seres humanos, o olfato também está estreitamente relacionado com a memória, tanto que, quando a região cortical temporal está danificada, a nossa capacidade olfativa também é reduzida. Alguns estudos também demonstram que fica mais fácil recordar o que decoramos quando fazemos a memorização na presença de um odor que depois podemos evocar. Além disso, também de acordo com uma pesquisa realizada pelo doutor Tim Betts, da University of Birmingham, os odores poderiam afetar, de uma forma positiva ou negativa, a quantidade de ataques em pacientes epilépticos. Seus resultados revelam que a fragrância do ilangue-ilangue diminui os ataques, ao passo que a do alecrim aumenta a sua frequência.

# Parte 2

# MUTANTES

## Sempre foi melhor ser mutante?

Primeiro a radiação e depois as bombas de Hiroshima e Nagasaki colocaram as mutações na berlinda. Podemos nos converter em mutantes? A realidade é que, em certo sentido, nós já o somos. Só que isso acontece ao longo de várias gerações e de uma maneira muito tranquila. Em 2009, um grupo de dezesseis cientistas de diferentes países analisou a sequência da mesma parte do DNA (cerca de 10 milhões de nucleotídeos do cromossomo Y) de dois homens separados por treze gerações. O resultado? Cada ser humano carrega no seu DNA entre cem e duzentas mutações; por sorte, a maioria delas é inofensiva e não afeta a nossa saúde. No entanto, algumas podem ser nocivas e causar enfermidades que nada têm a ver com as que afetam os personagens dos quais iremos falar agora.

# HERÓIS

# ▶ 1

## AQUAMAN

## Diálogo de surdos

Eis outro personagem cuja vida oscila entre várias biografias, conforme o autor. A primeira é relatada pelo próprio Aquaman: "Devo começar a história falando do meu pai, um famoso explorador submarino; se eu dissesse o seu nome, você logo o reconheceria [*teria sido Jacques Cousteau?*]. A minha mãe morreu quando eu ainda era bebê, e o meu pai se voltou para o mar para amenizar a dor que sentia e, ao mesmo tempo, tentar resolver os segredos marinhos. A sua maior descoberta foi uma cidade antiga que ele identificou como sendo o reino perdido de Atlântida. Nessa cidade, ele construiu uma casa à prova d'água e passou a viver no lugar, registrando todos os conhecimentos da civilização perdida e estudando o incrível progresso dos seus habitantes. Graças aos livros que conseguiu recuperar, ele me ensinou a sobreviver debaixo d'água, obter oxigênio a partir dela, e a recorrer aos poderes oceânicos para me tornar forte e veloz. Graças ao treinamento e a centenas de segredos científicos, eu me converti no que você vê: um ser humano que vive nas profundezas do mar". Aparentemente, para o Aquaman, a vida no fundo do mar não é tão solitária, porque ele consegue se comunicar com os animais.

### Qual a onda do som?

Suponhamos que pudéssemos entender a linguagem das baleias, dos golfinhos ou dos polvos... seria muito mais fácil nos comunicar com eles debaixo d'água (principalmente se ela for salgada, já veremos por quê), já que poderíamos cobrir grandes distâncias. O som são ondas que se transmitem em um meio (por exemplo, um pedaço de madeira) e produzem perturbações nesse meio. No caso dos seres humanos, essas ondas chegam aos nossos ouvidos como perturbações no ar e produzem ondas mecânicas nos ossos do ouvido. Imaginemos o som como uma onda marinha que se choque contra uma doca: o meio pelo qual ele é transmitido, neste caso, é a água, mas, quando ele se choca contra a doca (os ossos do ouvido), esta vibra por causa do impulso das ondas, e embora não fiquemos molhados com a água, nós sentimos o seu impacto. Por sorte, o nosso cérebro traduz esse impacto e o converte em sons inteligíveis. Para que o som se propague, é preciso que exista um meio pelo qual ele possa "viajar"; é por esse motivo que no vácuo do espaço não existe som (sinto informar, mas as explosões que você escuta nas séries sobre o espaço não são possíveis).

## Parece estranho?

O som usa as partículas presentes no meio para ir "se chocando" contra elas (fazendo-as vibrar), portanto, quanto maior for o número de partículas no meio, mais rápido o som se propagará. No ar, por exemplo, as partículas estão muito dispersas, de modo que o som se propaga devagar, aproximadamente 343 metros, mais ou menos, por segundo (é claro que essa velocidade não é tão baixa, mas o som é capaz de se propagar muito mais rápido). Em um meio líquido, por exemplo, a água, ele alcança a velocidade de 1.493 m/s, mas na água salgada, que não tem tantas bolhas de ar e é mais densa do que a água doce, a velocidade chega a 1.540 m/s. Na madeira, o som se propaga a cerca de 3.900 m/s, no concreto armado ele alcança a velocidade de 4.000 m/s, no aço, 5.100 m/s, e no alumínio, 6.400 m/s. Em comparação com esses números, a velocidade de propagação na água pode parecer modesta, mas se fizermos a conversão para quilômetros, veremos que o som percorre 5.544.000 quilômetros na água salgada em uma hora! Essa distância equivale mais ou menos a sete viagens de ida e volta à Lua.

## Falar para ver

Para os animais que vivem debaixo d'água (e para o Aquaman, é claro), a velocidade de propagação do som é tão importante quanto as cores são para nós: ela os ajuda a interpretar o mundo em que vivem. Por mais estranho que possa parecer, existem animais cegos, mas até hoje não existem registros de casos de animais surdos. Debaixo d'água, os mamíferos marinhos (os mais pesquisados no que diz respeito aos sons) recorrem às ondas sonoras para "ver", já que a luz não chega a toda parte. Como eles fazem isso? Esses animais usam duas classes de sons: os de longa distância e os de curta distância. Os de longa distância servem para a reprodução, para marcar o território e para a preservação do grupo, ao passo que os sons de curta distância servem para a alimentação, para a comunicação com os filhotes e para sinalizar um comportamento agressivo

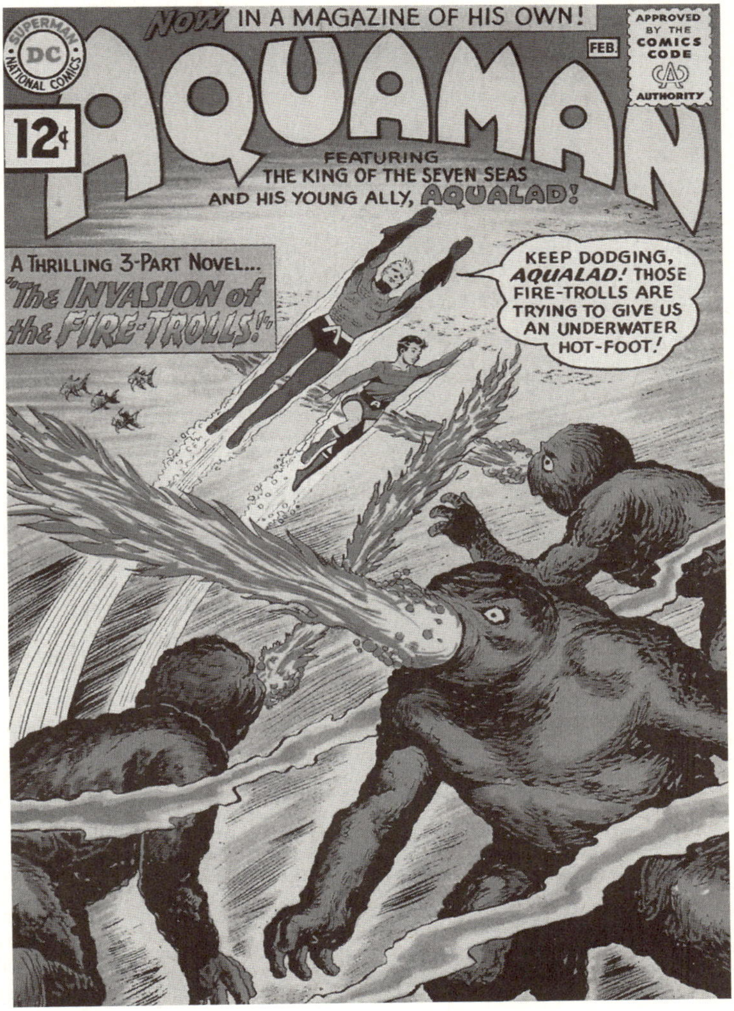

(quando um estranho invade o território). Quando o som emitido se choca contra um obstáculo (uma rocha, um cardume ou um barco), as ondas regressam à fonte de emissão. O tempo que elas levam para voltar determina a distância percorrida, enquanto a forma das ondas reflete o tamanho e a forma do objeto. Isso mesmo, as ondas sonoras também possibilitam a determinação da forma. O processo pelo qual isso é feito é mais ou menos o seguinte: vamos imaginar que temos uma quantidade de massa de modelar quase do tamanho de uma bola de futebol. Se a pegarmos com o punho fechado, a impressão que ficará na massa será o "reflexo" do nosso punho. As ondas emitidas por mamíferos marinhos atuam de uma maneira semelhante; o eco que volta é o que se chocou com toda a superfície do objeto e ficou "marcado" com o perfil dele. Esse sistema é tão preciso que um golfinho é capaz de detectar uma bola de golfe a cem metros de distância... e dizer que é uma bola de golfe (bem, é o que ele diria se soubesse o que é uma bola de golfe).

## Você fala baleês?

Agora vem a pergunta para Aquaman: podemos nos comunicar com esses animais? A resposta é talvez sim, talvez não. Pesquisas realizadas no cérebro de cetáceos demonstram que, nesses animais, a área relacionada à comunicação é muito desenvolvida, ou seja, eles têm uma linguagem que também funciona por meio de ondas sonoras. Quanto mais se estuda o comportamento dos cetáceos e a sua reação a certas "palavras", mais fácil fica elaborar uma espécie de dicionário no qual determinado clique possa significar "não se aproxime", "você está se afastando do cardume" ou "veja, ali há comida". O primeiro passo deveria ser encontrar o clique, o som que signifique "Olá, venho em missão de paz". Recentemente, Hal Whitehead, biólogo da Dalhousie University, no Canadá, definiu que, assim como os seres humanos, cada cetáceo tem uma voz própria. Isso se deve ao fato de que, ao emitir o som, ele ricocheteia na cavidade craniana do animal, e essa cavidade é como uma impressão digital, única, de modo que o som é praticamente idêntico, mas possui certas gradações que tornam possível que uma cria identifique a mãe graças à qualidade única da sua voz. Whitehead também descobriu que os cetáceos têm o seu próprio "idioma" conforme o lugar onde vivem: existem sons que só são emitidos por certos grupos e que não foram registrados em nenhuma outra família. Se conseguirmos criar um dicionário humano-cetáceo universal, quem sabe, um dia, poderemos nos comunicar com esses animais.

# 2

## O DESAFIADOR (DEADMAN)

### A morte lhe cai bem

Este é um dos poucos super-heróis com o caso encerrado e a missão cumprida. A vida de Brandon Cayce era aquela com a qual sempre sonhara: era piloto comercial de uma companhia aérea, conhecia o mundo, era respeitado e bem-sucedido em outras áreas igualmente importantes no mundo das histórias em quadrinhos (leia-se, com as mulheres e os carros). No entanto, em um acidente de avião, a morte o leva. Ou quer levá-lo, já que Brandon se nega a acompanhá-la e inicia uma existência na qual não está nem vivo nem morto, que o condena a ter visões de outras realidades e outras épocas. Em uma dessas visões, ele encontra Sarah, o amor da sua juventude, que agora é a viúva grávida do seu irmão Scott (também não entendo por que ele não visualizou uma realidade um pouco melhor); então, não sabemos como, Brandon convence Sarah não apenas de que estão sendo perseguidos por homens que querem se apoderar da criança, mas também de que Scott foi possuído por uma entidade chamada Devlin, que é o verdadeiro pai do menino. Mas as coisas não terminam aí. Brandon, que evidentemente é muito persuasivo (ou Sarah é muito inocente), conta à ex-noiva que Devlin abduziu o feto de Sarah e o transplantou em outra mulher que ficará aprisionada até que o bebê nasça; e a criança se tornará “o futuro da raça humana, o primeiro ser humano consciente de outras dimensões”. O menino finalmente nasce, mas a sua mãe, quer dizer, a sua segunda mãe, Eve, morre nas mãos do marido no exato momento em que Sarah chega ao local e se depara com o recém-nascido. Devlin propõe um trato (não sabemos por que ele quer fazer um trato, já que é poderoso o bastante para abduzir um bebê em plena gestação, mas é o que ele faz): trocar a vida do menino por todas as vidas futuras de Brandon e Sarah. Se Brandon não aceitar, morrerá nas mãos de Devlin. Naturalmente, Brandon não aceita e salva, portanto, a vida de Sarah e do menino.

## Esqueci que tinha me esquecido de você

Um dos poderes mais interessantes do Desafiador é a sua capacidade de apagar a memória. Para saber como isso é possível, é preciso entender primeiro como funciona a memória e, depois, examinar que implicações científicas teria o desaparecimento das nossas recordações. As células nervosas, os neurônios do nosso cérebro, se comunicam entre si por meio de sinapres, enviando umas às outras sinais elétricos que desencadeiam a produção de substâncias químicas. À medida que um neurônio "se comunica" com outro, as alterações químicas nas sinapses fazem o sinal ser transmitido com mais facilidade, como se fosse um lubrificante. Quando há poucos sinais, a transformação no nível neuronal é pequena (esta é a memória de curto prazo) e todas as mudanças produzidas são armazenadas no hipocampo. No entanto, se continuamos a incorporar dados, as mudanças nas sinapses se tornam permanentes... o que dá origem à memória de longo prazo. Eric Kandel, neurologista da Columbia University, explica que, em certo sentido, a memória de longo prazo envolve uma mudança anatômica no cérebro. É como se cada neurônio, ao receber uma informação, se unisse a outro de um modo permanente, criando uma recordação "indelével". Temos neurônios suficientes para tantas recordações? Sem dúvida, mais do que de sobra. Em primeiro lugar, não nascemos com um número fixo de neurônios que, quando se ocupam de uma tarefa, deixam de servir a outro propósito. Os neurônios nascem e morrem todos os dias. No entanto, como se isso não bastasse, temos em média cerca de 100 bilhões de neurônios no cérebro. Isso quer dizer que, se vivêssemos setenta anos, poderíamos usar 450 neurônios a cada segundo da nossa vida. E ainda sobrariam muitos. Agora já sabemos como funciona o armazenamento das lembranças, mas como as buscamos?

## Em busca da memória perdida

O neurologista Andre Fenton sabe a resposta. A responsável por tudo isso é a enzima PKMzeta. Essa enzima atua como um adesivo entre as conexões neuronais que se ativaram juntas para gravar uma recordação, por exemplo, o nosso primeiro aniversário. Desse modo, cada vez que queremos recordar esse evento recorremos a esses neurônios, que se ativam para nos trazer a lembrança. Para comprovar a importância dessa enzima, Fenton realizou uma experiência com

camundongos. Ele pôs um camundongo sobre uma mesa e, em outra parte da mesa, colocou uma placa de metal que se ativava todas as vezes em que o camundongo pisava nela, produzindo uma pequena descarga elétrica. Em pouco tempo, o animal aprendeu a evitar a placa porque se lembrava de que ela produzia dor. Para dar uma guinada na pesquisa, Fenton injetou no hipocampo do rato uma substância química chamada ZIP que inibe a ação da enzima PKMzeta. O que aconteceu? O rato voltou a pisar na placa. Apesar de não ser a única enzima ativa na sinapse, a PKMzeta exerce um papel fundamental na formação de recordações em longo prazo: ela as apaga.

## A cura é esquecer

Os benefícios de saber como funciona a nossa memória possibilitam que os cientistas cheguem mais perto de soluções viáveis para doenças neurodegenerativas como o mal de Alzheimer, mas qual a utilidade de pesquisar o apagamento da memória? E é possível fazer isso? Cientistas da Universidade de Amsterdã responderam que é bem provável que sim. Dar uma pílula para pessoas que tenham sofrido um terrível acidente, que tenham sido vítimas de abuso ou que tenham passado por uma experiência muito traumática poderia ajudá-las a seguir em frente. A conclusão da equipe de Merel Kindt, da Universidade de Amsterdã, se baseia em uma pesquisa realizada com um grupo de voluntários. Esses foram submetidos a uma sessão na qual lhes foi incutido um tipo de medo: enquanto eles olhavam imagens de aranhas, recebiam um pequeno choque, o que contribuía para criar a sensação de medo diante da imagem. No dia seguinte, foram divididos em dois grupos; os membros de um dos grupos foram tratados com uma substância betabloqueadora (normalmente usada em pacientes com problemas cardíacos), e os do outro, com um placebo. Em seguida, ambos os grupos foram novamente submetidos a outra "sessão de fotos" de aranhas, ao mesmo tempo que os cientistas faziam ruídos fortes e inesperados perto dos voluntários. Estes piscavam ao escutar o barulho enquanto olhavam para as aranhas, mas aqueles que haviam tomado o betabloqueador piscavam perceptivelmente menos do que os que tinham tomado o placebo, o que sugere que estavam mais calmos. No dia seguinte, quando o betabloqueador já havia saído do organismo dos voluntários, os pesquisadores repetiram a experiência e obtiveram um resultado semelhante, o que pareceu indicar que o efeito é duradouro. Atualmente, a equipe de Kindt está pesquisando a duração desse efeito.

# 3

## CONCRETO

### Isso não faz sentido

De acordo com o argumento desta história, alguns extraterrestres transplantam acidentalmente o cérebro de Ron Lithgow para um corpo artificial. Como se transplanta acidentalmente um cérebro? É melhor deixar passar essa pergunta. O fato é que o novo corpo de Ron é feito de uma substância cuja cor e textura são semelhantes à do concreto, daí o nome da criatura. Debaixo desse novo corpo, Concreto é incrivelmente forte, tem uma visão aguçada, mas carece dos sentidos do tato, paladar, olfato e de quase toda a audição. Para sorte do realismo da história, Concreto faz algo que pouquíssimos personagens sequer se atrevem a mencionar sutilmente: se envergonha da ausência de órgãos sexuais no seu corpo (algo que A Coisa bem que poderia fazer, em vez de se perguntar onde ficam as suas orelhas). Além disso, os recursos desse personagem não se baseiam em confrontos com vilões, mas sim em verdadeiras aventuras: ele escala o Everest, envolve-se em tarefas ecológicas, ajuda famílias desprotegidas. Esse é o sentimento do dever. E ao lado da visão, é o único sentido que ele tem.

### Uma questão de pele

A história desse herói começa a cambalear quando somos informados de que a sua "pele", concreto puro, não lhe permite sentir nada com o tato. Tampouco ele tem audição, olfato e paladar. De fato, ele é descrito como uma criatura desprovida de sentidos. É possível viver sem ter sentidos? A verdade é que isso é impossível. Todos os nossos sentidos desempenham uma função fundamental: possibilitar que nos relacionemos com o ambiente; o paladar e o olfato nos permitem saber se um alimento está em bom estado, o tato nos diz se uma coisa está quente ou fria demais, a audição nos informa da aproximação do perigo, mesmo que não o enxerguemos com a vista, para saber onde nos encontramos e detectar perigos em potencial ou possíveis fontes de alimento. Sem esses sentidos, não poderíamos viver. No entanto, nem todos os seres vivos os possuem. De fato, existem sentidos na natureza que nós sequer imaginamos. E são esses que Concreto poderia ter e que possibilitariam que ele sobrevivesse em um mundo repleto de inimigos. Um deles é a eletropercepção. Muitos animais marinhos possuem esse sentido, e isso talvez se deva ao fato de a água salgada

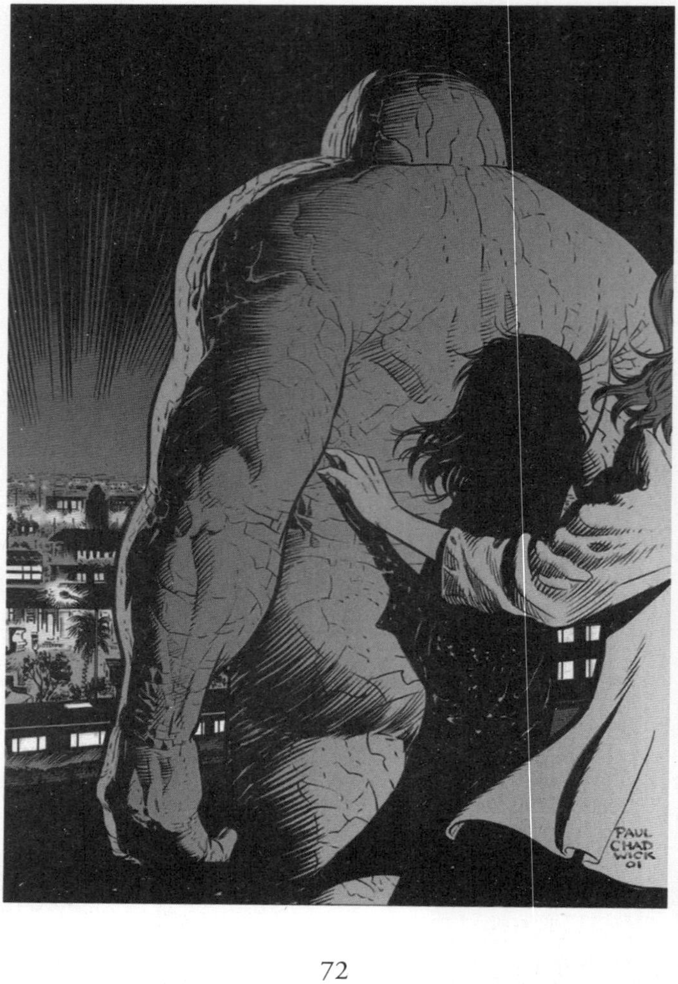

ser um melhor condutor de eletricidade do que o ar (ocorre algo semelhante ao que vimos no caso do som, quando falamos sobre o Aquaman). Esse sentido funciona da seguinte maneira: os músculos de todos os animais se movem graças a descargas elétricas (muito) pequenas. De acordo com uma pesquisa realizada por cientistas do Laboratório de Psicologia Comparativa da Universidade de Utrecht (Holanda), os tubarões e as arraias são capazes de sentir pequenas correntes, de 0,1 microvolt por centímetro quadrado. Isso equivale a uma sensibilidade elevada? Elevadíssima. Quando os nossos neurônios se conectam, eles emitem pequenas correntes elétricas (o que é conhecido como potencial de ação). Essas correntes foram medidas e se aproximam de 75 microvolts... Os tubarões podem, literalmente, sentir os nossos pensamentos. Eles fazem isso graças a órgãos chamados ampolas de Lorenzini. Esses pequenos poros estão cheios de uma substância gelatinosa que atua como condutora de eletricidade e cobrem a cabeça dos tubarões e das arraias. Graças a eles, alguns animais percebem os movimentos mais diminutos de qualquer presa em potencial ou de qualquer variação na sua zona de influência. Por via das dúvidas, a melhor recomendação no caso de você se vir diante de um tubarão é ficar completamente imóvel... mas talvez isso não seja suficiente.

## Sinto-me atraído

Outro sentido que Concreto poderia ter é a magnetorrecepção. É uma habilidade característica das bactérias, dos insetos, dos cetáceos, das aves e também dos seres humanos (embora nestes ela esteja bem adormecida). A magnetorrecepção é, basicamente, a percepção do campo magnético terrestre. Vamos examinar o assunto por partes, a fim de entender como funciona. A Terra tem um campo magnético gerado pelo núcleo do planeta: o metal líquido que gira a uma alta velocidade é composto de partículas eletricamente carregadas que, quando se movimentam, produzem um campo magnético.

Embora ainda não se compreenda perfeitamente a magnetorrecepção, uma das possíveis explicações, de acordo com Wolfgang Wiltschko e Roswitha Wiltschko, da Universidade de Frankfurt, é que algumas aves têm magnetita em uma região do cérebro e que essa região se alinha com o campo magnético terrestre. É esse alinhamento que possibilita que elas se orientem nas grandes migrações.

A segunda explicação é um pouco, digamos, menos verossímil. Ela é de autoria do biofísico Klaus Schulten, da University of Illinois, e associa o mundo subatômico ao voo das aves. De acordo com Schulten, existe uma reação bioquímica nos olhos das aves, os quais contêm uma proteína receptora de luz chamada criptocromo, que gera uma alteração molecular que permite que a ave sinta o campo magnético terrestre. Muito basicamente, o que ocorre é que a luz que estimula essa proteína altera a configuração das partículas carregadas (elétrons) nos olhos da ave e, se houver alguma variação no campo magnético, a carga das partículas se modificará e uma mensagem será enviada à ave. Por mais estranho que esse mecanismo possa parecer, foram encontradas provas moleculares que o confirmam: por exemplo, a luz azul gera uma resposta que se harmoniza com as alterações magnéticas na proteína criptocromo.

A magnetorrecepção é muito comum nas aves, nos tubarões e na arraia manta, mas também é encontrada em espécies menos exóticas. Uma pesquisa realizada por Hynek Burda, diretor do Departamento de Zoologia da Universidade de Duisburg (Alemanha), demonstrou, graças ao Google Earth, que as vacas e os cervos se alinham com os campos magnéticos terrestres e que as linhas de alta tensão afetam essa orientação.

Os seres humanos têm sistemas semelhantes à magnetorrecepção ou à eletropercepção? Diferentes pesquisas indicam que sim, mas eles estão "adormecidos" em nosso corpo, já que não precisamos deles no dia a dia.

# 4

## WOLVERINE

### Um cara durão

Este personagem tem a tragédia escrita no corpo. Seu verdadeiro nome é James Howlett e ele nasceu em Alberta, no norte do Canadá. Viveu ali até o início da adolescência, quando fugiu para uma colônia de mineração britânica chamada Colville, após matar o jardineiro da família, assassino de seu pai, manifestando seus poderes mutantes pela primeira vez. No início da idade adulta, cansado do isolamento, abandonou a colônia, adotou o nome de Logan e foi viver no meio do nada com os lobos. Passados alguns anos, ele regressou à civilização, porém existe uma etapa intermediária: ele começa a conviver com os índios Blackfoot. Mas quando irrompe a Primeira Guerra Mundial, ele é convocado e enviado para um lugar no sudeste asiático e depois para o Japão. Ali começa a tragédia. Logan se apaixona por uma mulher chamada Itsu, eles se casam e ela logo fica grávida. Entretanto, num dia em que Logan não estava em casa, Itsu é assassinada e o seu filho, arrancado de seu ventre e abandonado no chão. Daken, o menino, sobrevive e é adotado por um casal idoso que desconhece a sua origem, tampouco sabe que ele herdou os poderes mutantes do pai. No decorrer da história, Daken trairá inúmeras vezes o pai porque o considera culpado pela morte de Itsu. Porém Logan, que depois será conhecido como Wolverine, sofre em silêncio essa e outras desgraças. Ao longo da vida, Logan é recrutado por programas secretos de armamentos (sendo o principal deles o Projeto Arma X, do fictício Departamento H, o serviço secreto canadense), que lhe extirpam grande parte de sua memória, e revestem os seus ossos com adamantium, um metal praticamente indestrutível. Após uma série de aventuras, Logan-Wolverine recupera grande parte da sua identidade, mas continua com o seu característico mau humor.

## Mais duro que diamante

Lamentavelmente, um material com as características do adamantium não existe. No entanto, existem outros que pretendem imitá-lo e, com o tempo, poderão chegar a superá-lo se a ciência continuar a avançar no mesmo ritmo. As características de um material como o adamantium se baseiam em suas propriedades químicas, fundamentalmente, em suas ligações covalentes. Esse tipo de ligação química tem lugar quando um átomo compartilha dois ou mais elétrons com outros. Simplificando, são como colunas: se construirmos um teto e o sustentarmos com duas colunas, ele ficará firmemente apoiado, mas se erigirmos quatro colunas, ele ficará ainda mais firme, e com seis, mais ainda, e assim sucessivamente. Por conseguinte, quanto maior o número de elétrons que um átomo compartilhar, mais duro será um material. O material mais duro nesse aspecto é o diamante. Esse mineral se forma em temperaturas acima de 1.000 °C e em profundidades que chegam a cem quilômetros abaixo da crosta terrestre.

Mas os cientistas buscam algo mais. E já encontraram. Para criar materiais mais duros, os pesquisadores recorrem a duas técnicas. Uma delas envolve gerar ligações covalentes mais fortes, que é a abordagem dos pesquisadores da University of California Los Angeles, liderados por Richard Kaner, diretor do Departamento de Química Inorgânica. A equipe de Kaner introduziu átomos de boro em átomos de rênio para formar ligações mais fortes. Embora o material resultante, o diboreto de rênio, mal ultrapasse a metade da dureza do diamante, certas áreas da sua estrutura são capazes de arranhá-lo e, além disso, ele foi sintetizado em condições normais de pressão, o que o torna muito econômico (ao contrário do diamante).

## Um vulcão no laboratório

A segunda abordagem se baseia na recriação das condições em que os diamantes se formam na natureza: altas pressões e temperaturas elevadas. E foi isso o que

fez uma equipe de físicos alemães da Universidade de Bayreuth com as ADNRs[13] (Nanobarras Agregadas de Diamante). Foi possível fabricar esse material, que é cerca de 0,3% mais denso do que o diamante, submetendo um tipo de carbono (chamado fulereno), cuja densidade é muito elevada, a altas pressões e uma temperatura superior a 2.000 ºC. As experiências levadas a cabo com as ADNRs demonstraram não apenas que elas são mais densas do que o diamante, mas

13. Sigla de "aggregated diamond nanorods". (N. dos T.)

também são 11% menos compressíveis. Talvez, no futuro, os cientistas reúnam essas duas abordagens para criar materiais ainda mais duros, mas precisaremos de mais tempo para que eles sejam biocompatíveis: está provado que os fulerenos, de acordo com uma demonstração realizada pela bióloga Eva Oberdörster, da Southern Methodist University, causam danos celulares nos organismos. Por esse motivo, Wolverine terá de aguardar um pouco mais para que o adamantium se torne realidade.

# 5

## ANJO/ARCANJO[14]

## O Anjo Vingador

Se Tony Stark, o Homem de Ferro, tivesse asas, ele seria o Arcanjo (com suas asas metálicas, Stark seria a versão 2.0 do Anjo original). Warren Worthington III nasceu em Nova York no seio de uma família bilionária, em plena era de mutantes. Na adolescência, começaram a crescer asas nas suas costas, o que levou Warren a pensar que ele era uma aberração de circo. No entanto, logo ele se deu conta de que podia voar, e a maldição se transformou definitivamente em uma bênção quando ele salvou os seus colegas de turma de um incêndio, disfarçado de anjo (ele pegou o figurino na aula de teatro). A partir desse momento, Warren passou a se chamar Anjo Vingador (embora só use o nome "Anjo") e foi recrutado pela Escola de Jovens Mutantes do Professor Charles Xavier. No entanto, a personalidade de Warren, um playboy inveterado que tem muita dificuldade para obedecer ordens, se chocava constantemente com a dos X-Men, em particular com Ciclope, já que Warren estava profundamente apaixonado pela noiva desse, Jean Grey.

Toda a sua vida mudou quando, em uma missão, foi gravemente ferido no confronto contra os mutantes do grupo dos Carrascos, Arrasa-Quarteirão e Arpão. Devido à gravidade das lesões nos ossos das asas, elas tiveram de ser amputadas. Logo depois, desesperado com a perda das asas e o fim do seu relacionamento amoroso com Candace, ele aparentemente comete suicídio

---

14. Inicialmente conhecido como Anjo. (N. dos T.)

explodindo uma pequena aeronave. Mas Warren é na realidade transportado com segurança por Apocalipse, que altera sua estrutura genética, dando-lhe poderosas asas metálicas 2.0, cortantes e retráteis, que disparam dardos envenenados com uma neurotoxina paralisante e um dispositivo de controle psíquico, transformando-o em Morte, um dos seus quatro cavaleiros.

Depois do choque de achar que havia matado Bobby Drake, o Homem de Gelo, em uma batalha contra os mutantes do Segundo X-Factor, contratados pelo governo, ele consegue se libertar do controle mental de Apocalipse, embora não de forma definitiva, e passa a enfrentar seus demônios interiores, entre os quais, ter testemunhado o sacrifício de Jean Grey como Fênix.

Depois que ele tem uma série de violentos confrontos com os seus antigos amigos mutantes, Jean Grey faz uma magnífica reaparição e assegura a ele que os seus novos apêndices têm mente própria e o estão consumindo. É nesse momento, quando tem início a luta entre as duas consciências, a de Warren e a proveniente do controle mental de Apocalipse, da qual o primeiro sai vencedor (como não poderia deixar de ser), que as suas asas *cyborgs* são dilaceradas e revelam a verdade: debaixo delas cresciam novas asas com penas, como as que ele tinha originalmente. Assim ele retorna definitivamente (na medida em que a decisão de um playboy pode ser considerada definitiva) ao time dos seus grandes amigos, os X-Men.

## Surpresas com asas

É lastimável, mas a verdade é que não fomos feitos para voar. Não apenas porque é muito pouco provável que venhamos a desenvolver asas, mas também, principalmente, porque nossos ossos são pesados demais para que possamos levantar voo, ao passo que os das aves, por serem ocos, são muito mais leves. No entanto, esse super-herói mutante possui outro poder interessante, em suas versões de Arcanjo e Morte: as penas/dardos disparados de suas asas são carregados com componentes neurotóxicos. As neurotoxinas são substâncias que impedem que os neurônios executem a sua tarefa. De fato, por mais curioso que possa parecer, o nosso próprio corpo as produz, por exemplo, quando reage a uma ameaça ao sistema imunológico. As neurotoxinas podem ser de origem animal (serpentes venenosas, por exemplo), vegetal (a castanha-da-índia, *Aesculus Hippocastanum,* entre outras plantas) ou de origem inorgânica (como certas drogas, entre elas, a quetamina). Cada uma delas afeta os neurônios de uma maneira diferente –

impedindo que se comuniquem entre si, provocando a morte deles ou causando a produção anormal de algum neurotransmissor. Agora... as penas/dardos podem conter neurotoxinas? Ou, em outras palavras, existe alguma ave venenosa? De fato, existe. Na verdade, mais de uma. Até o momento, todas foram descobertas em Papua Nova Guiné, uma nação que possui uma das maiores biodiversidades do planeta... e a maior quantidade de idiomas por país: 820. Encontramos ali o pássaro pitohui de penacho (*Pithohui dichrous*), também conhecido como pássaro do lixo pelos nativos. Essas aves possuem uma neurotoxina chamada homobatracotoxina, cuja concentração está localizada principalmente nas penas.

Ao que tudo indica, o motivo de a neurotoxina estar nas penas se deve ao fato de os pássaros esfregarem seus ovos nelas, o que dissuadiria os predadores que pudessem querer se alimentar deles. Aparentemente, o pitohui de penacho obtém o veneno da sua comida. Os besouros que esse pássaro come (e que também servem de alimento para os sapos venenosos da América do Sul) lhe "doariam" as neurotoxinas. A segunda espécie de ave venenosa que foi descoberta é a *Ifrita Kowaldi*. Esse pássaro mede cerca de 15 centímetros, e suas penas vão do amarelo ao marrom, exceto na cabeça, onde são azuis. A ifrita tem nas penas uma batracotoxina muito semelhante à encontrada em algumas rãs da América do Sul que são usadas pelos índios para produzir o curare, um veneno no qual embebem a ponta das flechas para produzir paralisia nas suas presas.

# VILÕES

# 6

## BASTION

### A união faz a força

A sua origem é um pouco confusa (e o Universo Marvel não é tão "simples" como o nosso), porém vamos tentar simplificar: enquanto se faz passar por um ser humano com suas habilidades tecnológicas metamórficas, uma sentinela chamada Nimrod, proveniente de um futuro alternativo da Terra 616 – conhecido por Terra 1191 –, desenterra um módulo de outra sentinela chamada Molde Mestre. No momento em que Nimrod toca o módulo, a programação de Molde Mestre começa a invadir a sua mente e eles entram em um estado de fusão. Pouco tempo depois, por um motivo que não vem ao caso (lembre-se de que a nossa intenção é tornar a coisa simples), ambos enfrentam os X-Men, e estes os enviam diretamente ao Siege Perilous, um cristal mágico capaz de julgar quem o atravessa e fazê-lo reencarnar em uma vida comparável com a que tinha antes. A trama se complica quando o cristal os funde em um homem de carne e osso desprovido de memória. A partir desse momento, ele se torna um inimigo dos X-Men, sendo o maior responsável pelos eventos narrados na saga Tolerância Zero.

### Um é pouco, dois é bom, três mil é uma multidão

Neste caso, a união de dois organismos – Nimrod e Mestre Molde – não visa benefício mútuo, porém gera Bastion e o converte em um superorganismo que não tem nada a ver com um organismo com habilidades superiores, mas que existe na natureza. E bem mais perto do que você imagina.

Tudo começou no início do século XIX, quando dois entomologistas, William Wheeler e Alfred Emerson, tiveram a ideia de comparar o comportamento social de alguns insetos com o das células de um órgão do corpo humano. As fêmeas férteis dos insetos, por exemplo, atuavam como os órgãos reprodutores (como acontece no caso da abelha-rainha). Embora os dois nunca tenham mencionado o termo "superorganismo", a expressão se tornou popular e se arraigou em diferentes áreas científicas. O interessante da teoria é que, apesar de ela, à primeira vista, parecer contrária à noção da evolução (um ser que transmite genes que põem o interesse do grupo acima de si mesmo?), logo se revelou correta, já que as pessoas viviam em sociedades fundamentadas nas interações humanas. Por esse motivo era tão importante preservar os indivíduos que tinham, por assim dizer, um gene altruísta.

## Sociedade de responsabilidade compartilhada

Vejamos um exemplo. As formigas cortadeiras (do gênero *Atta*) constroem ninhos debaixo da terra que chegam a ter oito metros de profundidade e uma área que pode variar de trinta a várias centenas de metros quadrados. É claro que uma única formiga seria incapaz de fazer isso, pois esses insetos se agrupam em "sociedades" que podem ter vários milhões de membros, os quais seguem regras de comunicação muito complicadas, de uma maneira semelhante ao que ocorre no cérebro humano.

Todas parecem atuar sempre em grupo. No entanto, algo diferente acontece quando encontram uma colônia rival. Nesse caso, elas se enfrentam e, invariavelmente, como ressaltam os especialistas, o grupo que triunfa é aquele cujos membros têm uma melhor comunicação entre si. Se esse melhor sistema de comunicação tiver uma base genética, o gene se transmitirá mais rápido nas futuras gerações das formigas vencedoras do que nas das derrotadas. Assim como acontece no cérebro humano no que diz respeito às conexões neurais, a colônia (ou o cérebro) mais inteligente é a que estabelece a melhor comunicação entre os seus membros.

Os superorganismos são tão semelhantes a nós que, em uma pesquisa realizada pela University of Oklahoma e pelo Albert Einstein College of Medicine,

foram utilizados modelos matemáticos para prognosticar a expectativa de vida, o crescimento e a taxa de reprodução nesse tipo de colônia. Com essa finalidade, os pesquisadores analisaram os hábitos de 168 insetos sociais (cupins, formigas, abelhas e vespas) e descobriram que, quando se comparavam com organismos individuais todas as variáveis anteriormente mencionadas, os números eram praticamente idênticos. Isso não é estranho se prestarmos atenção ao que James Gillooly, doutor em biologia da University of Florida, assinala: "Duas das maiores inovações da evolução da vida ocorreram quando as células começaram a trabalhar juntas para formar um organismo e quando as pessoas decidiram trabalhar juntas para formar uma sociedade".

## A fúria vermelha

Vamos examinar mais exemplos. Mergulhemos no mar. O fitoplâncton é composto de milhões de organismos que se comunicam entre si enviando sinais que possibilitam que eles sobrevivam como um grande "corpo". Sabemos que eles enviam mensagens uns para os outros referentes à quantidade de luz, aos possíveis predadores etc. Isso lhes permite crescer e responder melhor a novas condições no ambiente. Assim se formam, por exemplo, as marés vermelhas, que têm importantes consequências para a vida marinha e para a economia. A ciência está estudando atualmente uma maneira de interromper essa comunicação, para impedir a formação das marés vermelhas. Mas as pesquisas também se estendem ao campo da medicina, já que os especialistas constataram que a virulência de certos patógenos se transmite de formas semelhantes. Desse modo, novamente, ao evitar essa comunicação, assegura Kay Bidle da Rutgers University, "podemos combater de maneira mais eficiente as infecções". O segredo é isolar as substâncias químicas que os patógenos produzem para enviar esses sinais e usá-las contra eles. Em certo sentido, é como um pré-antibiótico que funciona antes que a bactéria receba o sinal para infectar o organismo. Além disso, e o que é mais importante, evitaria que certas doenças se tornassem resistentes a determinados tipos de drogas.

Mas não são apenas os insetos que agem como superorganismos. Também existem mamíferos que formam grupos nos quais cada um dos membros tem uma determinada tarefa. O mais notório é o rato-toupeira-pelado. Esse roedor habita o Chifre da África, e sua estrutura social é muito estranha. As colônias são formadas por até trezentos membros, cuja maioria é estéril; somente alguns machos se dedicam à reprodução. Os outros trabalham cavando os túneis onde moram (daí o seu nome, rato-toupeira), defendendo a colônia de predadores ou buscando comida. Quando a rainha morre, várias fêmeas brigam até a morte pelo direito de suceder a ela na digna tarefa. Os cientistas descobriram que a causa da esterilidade poderia estar nos feromônios encontrados na urina da rainha (na qual todos os indivíduos rolavam para se confirmar como membros da comunidade). É por esse motivo que, quando a rainha morre, o efeito desaparece e outras fêmeas do grupo podem se tornar férteis. Além disso, ao subir ao trono, o corpo da nova rainha se transforma: a partir da primeira ou segunda gestação, as suas vértebras se desenvolvem e ela chega a ficar um terço maior do que as outras fêmeas.

# 7

## CARNIFICINA[15]

## Uma mão lava a outra

Este é, sem dúvida, um dos mais desprezíveis entre todos os vilões. Não fosse o fato de podermos investigar um pouco as suas origens na biologia, seria melhor esquecê-lo. Cletus Kasady certamente não é um exemplo de vítima das circunstâncias: ele assassinou a avó quando ainda era menino. Levou também para o outro mundo o cachorro da sua mãe, a qual, ao tentar se vingar do ocorrido, quase mata o próprio filho. A única coisa que o salvou foi a presença do pai, que espancou de tal maneira a esposa, que também esteve a ponto de matá-la. Com o pai condenado e a mãe se recusando a vê-lo, Cletus é enviado para um orfanato onde é constantemente alvo de chacota e assédio. E ele reage: assassina um dos inspetores, mata uma jovem que se recusa a sair com ele e ateia fogo no orfanato. (O que pode ser mais atrativo e gratificante quando se é um alienígena que veio de uma dimensão desconhecida?) Cletus é mandado para a prisão, onde divide a cela com Eddie Brock, o supervilão Venom. Este acabara de perder o simbionte alienígena que o transformara em um ser perverso. Lamentavelmente ou não (para Kasady), o simbionte, que tem a forma do famoso líquido preto do extinto seriado *Arquivo X*, volta e se une a Brock, deixando cair uma gota de si mesmo perto de Kasady, de onde surge o produto dessa união: crias. Essas crias entram na corrente sanguínea de Cletus e o transformam em Carnificina, uma simbiose com mais força do que o Homem-Aranha e o Venom reunidos.

---

15. No Brasil, às vezes também chamado pelo nome em inglês, Carnage. (N. dos T.)

Carnificina tem o poder de atirar partes do seu simbionte nos inimigos em forma de machados ou facas, regenera-se rapidamente de qualquer lesão e também pode escalar qualquer superfície, assim como o seu grande inimigo, o Homem-Aranha. Ele é, em suma, uma simbiose do pior de todos os arqui-inimigos do Homem-Aranha – Venom – com um *serial killer* psicótico.

## Cuidado! Você tem um simbionte

Mas a simbiose não tem por que ser uma coisa ruim. Na verdade, se não fosse por ela, não estaríamos aqui. A simbiose é a colaboração de dois organismos diferentes para obter um benefício. O nosso corpo hospeda milhares de bactérias

que nos permitem metabolizar os alimentos, evitam certas enfermidades e se alimentam de nós. Isso é simbiose. Esse tipo de "contrato" com a natureza é tão estranho (não por causa de sua frequência, mas sim devido a sua complexidade) que algumas pessoas apontam a simbiose como uma das provas de que a evolução pura e simples não poderia ter feito algo tão perfeito. No entanto, a realidade é que a simbiose começou com relações de experiência. Algumas não resultaram viáveis, enquanto outras foram favorecidas graças aos seus notáveis benefícios. Entre essas, há algumas muito estranhas.

Examinemos os oceanos. Sob os sedimentos marinhos, existem bactérias que se alimentam de enxofre. Nada muito incomum, certo? Pois os cientistas da Universidade de Aarhus, na Dinamarca, descobriram que essas bactérias agem como um superorganismo, já que se conectam por meio de uma rede de nanocabos. São filamentos de proteínas que possibilitam que os elétrons se desloquem de um lado ao outro da rede transportando informações. Que tipo de informações? Basicamente, sobre os níveis de oxigênio que lhes permitem metabolizar o seu alimento. O pesquisador chefe, Lars Peter Nielsen, me disse que tudo começou quando eles tentaram estudar os sedimentos marinhos locais. Recolheram várias amostras e as colocaram em recipientes especiais. Finalmente, alteraram os níveis de oxigênio na água e deixaram os recipientes em um canto. Vários dias depois, eles se deram conta de que algo estranho estava acontecendo: havia alterações químicas nas camadas mais baixas dos recipientes. A reação ocorria a uma distância enorme para uma bactéria (20 mil vezes o tamanho do seu corpo, o que para nós equivaleria a mais de 30 quilômetros) e a uma velocidade tão rápida, próxima à da luz – segundo me confirmou o próprio Nielsen –, que a única explicação era que elas estavam unidas por uma rede elétrica. Depois de várias experiências, os cientistas comprovaram que, de fato, isso era verdade. Embora ainda não consiga explicar exatamente como isso ocorre, o próprio Nielsen garante que "a descoberta é quase mágica e contraria tudo o que sabíamos até este momento".

## Uma adaptação brilhante

Vamos agora dar um pulo no mar. A profundezas abissais são habitadas por peixes bioluminescentes. São criaturas de aparência estranha, com uma capacidade mais bizarra do que a sua anatomia: emitem luz. A maioria desses peixes faz isso por intermédio de bactérias que têm a capacidade genética de produzir uma luz azul fria. Isso só acontece quando as bactérias alcançam uma densidade celular crítica que acende o "interruptor". Para saber quando deve ativar o interruptor, a bactéria conta com moléculas chamadas AHL, que se propagam pela célula. Quando a densidade celular chega ao ponto crítico, essas moléculas ficam tão unidas que ativam a luz, e graças a isso, o peixe consegue comunicar-se com outros da sua espécie, acasalar-se e encontrar comida. As bactérias são vitais para esses habitantes marinhos, e elas, por sua vez, não poderiam viver em outro lugar. Uma simbiose perfeita.

Embora não tão perfeita quanto a das algas *Platymonas* e a do verme marinho *Convoluta roscoffensis.* Esses vermes vivem à beira-mar, são transparentes e não têm nem boca nem sistema digestivo. No entanto, dentro deles vivem algas que absorvem os raios de sol através da pele transparente dos vermes e realizam a fotossíntese do alimento (isso faz os vermes adquirirem uma cor esverdeada). A energia gerada pela planta é suficiente para os dois organismos.

Finalmente, dentre todos os exemplos de simbiose, o que se revelou mais surpreendente é o de uma família de aves conhecida como Indicador (*Indicatoridae*). Como o seu nome indica (é válida a redundância), esses pequenos pássaros se alimentam da cera das colmeias de abelhas e das suas larvas. Lamentavelmente, são muito pequenos para dar conta de uma colmeia inteira, mas o seu cérebro deve ser enorme. Esse pássaro então chama a atenção de mamíferos que habitam a área, em particular os ursos, e até mesmo alguns seres humanos, até conseguir que eles o sigam. Em seguida, ele os conduz à colmeia, deixa que se alimentem de mel e depois se serve de larvas e cera à vontade. Ele é realmente muito esperto!

# 8

## AZAZEL

## De sangue azul

A cena transcorre nos tempos bíblicos. Uma horda de demônios mutantes, conhecidos como Neyaphem, enfrenta anjos mal-encarados, os Cheyarafim. A batalha tem um resultado desastroso para os primeiros, que são enviados pelos Cheyarafim para outra dimensão. Para a sorte do demônio Azazel, um de seus poderes é o teletransporte. A partir desse momento, o seu propósito na vida será procurar mulheres e impregná-las com a sua essência (leia-se engravidá-las), já que os seus filhos também estarão conectados à dimensão na qual Azazel se encontra cativo. A sua maior fraqueza é o sangue dos Cheyarafim; embora esse sangue seja capaz de curar praticamente qualquer ser vivo, ele destrói os Neyaphem.

Você deve estar pensando que vou falar a respeito de um sangue que cura... Bem, é quase isso. Vamos falar do caranguejo-ferradura. Apesar da sua aparência de crustáceo, esse artrópode está mais relacionado com as aranhas e os escorpiões, e a sua aparência de fóssil vivo tem um motivo: ele habita o nosso planeta há 570 milhões de anos.

### Ferro *versus* cobre

Desde aqueles tempos (e até mesmo antes), o sangue evoluiu como uma forma de transporte de oxigênio no organismo. As primeiras formas de vida que respiraram oxigênio tiveram muita dificuldade em fazê-lo por causa de um sistema circulatório extremamente primitivo e não muito eficiente no transporte do oxigênio. Mas depois as criaturas começaram a produzir pigmentos sanguíneos: compostos que contêm metal, o que lhes permite recolher as moléculas de oxigênio e liberá-las quando necessário. O sangue da maioria dos animais tem o mesmo pigmento: a hemoglobina, cujas moléculas estão estruturadas ao redor de um átomo de ferro, o qual é responsável por sua cor vermelha. No entanto, o ferro não é o único metal que pode fazer isso. O caranguejo-ferradura usa o cobre com a mesma finalidade. O pigmento que ele forma se chama, portanto, hemocianina, e seu sangue, em vez de ser vermelho, possui um tom azulado. Acredita-se que a hemoglobina não evolua da hemocianina, e que tampouco o inverso seja verdadeiro. As evidências sugerem que a sua origem ocorreu há milhões de anos, nos organismos que consideravam o oxigênio tóxico, de modo que a sua função original era neutralizá-lo.

## Um "caranguejo" no espaço

Voltemos ao sangue que cura, do caranguejo-ferradura. Nesse sangue, há células chamadas amebócitos, semelhantes aos nossos leucócitos, que têm a capacidade de reagir na presença das endotoxinas, toxinas presentes em certas bactérias. Durante o processo de fabricação dos medicamentos, alguns podem ser contaminados por essas substâncias tóxicas. Para saber se os medicamentos estão livres delas, utiliza-se o sangue desse artrópode, o qual se coagula na presença de uma endotoxina (você não precisa se preocupar com o animal; para conseguir o sangue, extraímos apenas uma amostra de um espécime vivo, o qual posteriormente é devolvido ao mar).

A partir dessa capacidade do sangue do caranguejo-ferradura, a Nasa criou um minilaboratório portátil chamado LOCAD-PTS (sigla de Lab-On-a-Chip Application Development-Portable Test System, um microlaboratório do tamanho de um chip de computador, também conhecido como biochip, capaz de fazer exames biológicos). Na Terra, a maneira mais fácil de diagnosticar uma doença é analisar a amostra de algum líquido do corpo, cultivá-la e estudar o tipo de infecção que ela apresenta. Se for virótica, não reagirá a antibióticos, mas se for de origem bacteriológica, haverá reação. A partir desse momento, determina-se o tipo de bactéria que será mais eficaz. No entanto, em uma estação espacial, cultivar uma amostra durante vários dias, enquanto o astronauta pode piorar e contagiar toda a tripulação, não é uma coisa muito desejável.

O LOCAD-PTS contém amebócitos desidratados. Quando um líquido é introduzido no aparelho, este hidrata os amebócitos, que reagem na presença de alguma substância tóxica. Se essa substância for detectada, o microlaboratório analisará a quantidade de bactérias presentes na amostra e o seu tipo. No momento, ele só é capaz de analisar um único tipo, as gram-negativas, mas logo será possível analisar as gram-positivas, os fungos e certas substâncias químicas. Essa tecnologia já foi testada na Estação Espacial Internacional, e se tudo sair de acordo com o planejado, em breve, os astronautas, quando espirrarem mais de uma vez, poderão ir ao seu LOCAD-PTS, introduzir um fluido e escutar a mensagem: Ibuprofeno 600 e oito horas de sono.

# 9

## SUNFIRE[16]

## Brilha com luz própria

Um super-herói pode personificar o sentimento de culpa de uma nação? Parece que sim. Pouco tempo depois de Shiro Yoshida nascer, sua mãe morreu envenenada pela radiação da bomba de Hiroshima. O envenenamento também afetou Shiro, mas o transformou em um mutante com a capacidade de absorver radiação solar, convertida em plasma que, por sua vez, se transforma em chamas quando entra em contato com o oxigênio. Como se não bastasse, ele também é capaz de ionizar o ar ao seu redor e criar calor suficiente para derreter o metal. Shiro cresce odiando os Estados Unidos, responsáveis pela morte de sua mãe, e tendo discussões com o pai, um diplomata das Nações Unidas que é tolerante com o país que o filho detesta. O seu tio Tomo se aproveita do ódio e dos poderes mutantes do jovem Shiro e o convence a atacar a capital americana. Lá, graças aos seus poderes, ele adota o nome de Sunfire (Fogo Solar) e enfrenta os X-Men. Derrotado, volta ao Japão, apenas para ver o pai morrer nas mãos de seu tio Tomo. Shiro compreende que foi manipulado por seu tio, mata-o e se entrega à justiça. No entanto, obviamente, o seu lado sombrio ainda o influencia, porque ele luta contra Namor e contra o Homem de Ferro até ser recrutado pelo Professor Xavier para os X-Men e passar para o lado do bem, embora nunca vá conseguir trabalhar em equipe. Aparentemente, é muito volátil.

16. Também conhecido no Brasil como Solaris. (N. dos T.)

## Pequenas doses de sol

Evidentemente, um organismo pode aproveitar a radiação solar para convertê-la em alimento, ou seja, em energia. De fato, é o que as plantas fazem na fotossíntese. Mas o que fazer em relação a um ser vivo mais complexo? E com um de tamanho maior? A biomimética é a ciência que busca na natureza a inspiração para desenvolver novas tecnologias. A ecolocalização dos morcegos ou a capacidade dos cupins de manter uma temperatura constante nos seus ninhos são alguns exemplos que inspiram os cientistas a desenvolver novos produtos. Obviamente, a energia solar é um tema que conta com vários projetos em andamento.

Daniel Morse é um dos especialistas em biotecnologia da University of California, Santa Barbara, e a sua "musa", quando se trata de criar células solares mais eficientes, é a esponja do mar. A fabricação de painéis solares é uma tarefa que requer altas temperaturas, plasmas e câmaras de vácuo, além de usar substâncias químicas nocivas. Segue-se o mesmo processo de fabricação da maioria dos semicondutores (substâncias que podem se comportar como condutores ou isolantes, dependendo, entre outras coisas, da pressão, da temperatura ou da radiação). O silício é o semicondutor mais comum.

As esponjas, que parecem tão indolentes, são capazes de uma precisão e uma beleza únicas na natureza: elas extraem ácido silícico do mar e o convertem em dióxido de silício, e em seguida o utilizam na produção de uma estrutura tridimensional sumamente precisa, a qual, por algum motivo, se reproduz exatamente da mesma maneira em todos os membros da espécie. Morse descobriu uma enzima nas esponjas que age como um catalisador, alterando a velocidade de uma reação química e permitindo que esta ocorra a uma temperatura nada habitual na criação dos semicondutores: 16 °C.

Morse ficou ainda mais assombrado quando constatou que essas estruturas melhoram acentuadamente o desempenho das células fotovoltaicas. E conseguem isso à temperatura ambiente e em condições normais de pressão. Mais vantagens? O material que compõe o esqueleto das esponjas é um dos mais abundantes no planeta: o dióxido de silício é o componente mais comum da areia.

No entanto, existem alguns inconvenientes; embora o dióxido de silício seja abundante, é muito difícil obter o silício puro, já que o processo é muito dispendioso e exige uma grande quantidade de energia. Por esse motivo, algumas pessoas evitam usar o silício nas células solares e recorrem a outros materiais não tão caros, como o CIGS (acrônimo de cobre, índio, gálio e selênio), e com um índice de eficiência próximo. Entretanto, com a tecnologia de Morse, podería-

mos criar lâminas finas que seriam tão econômicas quanto o CIGS, mas que se basearíam em um material natural e seriam mais eficientes graças à sua estrutura. Morse produziu cerca de trinta protótipos de células solares construídas de acordo com o modelo da esponja marinha e espera que em poucos anos elas estejam no mercado.

## Com a mosca na ciência

Outra musa da energia é... a mosca. Os olhos desse inseto são compostos de milhares de facetas que captam a luz de uma maneira extraordinariamente eficiente. Mas um grupo de cientistas, dentre os quais está Raúl José Martín Palma, professor de física da Universidad Autónoma de Madrid, descobriu que a estrutura do olho da mosca, em particular o da varejeira azul, constitui um modelo perfeito para as células solares, pois, em comparação com as estruturas planas, recolhe mais luz de uma área maior.

Talvez Sunfire use a energia solar para lutar contra os seus inimigos. Mas a ciência atual encontrou formas mais eficientes para transformar o sol em um aliado inspirando-se em alguns seres vivos, por exemplo, uma espécie de salamandra, a *Ambystoma maculatum*. As fêmeas desse anfíbio armazenam células de algas na trompa de Falópio, e Ryan Kenney, biólogo da Dalhousie University, Halifax, no Canadá, descobriu que, de algum modo, as salamandras passam essas células para os embriões. Dessa forma, as algas crescem entre as células das futuras crias e, aparentemente, lhes fornecem comida e oxigênio por meio da fotossíntese.

O problema de um organismo complexo ser fotossintético é ter de lidar com a radiação solar excessiva. Talvez seja esse o motivo pelo qual a maioria dos animais que obtêm a sua energia por meio da fotossíntese seja de seres marinhos. No entanto, a engenharia genética está trabalhando nisso. Christina Agapakis, da Faculdade de Medicina de Harvard, realizou uma experiência única: injetou bactérias fotossintéticas nos ovos de peixes paulistinhas (também chamados de peixes-zebra), e tanto as bactérias quanto os peixes conseguiram sobreviver em comunhão. Entretanto, não se sabe quanta energia esses peixes geneticamente modificados obtêm da luz solar, se é que obtêm alguma; no entanto, esse é um primeiro passo no caminho da criação de um animal complexo que se alimente exclusivamente de sol.

# 10

## ÔMEGA VERMELHO

## O perfume da morte

É a nêmesis de Wolverine. Este mutante russo (não é por acaso que Vermelho faz parte do seu nome) nasceu Arkady Rossovich e foi rapidamente recrutado pelo governo soviético como assassino profissional. Seu corpo é protegido por uma armadura, e os dois tentáculos que se projetam de seus pulsos são de um metal conhecido como carbonadium, uma liga de adamantium modificada para se tornar flexível; porém, essa liga é radioativa. Seus tentáculos são usados para absorver a vida de seus inimigos. Sua atitude psicopática e violenta se tornou tão descomedida que os próprios soviéticos o colocaram em animação suspensa, embora de vez em quando o ressuscitassem para que realizasse alguma missão especial. Ele morreu quando ameaçou Wolverine dizendo que mataria o filho do herói. Apesar da sua notória instabilidade emocional, seu maior poder não era exatamente a violência física. A sua "força" residia em uma extraordinária capacidade de emitir feromônios fatais a quem estivesse por perto, e por isso esses feromônios eram conhecidos como esporos da morte.

Os feromônios são compostos químicos voláteis segregados por alguns animais. São sinais entre indivíduos que influem na conduta de maneira semelhante ao dos hormônios, só que os feromônios estão destinados a modificar a reação de outros indivíduos da mesma espécie. O termo deriva das palavras gregas *pheran* (transferir) e *horman* (excitar). Os animais os produzem graças a certas glândulas específicas e os liberam pela saliva, pela urina e pela transpiração. A maioria dos feromônios é composta da bioengenharia que reúne duas ou mais substâncias químicas que precisam ter a proporção exata para ser biologicamente ativas, ou seja, para exercer uma função. A precisão está diretamente associada à eficiência. O bicho-da-seda macho, por exemplo, é capaz de detectar os feromônios de uma fêmea a mais de um quilômetro de distância.

Mas eles não têm apenas uma finalidade sexual. As formigas encarregadas de buscar comida deixam um rastro de feromônios para avisar as companheiras sobre o trajeto que seguiram até o alimento.

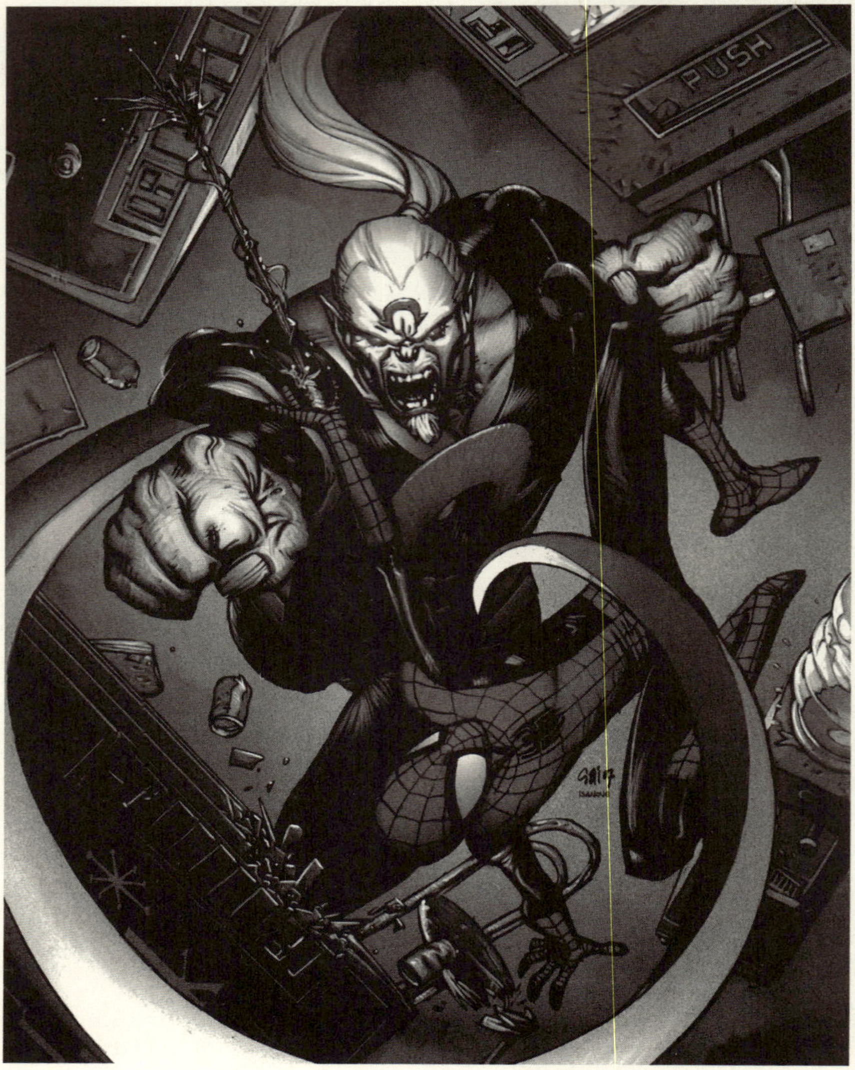

A importância desses compostos para a economia é enorme. Na agricultura, por exemplo, eles são usados como pesticida para atrair determinados insetos para as armadilhas, evitando, dessa forma, que eles danifiquem a colheita.

## O seu cheiro o denuncia

Os feromônios não podem nos matar, para infelicidade do Ômega Vermelho, mas podem alterar a nossa conduta. Na década de 1970, foi descoberta uma secreção no corpo das mulheres, chamada copulina, que se acreditava estimular a resposta sexual dos homens. E não para por aí. Martha McClintock, doutora em psicologia da University of Chicago, demonstrou em uma pesquisa que o ciclo menstrual das mulheres que vivem juntas se sincroniza devido, em grande parte, às secreções das axilas. Se o odor era inalado antes da ovulação, o ciclo menstrual das outras mulheres se reduzia; se, pelo contrário, ele era inalado pouco depois da ovulação, o ciclo se prolongava.

Outra pesquisa que poderia demonstrar a ação dos feromônios no ser humano foi realizada por Geoffrey Miller, psicólogo da University of New Mexico, que acompanhou as gorjetas recebidas pelas dançarinas de um bordel e, de acordo com os resultados obtidos, concluiu que elas recebiam quase o dobro do valor quando estavam ovulando – ou seja, no momento de maior fertilidade – do que em qualquer outra fase do ciclo.

O responsável por detectar os feromônios nos animais é o órgão vomeronasal, localizado na parte superior do nariz. Ali há uma série de células semelhantes aos neurônios, que transmitem sinais estimulantes ao hipotálamo, e este, por sua vez, responde segregando hormônios que poderiam influir em nossa conduta. De fato, um dos hormônios produzidos por essa glândula é a oxitocina, que nos homens está relacionada aos órgãos genitais.

Os feromônios não matam os seres humanos, mas está definitivamente comprovado que eles causam um efeito e têm uma finalidade, podendo alterar a nossa conduta.

# ▶ 11

## SEBASTIAN SHAW

## Codinome Rei Negro

O esnobe dos vilões, Sebastian Hiram Shaw, é um mutante com uma inteligência extraordinária. Ele mal havia terminado os estudos de engenharia quando fundou a Shaw Industries, projetando tecnologias que o transformaram em milionário aos 30 anos de idade e em multimilionário dez anos depois. As suas roupas parecem desenhadas por um Calvin Klein pirata, e ele faz parte do exclusivo Clube do Inferno (Hellfire Club),[17] que tem entre seus membros Howard Stark, pai do Homem de Ferro, e Warren Worthington Jr., progenitor do Arcanjo, além de outros milionários do universo Marvel. Apesar de sua inteligência e dos trajes extravagantes, os seus planos não são nada originais: ele almeja a dominação do mundo e a morte dos X-Men, objetivos que nunca consegue alcançar. A sua perversidade o leva a ser alvo de uma tentativa de assassinato por seu próprio filho. Qual é o poder de Shaw? Além da inteligência, ele tem a capacidade de absorver todo tipo de poder ou energia, aumentando assim a sua resistência e força. E isso é mais interessante do que parece. Digo mais interessante porque deixaremos um pouco de lado a ciência para contar uma pequena história que poderíamos chamar de...

17. O nome do clube se inspirou no Hellfire Club da Inglaterra (havia vários clubes com o mesmo nome também na Irlanda, mas o mais famoso foi fundado em Londres por *sir* Francis Dashwood, por volta de 1749), que reunia membros da elite britânica do século XVIII para supostas orgias e ritos satânicos. (N. dos T.)

## A importância de se chamar hidrogênio

Diz a lenda que no segundo instante do Universo, quando apenas se escutavam os ecos do *Big Bang*, uma partícula de hidrogênio[18] foi lançada a uma velocidade

18. O hidrogênio é o elemento mais leve da natureza e também o mais abundante: ele compõe 75% da matéria visível. Na realidade, ele é o principal componente das estrelas.

incrível. A viagem logo a deixou desamparada e solitária, pelo menos até que começou a avistar irmãs suas que se reuniam em uma imensa nuvem. O desejo de companhia (junto à atração física gerada pela gravidade e alguma explosão estelar) uniu-as cada vez mais até que, depois de muito tempo, a partícula de hidrogênio, que a partir de agora vamos chamar de H, formou – com suas irmãs e algumas primas dispersas – uma estrela. A energia cinética se transformou em energia térmica. A partícula de hidrogênio – perdão, H – logo ficou entediada com a indolência das suas irmãs, que se contentavam em fazer fusões e fendas na estrela, e decidiu partir para o planeta mais próximo. Ao chegar à Terra, um organismo vivo, algo totalmente novo para H, lhe deu as boas-vindas. Esse organismo era uma planta que a absorveu por completo, transformando a energia térmica em química. H pôde aprender com esse novo organismo e viu como ele conseguia se comunicar com outras plantas: usando a energia que havia absorvido da estrela para enviar sinais elétricos para as suas colegas. Um dia, no entanto, a planta, que havia crescido e se tornado árvore, foi derrubada e transformada em lenha. Foi assim que H regressou à energia térmica, porém teve a sorte de não ter sido usada para esquentar uma habitação, mas sim para mover uma máquina a vapor, um trem, o que possibilitou que H seguisse viagem e experimentasse novas fontes de energia. H se transformou em chuva, que alimentou represas, e, por um momento, foi energia potencial, "armazenada" na água, até que caiu sobre algumas turbinas e o movimento se transformou em energia elétrica. Essa, por sua vez, alimentou a lâmpada de uma estufa, permitindo que uma planta crescesse e fosse servida na sua mesa para proporcionar a você energia química suficiente para que pudesse convertê-la, novamente, em energia cinética, e se sentisse, de algum modo, unido à origem do Universo.

# 12

## FANÁTICO (JUGGERNAUT)

### Uma máquina incontrolável

Cain Marko estava na Coréia, na função de soldado, com o seu meio-irmão Charles Xavier, quando descobriu uma gruta secreta dedicada à entidade mística Cyttorak. Ao entrar, Marko tocou em um rubi mágico que revelou uma men-

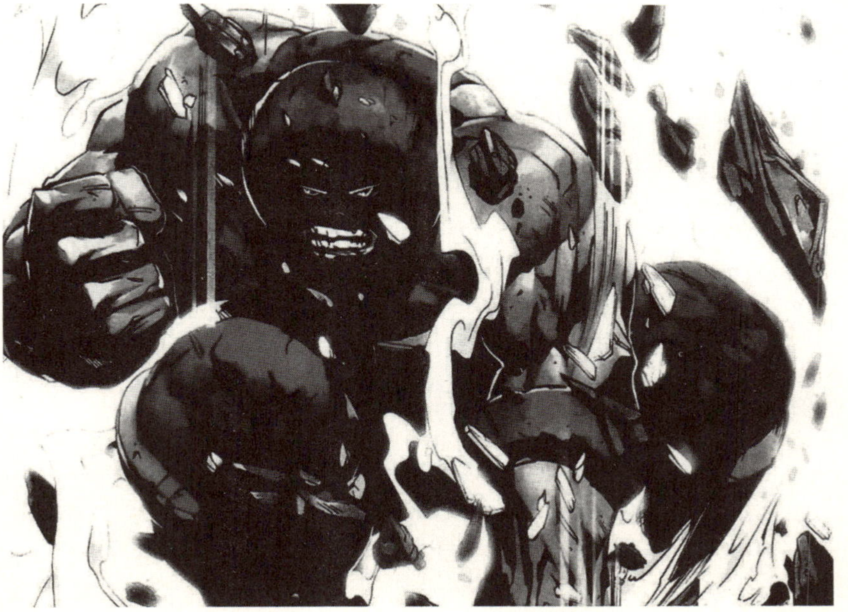

sagem: "qualquer um que possua a pedra sagrada pode se preparar para receber os poderes sanguinários de Cyttorak. Leia as palavras e saia desse lugar como um Juggernaut humano". Assim que recebe os poderes de Cyttorak, Cain se transforma para sempre em uma força destrutiva (esse é o significado do nome do vilão em inglês, Juggernaut). A transformação de Marko gera um cataclismo no interior da gruta e soterra o soldado, que é dado como morto... Mas isso, obviamente, não está nos planos dos roteiristas, de modo que Marko, agora transformado em uma força incontrolável, vestindo um traje de grande resistência, provido de um capacete impenetrável, mas que pode ser retirado da armadura com determinados golpes. Com esses poderes, ele se encaminha para a mansão dos X-Men (não, ele não usa o seu novo superpoder para arrombar o cofre de um banco no caminho e tampouco para enfrentar os soldados inimigos). Depois de uma violenta luta na qual Fanático derruba sucessivamente todos os mutantes, estes conseguem derrotá-lo graças à ajuda do Quarteto Fantástico; retiram o seu capacete e Xavier consegue controlar a do meio-irmão mente. Entre as façanhas realizadas com os poderes de Cyttorak, Fanático é capaz de sobreviver sem comida, água ou oxigênio e, se estiver em movimento, é incontrolável. O fato de ele não necessitar de energia e ser impossível detê-lo quando está em movimento o torna uma máquina de movimento perpétuo.

Para entender mais ou menos o motivo pelo qual esse tipo de máquina não pode existir no estágio atual da física, é necessário ter algumas noções bem claras dessa ciência. Por esse motivo, vamos ver o que diz o físico teórico Michio Kaku, autor de *Physics of The Impossible*, a respeito das leis da termodinâmica: "Se compararmos o Universo com um jogo no qual o objetivo é extrair energia, as três leis podem ser parafraseadas da seguinte maneira:

1) Não podemos obter algo em troca de nada.
2) Nem ao menos podemos mantê-la.
3) Nem ao menos podemos sair do jogo.

## O esquema

Basicamente, a primeira lei diz que não podemos criar energia a partir do nada. A segunda postula que uma parte da energia sempre se perde, por exemplo, em forma de calor ou irradiação térmica. E a terceira indica que não podemos viver sem energia. Lamentavelmente, até agora, não conhecemos nenhuma máquina que não viole algum desses princípios. E desde o século VIII esse é um dos maiores objetos de desejo do ser humano. Há 1.400 anos ocorreu no estado da Bavária, na Alemanha, a primeira tentativa de criar um moto-perpétuo. Ele era extremamente engenhoso para a época. Era uma espécie de roda-gigante, só que, em vez de assentos, tinha pequenos ímãs. A base da roda era um ímã de tamanho maior; assim, cada vez que um ímã se aproximava da base, primeiro era atraído e depois repelido, contribuindo desse modo para o ciclo eterno de girar continuamente. Apesar de ser verdade que essa máquina poderia girar eternamente, a realidade é que não se pode extrair nenhum tipo de energia útil dessa roda, e, como o tempo, ela iria girar cada vez mais devagar até que pararia por completo.

No entanto, pode ser que haja uma saída furtiva para essas leis. Nikola Tesla foi um dos inventores e cientistas mais importantes da humanidade. Entre os numerosos objetivos considerados absurdos, alguns dos quais depois demonstraram estar certos,[19] existe um que nos interessa particularmente: Tesla acreditava que era possível extrair energia do nada, mais precisamente, do vácuo. Hoje em dia, os cientistas, em particular os astrofísicos, dispõem de informações às quais Tesla jamais teve acesso. Dados obtidos de medições de satélites e da observação de um tipo de supernova chamada 1ª assinalam que o Universo está se expandindo. Atualmente, a razão mais aceita para esse fenômeno é que existe uma energia escura, com uma gravidade inversa, que impele os corpos a se afastarem uns dos outros. Medições do satélite WMAP garantem que 75% do Universo é formado por esse tipo de energia. No entanto, ninguém sabe como chegar até ela e nem qual a sua quantidade. Por conseguinte, até que isso se resolva (ou que Tesla ressuscite), Fanático precisa ficar "em animação suspensa", o que é altamente recomendado em se tratando do incontrolável Juggernaut.

19. Entre os mais estranhos estão um submarino elétrico, robôs humanoides, o raio da morte e a terapia da supereletricidade (variar a corrente elétrica das nossas células).

# 13

## MAGNETO

## Um ímã para os problemas

Embora possa parecer estranho, Stan Lee, o criador de Magneto, não o concebeu originalmente como um vilão: "Ele só pretende revidar o golpe dos racistas que atacavam os mutantes. A sociedade não os tratava de um modo justo e Magneto tentou dar a todos uma lição. É claro que ele era perigoso, mas nunca o imaginei como um vilão", afirmou o roteirista em uma entrevista. Mas ele imaginou isso, sim, já que a biografia de Magneto está ricamente detalhada. Max Eisenhardt (o verdadeiro nome do personagem) nasceu na década de 1920 em uma família alemã judaica de classe média. Por causa da discriminação nazista, a família foge para a Polônia. Lá, seus pais e sua irmã são executados, mas Max é capturado e enviado para Auschwitz. Nesse campo de concentração, ele se une a Magda, uma jovem cigana, e eles iniciam uma relação que consegue se firmar quando escapam do campo e fogem para uma cidade ucraniana: Vinnitsa. Com o passar do tempo, Max adota o nome de Magnus e consegue começar uma nova vida ao lado da mulher e da filha Anya. Lamentavelmente, certa noite, uma multidão ateia fogo na casa da família quando Anya estava dentro. Magnus dá vazão a toda a sua fúria e os seus poderes se manifestam pela primeira vez: todos os habitantes da cidade morrem e esta é reduzida a cinzas. Magda foge apavorada enquanto Magnus, com uma nova identidade falsa, vai para Israel, onde conhece Charles Xavier. Assim tem início a história conhecida de Magneto, o homem capaz de controlar os campos magnéticos e um dos personagens mais poderosos das histórias em quadrinhos.

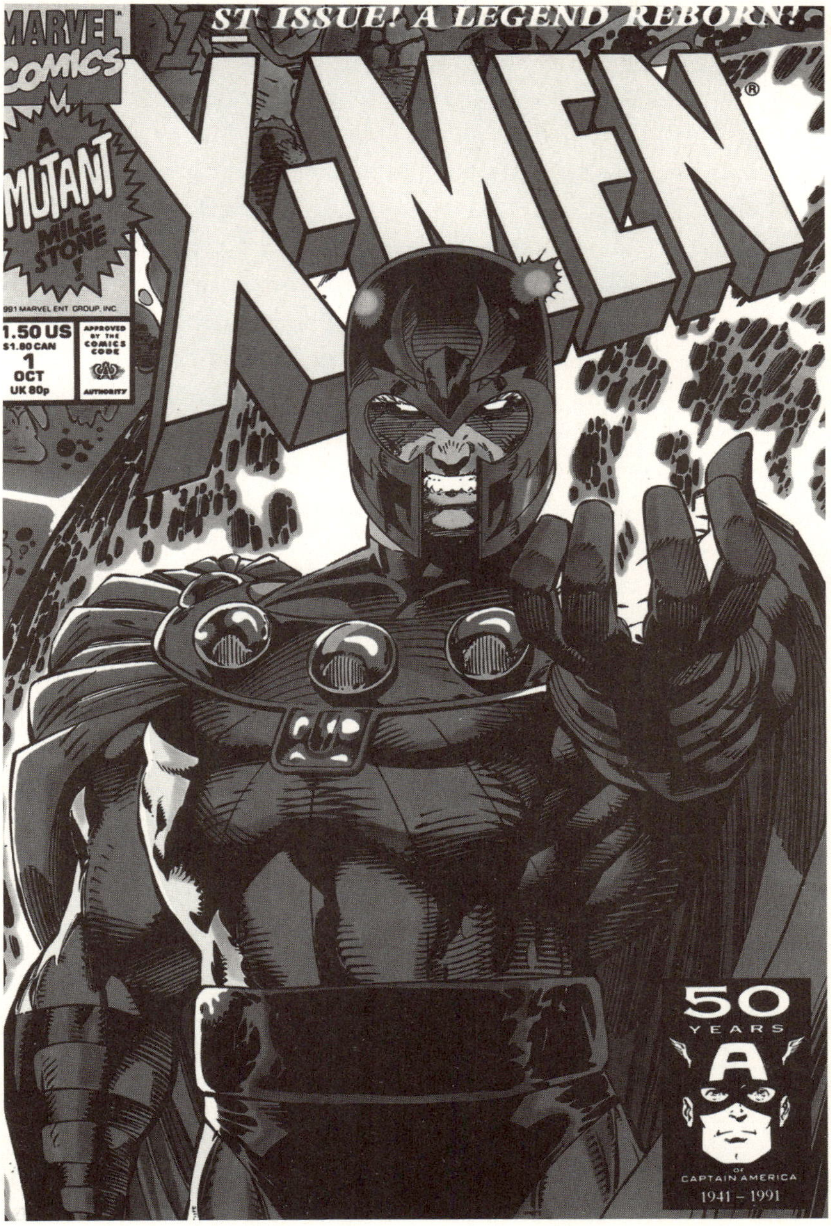


Ou pelo menos teria sido, se tivesse lido um pouco mais a respeito do geomagnetismo.

## E se Magneto puxar o freio?

O núcleo do nosso planeta está dividido em dois: o núcleo externo, de ferro líquido, e o interno, de ferro sólido. Ambos giram a altas velocidades, e a interação entre as duas camadas cria um atrito que os cientistas chamam de dínamo hidromagnético, e é assim que é gerado o campo magnético terrestre. Periodicamente esse campo altera a sua polaridade. Sabemos disso por causa de rochas antigas, que contêm partículas imantadas com polaridades diferentes das atuais. Nos últimos 15 milhões de anos, ocorreram quatro mudanças na polaridade terrestre a cada milhão de anos. A última mudança ocorreu há 780 mil anos, de modo que, segundo os cálculos, poderíamos esperar uma nova mudança a qualquer momento. No entanto, os cientistas não sabem nem quando nem como isso acontecerá. Brad Clement, especialista em geologia da University of Florida, garante que as mudanças duram cerca de 7 mil anos. Mas não se sabe se o campo se reduz a nada e depois, ao longo dos séculos, se restabelece, ou se apenas diminui um pouco e muda repentinamente a polaridade. O fato é que o campo magnético se estende à atmosfera terrestre e é a primeira linha de defesa contra as tempestades solares (consulte o capítulo sobre o Surfista Prateado). E sem a sua proteção estaríamos fritos. Literalmente. É por esse motivo que não é ilógico assegurar que Magneto é um dos personagens mais poderosos do universo das histórias em quadrinhos: se ele é capaz de alterar o campo geomagnético terrestre e de manipulá-lo, ele poderia destruir todos os seres vivos. Entretanto, por sorte, parece que ele não se deu conta disso. Tomara que as coisas continuem assim e o maior poder dele seja dominar a mente humana. Algo em que Magneto e a ciência acreditam de pés juntos.

## A sua mente é que é a chave

Existe uma conexão irrefutável entre o eletromagnetismo e o nosso cérebro. Em nossa mente, as informações e os estímulos são transportados por meio de correntes elétricas conhecidas como ondas cerebrais, as quais podem ser afetadas pelo magnetismo de uma maneira que a ciência ainda não compreende inteiramente.

Uma série de testes realizados no Centre for the Mind, localizado em Sydney, na Austrália, demonstrou que as ondas magnéticas melhoraram as habilidades de desenho de um grupo de crianças. O diretor do centro, professor Allan

Snyder, garante que quem se submete à estimulação craniana com magnetismo adquire uma capacidade mental próxima da genialidade. Por outro lado, há neurologistas que correlacionam pequenas alterações magnéticas no cérebro com a depressão e asseguram que os escâneres magnéticos possibilitarão, no futuro, que doenças neurodegenerativas como a de Parkinson sejam detectadas em seus estágios iniciais.

Isso significa que, se Magneto fosse capaz de alterar as nossas ondas cerebrais, ele poderia, sem dúvida, modificar os nossos pensamentos.

# 14

## BLOB

### Corpo à prova de balas

Atualmente, este personagem seria politicamente incorreto, mas nos idos de 1964, quando ele nasceu da pena de Stan Lee, as coisas não eram nem um pouco assim. J. Dukes faz parte da equipe de um circo e atua com o nome de Blob. Ele é um gigante que sofre de obesidade mórbida. Devido à sua grande massa, ele é capaz de alterar o seu campo de gravidade para tornar-se praticamente imóvel, mas mesmo assim é extremamente ágil e veloz. Ele se aproveita de todas essas qualidades para enfrentar os mais fracos. Charles Xavier, dos X-Men, tenta recrutá-lo para a sua Escola de Mutantes, mas a atitude de Duke não permite que ele seja bem recebido pelos outros alunos, então ele decide ir embora. Xavier tenta apagar a sua memória para que não se recorde da localização da escola, mas Blob escapa antes que o professor consiga fazer isso. Quem acaba conseguindo recrutá-lo é Magneto, e a partir desse momento, Duke começa uma proveitosa carreira criminosa enfrentando os X-Men e também o Hulk. Blob possui uma quantidade tão grande de gordura corporal que consegue deter balas com o corpo, o qual às vezes se revela impenetrável até mesmo para as garras de Wolverine.

A enorme massa corporal de Blob faz com que Wolverine frequentemente encontre sérias dificuldades para causar dano ao vilão. A sua capa protetora de gordura (supomos) é uma barreira que atua como um colete à prova de balas e de garras. Mas quão espessa essa capa de gordura precisa ser para deter uma bala ou, pelo menos, para impedir que o projétil atinja os órgãos vitais?

## Agarre-o como puder

Por incrível que pareça, os cientistas fizeram um cálculo para descobrir a resposta. O índice de penetração de uma bala é medido disparando-a na direção de um tubo de gelatina com densidade semelhante à da pele humana. Para uma bala de 9 milímetros, um dos calibres mais utilizados, calcula-se que esse índice esteja em torno de 30 centímetros. Estima-se que uma pessoa de 1,75 metros e 75 quilos de peso tenha uma área corporal de 1,91 metros quadrados. Para preencher essa medida com mais ou menos 30 centímetros de gordura que tivesse uma densidade de um grama por centímetro cúbico, a pessoa teria de pesar mais de 570 quilos, algo que seria muito difícil para Blob. No entanto, tudo isso são cálculos matemáticos, números que não refletem a realidade. Se alguém tivesse efetiva-

mente disparado contra um cilindro de gordura, saberíamos a resposta... Obviamente, alguém já fez isso. Foi David Williamson, cientista do Grupo de Superfície, Microestrutura e Fratura do Cavendish Laboratory da University of Cambridge. Ele construiu um canhão de cerca de 3 metros de comprimento alimentado com hélio a alta pressão que dispara uma bala de calibre semelhante ao de uma 9 milímetros na direção de um cilindro recheado com gelatina, com uma densidade parecida com a da gordura humana. O hélio a alta pressão disparou a bala a uma velocidade de 500 metros por segundo, ou seja, 1.800 quilômetros por hora (quase o dobro da velocidade do som). O resultado? São necessários aproximadamente 72 centímetros de gordura corporal em todo o corpo (e isso quer dizer efetivamente em *todo* o corpo, o que inclui membros, apêndices, dedos, orelhas etc.) para deter uma bala. Por sorte, em uma exibição de lógica, os roteiristas fizeram Blob ser vulnerável a qualquer ferimento no rosto (nada é dito a respeito das suas partes íntimas, que, para serem à prova de bala, precisariam estar cobertas por quase um metro de gordura), de modo que, para esse vilão, os cálculos e a experiência são compatíveis com os seus poderes.

Como corolário desse vilão, eis uma história curiosa a respeito do seu nome. Na ciência da computação, um Blob é um objeto binário de tamanho grande (Binary Large Object) que é usado para mover grandes quantidades de informações de uma base de dados para outra.

# 15

## SENHOR SINISTRO

### Controlando as mutações

No mundo das histórias em quadrinhos, é aceitável que um homem voe usando trajes colados no corpo, que dispare teias de aranha com as mãos ou que se transforme em um átomo e conserve a massa de um homem de 1,80 metros... mas que um vilão mantenha em xeque os poderosos X-Men e tenha apenas 11 anos de idade? Pois parece que existem algumas novidades das quais devemos tomar conhecimento, pelo menos no que diz respeito ao universo Marvel.[20] Nathaniel Essex vivia no mesmo orfanato em que morava Ciclope, o preferido do professor Xavier. Lá, Essex é quem manda, apesar de sua aparente pouca idade. Na realidade, esse mutante tem mais de mil anos, a sua mente envelhece, mas o seu corpo não, o que o deixa emocionalmente instável, ou seja, ele se torna no mínimo maçante. Essex tem um problema: ele gosta de ser vilão, mas sabe que com a aparência de um menino de 11 anos ninguém o levará a sério. Por isso, decide alterar geneticamente um mutante chamado Courier, para que obedeça às suas ordens, e o usa para adquirir o dom de alterar a estrutura do seu DNA, presente nas células desse mutante. O Senhor Sinistro, como Essex passa a se chamar a partir de então, consegue o controle celular do corpo de Courier

---

20. O Senhor Sinistro concebido originalmente por Chris Claremont é bem diferente do que mostra a sua biografia clássica. A versão do personagem apresentada aqui é a de Claremont. Escritores posteriores, no entanto, criaram uma nova origem para o personagem, pela qual ele se tornou conhecido. (N. do E.)

graças aos seus profundos conhecimentos de biologia, genética, clonagem, engenharia e física... Se os vilões são tão inteligentes, por que sempre perdem?

## DNA: Alterações da natureza

Quando falarmos de Reed Richards, o Senhor Fantástico, veremos como funciona o DNA, a base da vida. No entanto, às vezes, essa estrutura sofre algumas alterações conhecidas como mutações. Embora não raro relacionemos a mutação com uma mudança pouco favorável, a realidade é que a evolução tem usado as mutações para que os diferentes organismos se adaptem às mudanças no seu ambiente. Em certo sentido, as mutações são experiências de tentativa e erro que a natureza faz nos organismos: se as mudanças se revelarem favoráveis, as pessoas que sofrerem a mutação prosperarão e transmitirão o novo gene aos seus descendentes, mas se a mutação não produzir uma vantagem efetiva, ela provavelmente morrerá com o seu portador. Existem muitos tipos de mutação, mas os mais frequentes são a substituição, a inserção, a deleção e a readaptação. A primeira tem lugar quando uma base é substituída por outra. Por exemplo, o DNA é formado por quatro "tijolos": adenosina, guanina, tiamina e citosina. Se no lugar de um deles aparece outro, considera-se que houve uma mutação por substituição. Isso pode não gerar nenhum tipo de consequência ou pode produzir uma alteração no gene da beta-hemoglobina e causar um tipo de anemia.

## Você também é um mutante

A inserção tem lugar quando se adiciona um novo par de bases (dois tijolos) em um local da cadeia de DNA. Na deleção, ocorre exatamente o oposto, e, finalmente, a mais complicada é a readaptação. A informação genética se forma com quatro tijolos, mas estes estão agrupados de três em três. Suponhamos que os pares bases formaram frases, por exemplo, "Olá, sou seu DNA". A frase pode se agrupar em quatro grupos de três letras – "olá-sou-seu-DNA" – que fará sentido e será compreensível. No entanto, se uma base se agrega ou desaparece, por exemplo, a primeira letra, o sentido se perde – "lás-ous-eud-na". Pode não haver nenhuma variação ou a alteração pode ter grandes consequências. Esses genes determinam a disposição do nosso corpo, e estão presentes nos animais, como as moscas e os seres humanos.

As mutações podem ocorrer principalmente por dois motivos: pelo fato de o DNA se reproduzir de uma maneira errada ou por razões externas. O primeiro se dá quando uma célula se divide e, ao copiar o seu DNA, não o faz da maneira certa. Essa pequena diferença é uma mutação.

O exemplo seguinte tem lugar quando o organismo é exposto a certo tipo de substância química ou de radiação. Esses agentes fazem o DNA se romper. Isso não é uma coisa atípica e pode ocorrer nos ambientes mais poluídos. Mas se o DNA tentar corrigir esses danos, as células poderão deixar parte do trabalho por fazer ou fazê-lo incorretamente, e acabarão com um DNA um pouco diferente do original.

## Sim, você é muito mutante

Diariamente, ocorrem cerca de um milhão de mutações celulares das quais nem sequer nos damos conta, já que todas as células do nosso corpo têm DNA. No entanto, pouquíssimas mutações passam de uma geração para outra, já que essas têm de ocorrer nas células reprodutivas. Se isso acontece, as modificações podem ser mínimas, como uma diferença na cor dos olhos, por exemplo. Pode não haver nenhum tipo de variação ou a alteração pode ter grandes consequências. E é justamente isso que nos interessa neste caso. As grandes mudanças ocorrem em segmentos do DNA cuja missão é controlar a tarefa e a ativação (ou inativação) de certos genes. Se a mutação ocorre nos genes de controle, chamados genes Hox, a mudança pode ser imensa. Animais como as moscas e os seres humanos têm esses genes. Por mais diferentes desses insetos que possamos parecer, cerca de 60% do nosso material genético é idêntico ao deles. E aqui está a chave de como é possível modificar o nosso DNA para produzir mutações surpreendentes. Uma experiência científica, realizada por cientistas do Baylor College of Medicine em Houston, Texas, alterou um desses genes Hox no DNA da mosca, para fazer crescer em seu abdômen uma pata adicional. O geneticista Benjamin A. Pierce conta no livro *Genetics: A Conceptual Approach* como outros investigadores foram um pouco mais além e transformaram uma parte do corpo de uma mosca em outra parte. O resultado? Uma pata adicional se desenvolveu no corpo da mosca no lugar onde deveria estar uma antena. Mas para que isso aconteça nos humanos, deveria ser permitido que fizéssemos experiências em futuros embriões, algo impensável hoje em dia (assim como também é difícil imaginar para que alguém ia querer um par de dedos extras saindo da testa). E, antes de tudo isso, teríamos de ser capazes de identificar, dentre 1,5% dos 3,2 milhões de nucleotídeos que formam os nossos 30 mil genes, aqueles que codificam as proteínas e nos permitiriam realizar essa mudança. É como procurar agulha em palheiro. Se bem que, sem dúvida, não seja impossível. Mas... quem se atreveria a fazê-lo se não se chamasse Senhor Sinistro?

# Parte 3

# PODERES DE LABORATÓRIO

## A magia por trás da ciência

A televisão, os computadores, a bomba de hidrogênio, os reatores nucleares, o cromossomo, as micro-ondas, as máquinas de diálise, a inteligência artificial, a estrutura de DNA, os detectores de partículas, a fibra óptica, a comunicação por satélite, o coração artificial... Todas essas coisas (e muitas outras) foram descobertas ou criadas entre 1940 e 1960. Nos laboratórios do mundo, a vida das pessoas era modificada (e ainda é!). Às vezes, a magnitude da descoberta (imagine um coração artificial há cinquenta anos) unida à falta de informação e formação do público em geral fazem essas descobertas serem vistas quase como eventos mágicos. Hoje em dia, dificilmente ficamos surpreendidos com um novo avanço, mas há meio século, o assombro era constante e os laboratórios eram os locais onde se fazia a magia da ciência.

# HERÓIS

# ▶ 1

## ÁTOMO

## Pequeno, porém valentão

Roy Palmer é um professor de física que procura desenvolver um raio de concentração que lhe permita miniaturizar objetos e pessoas. E ele faz isso com uma persistência digna de admiração, porque precisou realizar cerca de 145 experiências a partir da época em que tiveram início as suas andanças no mundo das histórias em quadrinhos. No entanto, tudo muda na noite em que Palmer, quando dirigia na estrada, avista um fragmento de estrela – uma anã branca, para ser mais preciso – caindo nas proximidades. O afortunado Palmer descobre que esse fragmento (nunca é explicado que fragmento é esse; só é mencionado que veio de uma estrela) é o ingrediente que falta para que ele tenha êxito no seu empreendimento e possa reduzir o seu tamanho, assumindo as dimensões de um átomo. Ele passa então a ser conhecido, obviamente, como Átomo.

### Assim nasce uma estrela

A primeira dúvida que surge quando falamos desse super-herói se dá no instante em que ele se converte em um. Você se lembra de que ele se depara, em plena estrada, com um fragmento de estrela, mais precisamente de uma anã branca? Pois bem, se Roy Palmer tivesse realmente conseguido carregar o fragmento do pequeno astro (que de pequeno não tem nada, como veremos em seguida), o mais provável é que tivesse queimado não apenas as mãos, mas também a Terra inteira. As estrelas nascem graças às nebulosas. Essas, como seu nome indica,

são como nuvens formadas principalmente por hidrogênio e hélio (de dezenas de anos-luz), que giram a uma velocidade de 18 mil quilômetros por segundo (o suficiente para dar mais de uma volta ao mundo). A única coisa que pode alterar esses gigantes é um evento cósmico de dimensões extraordinárias: a explosão de uma supernova. A energia desprendida por esse acontecimento (que ocorre, mais ou menos, a cada cinquenta anos no Universo) faz os átomos de hidrogênio e de hélio se aproximarem cada vez mais, e a temperatura começa a subir até alcançar 1.000 °C. Têm início então as reações de fusão (os átomos estão tão juntos que fundem os seus núcleos, criando uma enorme quantidade de energia). Quando ela alcança um tamanho de aproximadamente trinta vezes o do Sol (lembre-se de que ela tinha dezenas de anos-luz), ela se estabiliza. O seu núcleo é do tamanho da nossa estrela, e o resto é poeira que é lançada em todas as direções. Seu tempo de vida dependerá da quantidade de gás que ela tenha conseguido "capturar" no seu interior, um ciclo que se mede em bilhões de anos. Ao longo desse tempo, a estrela irá gastar o seu combustível. Se ela não for dez vezes maior do que o Sol, quando o combustível se esgotar, ela se transformará em uma anã branca, mais ou menos do tamanho da Terra, porém com um peso um milhão de vezes maior. Agora você pode imaginar o que aconteceria se um fragmento de uma anã branca caísse em nosso planeta.

## Uma questão de tamanho

Igualmente surpreendentes são as dimensões deste super-herói: ele é do tamanho de um átomo. Isso quer dizer que se você o colocasse sobre o ponto deste "i", não conseguiria distingui-lo dos mais de 500 bilhões de átomos que estão ao seu lado. Qual é a vantagem de se tornar tão pequeno? Aparentemente, é muito grande, já que, por algum truque físico que ainda não conhecemos, Roy Palmer, quando se reduz a essas dimensões, consegue conservar a sua massa. Vamos explicar isso da seguinte maneira: a massa é a quantidade de matéria que o seu corpo tem, algo que permanece invariável independentemente do lugar onde você esteja no Universo. O seu peso, por outro lado, é o modo pelo qual a força do Universo atua sobre a sua massa. Suponhamos que, na Terra, você pese 60 quilos, mas como na Lua a gravidade é 1/6 da terrestre (lembre-se do capítulo sobre o Super-Homem), lá você pesará 10 quilos, porém a sua massa continuará a mesma. Assim sendo, Átomo consegue, de algum modo, comprimir os mais de 70 mil trilhões de átomos que nós temos (um 7 seguido de 27 zeros, segundo o cálculo do Jefferson Laboratory nos Estados Unidos) no espaço ocupado por um único átomo... Supondo que isso realmente pudesse acontecer, na primeira (e única) tentativa ele explodiria como uma bomba de fusão... de átomos.

Imagine uma pulga que pesasse 80 quilos... Pois é isso o que permite que Átomo golpeie com uma força atômica (de átomo) os seus adversários e os derrube, embora o seu tamanho seja atômico (de um átomo). No entanto, esse poder contraria claramente uma lei postulada há quase 500 anos por Galileu Galilei em um dos seus livros mais importantes: *Diálogos sobre os Dois Principais Sistemas do Mundo*. Entre outras observações, Galileu explica por que o tamanho dos animais não é arbitrário e esses seguem uma lei, denominada cubo-quadrado, que os limita. Basicamente, esse postulado garante que, se as dimensões físicas de um corpo (comprimento, largura e altura) forem multiplicadas por um número x (suponhamos 5), a área da sua superfície será multiplicada pelo quadrado desse mesmo número (25), enquanto o seu volume será multiplicado pelo cubo desse mesmo número (125). Essa lei também funciona quando queremos reduzir o tamanho de alguma coisa, porque se os ossos do brilhante Palmer se reduzissem à sua mínima expressão, mas ele conservasse a sua massa, a sua estrutura óssea se estilhaçaria instantaneamente. Essa lei se revela fundamental na engenharia, principalmente no que diz respeito ao cálculo da resistência de materiais e também à biomecânica. Se pudéssemos criar uma galinha dez vezes maior, deveríamos seguir essa proporção; caso contrário, segundo Galileu, ela não conseguiria se mexer – ao multiplicar a sua superfície muscular pelo quadrado, mas o volume pelo cubo, a sua força ficaria perceptivelmente reduzida.

## O movimento se demonstra pelo aquecimento

A vantagem das dimensões de Átomo é que elas possibilitam que ele presencie eventos físicos impossíveis para nós, como ver a temperatura de um objeto. A temperatura de um corpo é basicamente a energia cinética dos átomos que lhe dão forma. Se essa energia for elevada (ou seja, se os seus átomos se moverem rápido), o objeto estará quente, e vice-versa. É esse movimento dos átomos que permite que Palmer detecte com a visão as mudanças de temperatura quando ele se transforma no menor super-herói do Universo. Graças a esse conhecimento, sabemos que a temperatura mínima que podemos alcançar – aquela na qual os átomos permanecem imóveis (se bem que, na verdade, nunca estão completamente imóveis) – é conhecida como zero absoluto: -273,15 °C. Embora ainda não tenhamos alcançado essa temperatura, cientistas do MIT chegaram muito perto dela: a apenas meio nanokelvin (um nanokelvin equivale à bilionésima parte de um grau Kelvin). Para os mais curiosos, a temperatura máxima foi de 4 bilhões de graus centígrados e foi alcançada no Brookhaven National Laboratory enquanto tentavam recriar os instantes que se seguiram imediatamente ao *big bang*. Conseguiram isso colidindo íons de ouro para causar explosões que duram milissegundos. Exatamente o necessário para não incendiar o planeta inteiro, já que essa temperatura é 250 mil vezes mais elevada do que a do interior do Sol (15 milhões de graus).

# 2

## FLASH

## Detenham-no!

Embora tenha havido cerca de vinte super-heróis que receberam esse nome (alguns habitavam universos paralelos e outros vieram do futuro), o mais conhecido é Barry Allen. Policial por profissão e impontual por definição. Allen começou as suas velozes andanças no mundo dos super-heróis quando um raio caiu em um laboratório com produtos químicos que o banharam por completo. A combinação das duas coisas (os produtos químicos mais o raio) lhe conferiu o poder da supervelocidade. Ao descobrir isso, Allen decidiu se dedicar ao combate ao crime em outro lugar, e para isso se batizou com o nome de Flash em homenagem ao herói das histórias em quadrinhos que lia quando era pequeno (o primeiro Flash da história: Jay Garrick). Com esse poder nas mãos (ou melhor, nas pernas), Flash conseguiu dois êxitos históricos. O primeiro foi não aborrecer mais a noiva, Iris West, uma jornalista do século XXX (isso mesmo, do ano 3.000) que viajou ao passado namorando um Flash do futuro. O segundo, que é ainda mais importante, foi ficar famoso com o traje mais justo (e o melhor) de todos os super-heróis. Em uma das primeiras aventuras do corredor escarlate, Allen logo se dá conta das consequências da hipervelocidade: o atrito com o ar faz suas roupas ficarem em farrapos. A partir desse momento, ele começa a usar uma roupa de mergulho de origem russa, resistente às mudanças de pressão, mais aerodinâmica que o seu traje de passeio e (o que tem mais valor para ele) resistente ao calor.

## Ouvir à velocidade do som

Vamos por partes, então, para compreender as consequências da rapidez do Flash. Primeiro, as roupas. O atrito gerado pelo ar quando o herói se desloca faria com que a temperatura de seu traje (e de seu corpo) se elevasse. Por isso, o seu disfarce deveria ser feito de um material semelhante ao Nomex. Esse polímero, da família dos náilons, é capaz de resistir a temperaturas de até 220 ºC durante dez anos seguidos, sem sofrer danos. Se adequadamente ajustado, esse traje poderia até mesmo chegar a ser aerodinâmico.

Mas seu rosto estaria desprotegido se ele não usasse uma máscara. Viajar à velocidade do som sem proteção nos impediria de respirar: não teríamos força suficiente para expulsar o ar, a nossa boca ficaria inchada e a nossa mandíbula poderia se rasgar. Além disso, não conseguiríamos piscar e a pressão faria os nossos olhos explodirem.

E eis o mais importante: viajar à velocidade do som impediria o Flash de ouvir absolutamente tudo, já que o som, por avançar mais lentamente do que ele, nunca chegaria aos seus ouvidos.

## A ciência do atrito

Mas o que ele faz para se deslocar tão rápido? De acordo com os seus criadores, Flash consegue, graças à sua velocidade, criar uma espécie de bolha que engana o atrito. Isso faz o ar "passar" ao redor do seu corpo, mas não roçar nele. Do ponto de vista científico, essa bolha poderia explicar a sua velocidade? De jeito nenhum. Embora o atrito indubitavelmente o torne mais lento, sem atrito ele nem sequer conseguiria se mexer e agitaria as pernas no ar como em um desenho animado, sem sair do lugar. É o atrito com o solo que nos permite caminhar (tente fazer isso em uma superfície como o gelo, em que quase não há atrito).

Mais uma coisa contra o Flash? Com certeza. Eu me pergunto, por exemplo, "o que ele comia?". Se um adulto que pesa cerca de 80 quilos precisa consumir 3 mil calorias por dia, e para uma hora de exercício intenso e contínuo são necessárias em torno de 1.200 calorias, para que Flash pudesse correr durante várias horas seguidas (em uma de suas aventuras, por exemplo, ele atravessou o Atlântico) com a intensidade com que o faz, ele teria que consumir mais de 100 mil calorias.

No entanto, uma coisa que é possível, levando-se em conta a velocidade que o nosso super-herói supostamente desenvolve, é correr sobre a água: os seus pés se movem tão rápido que rompem a tensão superficial da água e geram o atrito necessário para que ele consiga avançar.

## E a luz se fez

Mas o Corredor Escarlate pode fazer muito mais do que descrevemos até agora, pelo menos segundo os seus criadores. Dependendo do Flash a respeito do qual estejamos falando, não nos esquecendo de que houve cerca de vinte super-heróis com esse nome, o mais veloz de todos conseguia ultrapassar a velocidade da luz. E isso não é possível. No entanto, o interessante não é sabermos que é impossível viajar mais rápido do que a luz, mas sim como sabemos disso.

À medida que um corpo aumenta a sua velocidade, a sua massa também aumenta. Esse aumento é imperceptível enquanto não alcançamos as velocidades de um verdadeiro super-herói, e sabemos disso graças à famosa equação de Einstein: $E = mc^2$, ou seja, a energia é igual à massa multiplicada pela velocidade da luz ao quadrado. A massa mede a resistência de um objeto ao movimento, por isso, quando um corpo se movimenta, aumenta a sua energia cinética e, por conseguinte, a sua massa será afetada. Entretanto, para que isso seja perceptível, a velocidade precisa aumentar muito. Por exemplo, um objeto que se desloca a 75 mil quilômetros por segundo (a um quarto da velocidade da luz) aumentará a sua massa em menos de 1%. Algo aparentemente imperceptível, mas Brian Greene, autor de *O Universo Elegante*, e um dos físicos mais reconhecidos do nosso século, nos informa o que acontece à medida que nos aproximamos da velocidade da luz: a aproximadamente 99,9% da velocidade da luz, um objeto é "22 vezes mais pesado do que quando está imóvel" (Flash pesaria mais de 1.600 quilos), e quanto maior a massa de um objeto, mais difícil é aumentar a sua velocidade (é necessário mais energia). Portanto, quando o objeto se desloca a 99,999% da velocidade da luz, a sua massa se multiplica por 224 (o nosso herói pesaria quase 18 mil quilos!), e a 99,99999999% da velocidade da luz, a massa se multiplica por um fator de mais de 70 mil. Como a massa aumenta sem limite à medida que se aproxima da velocidade da luz (e aqui a chave é SEM limite, ou seja, de um modo infinito), seria necessária uma energia infinita para alcançar ou superar essa barreira, algo que é impossível, de modo que não podemos atingir uma velocidade mais rápida do que a da luz.

## Mais rápido que o Flash

Mas vamos tentar deixar a honra desse super-herói intacta: Flash de fato poderia ser mais rápido do que qualquer ser humano. A velocidade máxima que o homem consegue atingir, no momento, é de mais ou menos 37 km/hora, e isso se você for Usain Bolt. Mas poderíamos nos aproximar em algum momento desse personagem? Se ao fazer essa pergunta você estiver se referindo a quase duplicar a nossa velocidade, sim, teoricamente, poderíamos. As nossas fibras musculares são como faixas elásticas cuja força é determinada, obviamente, por sua quantidade, mas também por sua velocidade de contração. Doutor Matthew Bundle, especialista em biomecânica da University of Wyoming, realizou recentemente um estudo que demonstra que não usamos todo o nosso potencial. De acordo com a sua pesquisa, as fibras musculares de nosso corpo podem se contrair a uma velocidade muito maior do que se pensava, possibilitando, portanto, que corramos mais rápido do que imaginávamos. Segundo Bundle, a velocidade de contração dos nossos músculos é tamanha que, com 100% de sua eficiência, poderíamos ultrapassar os 60 km/h e melhorar o recorde de 100 metros em três segundos! Usain Bolt ficaria 30 metros atrás de nós. É claro que esse limite é teórico; na prática, a realidade é muito diferente. O mesmo acontece com Flash. Por acaso, alguma vez você pensou a respeito de quantas calorias o nosso herói teria de consumir para poder correr à velocidade do som? Ou do que ele faz para ver e ouvir quando se desloca com essa rapidez? Pois, considerando os problemas que ele enfrenta, não é estranho que ninguém tenha inveja do seu dom. Na verdade, eu sairia correndo se estivesse no lugar dele.

Por último, vamos examinar uma das habilidades mais estranhas, porém fisicamente mais prováveis, de Flash. Os roteiristas desse personagem asseguram que, graças à velocidade que é capaz de alcançar, esse super-herói é capaz de atravessar paredes sem sofrer aparentemente nenhum dano. No entanto, ele só pode fazer isso se levar a sua extraordinária velocidade para o extremo oposto: a extrema lentidão.

## Rápido como um caracol

Quando falamos a respeito do Átomo, e mencionamos as propriedades da temperatura, enfatizamos que, embora a temperatura mínima, o zero absoluto, indique que os átomos estejam imóveis, esses nunca estão completamente quietos.

Por mais estranho que pareça, os muros que nos cercam, a mesa e até mesmo a cadeira em que você está sentado são formados por átomos que estão em movimento. Todas essas coisas, e nós também, têm um comprimento de onda.

O que acontece é que o comprimento de onda de uma árvore, por exemplo, é de 10 centímetros, enquanto a nossa onda é bilhões de vezes menor (de fato, é de 1 seguido aproximadamente de trinta zeros). Se Flash quisesse atravessar um pinheiro, por exemplo, o seu comprimento de onda deveria ser semelhante ao da árvore, pois o comprimento de onda diminui à medida que a velocidade aumenta (por esse motivo, as ondas menores que mencionamos quando falamos do Super-Homem são as mais energéticas, porque se deslocam mais rápido). Flash deveria aumentar o seu comprimento de onda, e a solução seria avançar mais devagar. Muito mais devagar. O suficiente para se mover entre 10 e 26 metros por segundo. Para atravessar uma árvore, Flash levaria mais do que a idade atual do Universo, de modo que é mais negócio para ele dar a volta ao redor da árvore e seguir o seu caminho perseguindo os malfeitores.

# 3

## OMAC

# Ativando um vírus a distância

Se alguma vez os robôs transgredissem as três leis postuladas por Isaac Asimov, seriam perversos seres cibernéticos. Se decidissem reescrevê-las, seriam OMACs. Esses *cyborgs* do universo do DC Comics assumem o controle de qualquer ser humano injetando neles um vírus que lhes permite assassinar qualquer ser que tenha superpoderes. O super-herói que os derrotou e os confinou (pelo menos por enquanto) em uma dimensão alternativa da Terra foi Batman. O vírus que é injetado na vítima tem a estranha capacidade de poder ser ativado a qualquer momento, sempre que algoz e vítima estiverem no mesmo planeta.

## Contamina-me

A capacidade dos OMACs de ativar um vírus a distância é questionável. Não é impossível, mas é muito difícil. Vejamos por quê. Um vírus é uma "forma de vida" microscópica e infecciosa que só pode se multiplicar dentro das células de outros organismos, os quais podem ser plantas, animais e inclusive bactérias. É possível encontrar vírus em qualquer ecossistema do planeta, e eles representam a entidade biológica mais abundante da Terra. Eles podem entrar no hospedeiro (o organismo que ele usará para se multiplicar) de diferentes maneiras, cada uma delas característica de determinados vírus. Alguns estão propensos a fazê-lo por intermédio de outros organismos (chamados vetores de transmissão); como exemplo, temos os vírus que contaminam uma planta e se propagam graças aos insetos que se alimentam dela, ou infectam o sangue de animais e se espalham por meio dos mosquitos que se alimentam do sangue desses animais. Mas existem também alguns tipos de vírus que se propagam pelo ar, como o da gripe. Os vírus, em geral, são "bichos" muito inteligentes, já que precisam tomar medidas para infectar um organismo e poder se reproduzir, mas também precisam estar seguros de que não irão matá-lo, porque, se isso acontecer, eles também desaparecerão. Eles vivem em um constante equilíbrio, o qual, na opinião de alguns especialistas, se deve ao fato de terem evoluído junto de seus hospedeiros. Essa seria uma das três teorias que explicam a sua origem.

## Infectar: uma estratégia sexual

Outra explicação provável é a de células que, para viver, parasitavam outras de tamanho maior, pois essa era a sua única forma de reprodução. Hoje em dia, existem bactérias que só conseguem se reproduzir por intermédio de um hospedeiro. Finalmente, a última teoria diz que os vírus surgiram de fragmentos de DNA que "escaparam" de um organismo maior. As bactérias são muito promíscuas, mas não pense mal delas; isso quer dizer que elas permutam material genético com outras de uma espécie diferente. Às vezes, elas fazem isso por meio de plasmídeos, que são fragmentos de DNA que se deslocam entre as células. Aí estaria a origem dos vírus. Para sobreviver, o vírus segue uma receita que ele já vem experimentando há milhões de anos. O primeiro passo é a adesão, quando o vírus identifica a célula que lhe permitirá reproduzir-se (não pode ser qualquer uma; o HIV, por exemplo, só infecta os linfócitos T). Em seguida, vem a penetração, o vírus entra na célula. O terceiro passo é conhecido como liberação, a célula hospedeira vê, indefesa, as suas informações serem substituídas pelas do vírus. Nesse momento, o vírus sabe que se tornou "dono da situação". Agora, só falta o passo final: a reprodução.

Essa capacidade do vírus de introduzir as suas informações em outras células permitiu que a engenharia genética fizesse uso deles: os geneticistas usam vírus específicos para introduzir genes em células que estão pesquisando, conseguindo, desse modo, que elas façam uma coisa para a qual não foram projetadas originalmente, como produzir uma determinada substância ou reagir de uma maneira diferente a um estímulo.

## Um hospedeiro ingrato

Para que OMAC conseguisse o seu objetivo de ativar um vírus a distância, ele precisaria fazê-lo com um que respondesse a certas condições ambientais (que "se ativasse" com uma determinada temperatura) ou que reagisse a certos hospedeiros. A primeira opção, reagir ao ambiente, é inviável, conforme me informou Juan Ortín, especialista em vírus e professor pesquisador do CSIC[21]: "Os vírus, quando estão em forma de partícula, não ativam nenhum gene. Eles só ativam os seus genes quando interagem com o seu hospedeiro. Não existe nenhum gene viral que atue no meio ambiente. O vírus reconhece o hospedeiro porque ele tem uma substância que ativa uma proteína que faz com que ele o reconheça, e nesse momento ele começa a se multiplicar; se não houver essa interação, ele não conseguirá entrar. Por esse motivo, existem vírus que afetam algumas pessoas, mas não outras. O vírus simplesmente existe, mas só entra em ação quando tem contato com o hospedeiro". Que opção resta, então, a OMAC para escapar para outro continente e acionar um interruptor que ative um vírus? Ortín oferece uma possível solução: "Se alterarmos a superfície do vírus para que em vez de reconhecer um hospedeiro ele reconheça outro, poderemos manipulá-lo. Dentro dos limites do vírus, há alguns que se deixam manipular e outros não. Podemos manipular a relação com o receptor, mas isso não implica que todas as portas sejam abertas. Ele tem de se multiplicar logo. Algumas vezes, não conseguimos isso e fica mais difícil manipular o vírus. Precisamos ter um conhecimento muito profundo sobre ele, sempre que o sistema o permitir. É possível, mas não é simples. Também é possível manipular o grau de virulência e de contágio de um vírus". Por conseguinte, a única maneira de OMAC conseguir ativar um vírus a distância é por meio de um profundo conhecimento da genética dele e fazendo um trabalho de campo prévio. Primeiro, ele deverá projetar uma substância que se introduza nas células e atue como isca para o vírus e, ao mesmo tempo, deverá manipulá-lo (o vírus), para que só reaja diante dessa substância, a qual, quando chegar o momento, ele administrará às suas vítimas. A partir desse momento, quando ele quiser contagiá-las, poderá fazer o vírus chegar até elas. É verdade que OMAC não pode ativar o vírus, mas poderia decidir quem o vírus vai infectar e quando vai fazê-lo. No entanto, por ora, essa tecnologia está na esfera das histórias em quadrinhos, e esperemos que continue assim.

---

21. Consejo Superior de Investigaciones Científicas. É a maior organização de pesquisas do governo da Espanha. (N. dos T.)

THE LINE OF DC SUPER-STARS
1st. SPECTACULAR ISSUE!
STILL ONLY 20¢
ARE YOU READY FOR
OMAC
OMAC
ISSUE NO. 1
OCT.
30597
APPROVED BY THE COMICS CODE AUTHORITY
ONE MAN ARMY?
A STARTLING LOOK INTO... THE WORLD THAT'S COMING!
X-450

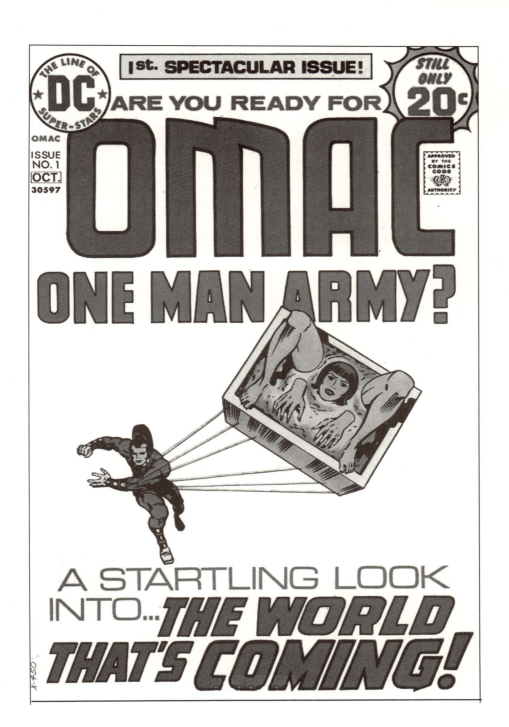

# 4

# HOMEM-ANIMAL

## Pensando verde

Na hora de se transformar em super-herói (ou em vilão), a ironia desempenha um papel fundamental: Batman se transforma no objeto dos seus temores, os morcegos; o Sandman adquire as propriedades do elemento que ele usava para brincar e fugir da realidade quando era pequeno: a areia; e Bernhard Baker não seria diferente: em uma excursão de caça, na adolescência, Baker se aproxima de uma nave extraterrestre que explode. A radiação residual lhe confere o poder de imitar as habilidades de todos os animais. A partir desse momento, ele se transforma no Homem-Animal e começa a sua carreira contra o crime organizado. Pessoas tentaram explicar essa habilidade em várias oportunidades. Alguns autores afirmam que a radiação alienígena é responsável por ela, outros asseguram que ela se deve à reconstrução do seu corpo por "morfogenética" a nível celular e, finalmente, há aqueles que afirmam que ela é causada por um campo morfogenético. Seja qual for a sua origem, o Homem-Animal é capaz de pensar em um animal e adquirir as capacidades do mesmo. Desse modo, ele consegue ter a força de um tiranossauro, voar como um pássaro (embora ele não desenvolva asas), ter a eletricidade de uma enguia, mudar de cor como o camaleão e ter a resistência de uma barata. Além disso, ele também é capaz de falar com os animais e se comunicar telepaticamente com eles.

Não é de modo algum estranho que esse personagem tenha o poder da telepatia. Na verdade, com a aparência que ele tem, é quase uma bênção poder comunicar-se a distância com outros seres vivos, algo que na realidade é evidentemente impossível... ou será que não?

## Eu te levo em minha mente

Examinemos primeiro como funciona o nosso cérebro. Cada vez que os nossos neurônios se conectam (algo que acontece o tempo todo), eles o fazem por meio de pequenas descargas elétricas de milivolts, impossíveis de serem detectadas a olho nu. O cientista inglês Richard Calton fez essa descoberta em 1875, o que levou à criação do eletroencefalógrafo no início do século XX. Portanto, o nosso cérebro emite pequenas ondas elétricas cada vez que pensamos. Só que há dois problemas: o primeiro é que somos emissores e não receptores dessas ondas (ou seja, não temos antenas); o segundo é que os sinais são tão fracos que só conseguimos detectá-las e diferençar os pensamentos de outros comandos do cérebro, como a ordem para mover um músculo. Mas os cientistas não se detêm diante dessa dificuldade e respondem com as imagens por ressonância magnética (MRI – Magnetic Resonance Imaging). Basicamente, o que esses aparelhos fazem é detectar qual a zona do cérebro que está mais ativa (a que está consumindo mais oxigênio) e assinalá-la. Existem MRIs tão precisas – chamadas de imagens por ressonância magnética funcional ou fMRIs – que, em apenas um segundo, mostram a atividade cerebral em uma área com um milímetro de diâmetro. Graças a esses aparelhos, é possível detectar a onda (o pensamento) de uma pessoa e identificá-la, por exemplo, com um objeto. Esses aparelhos são uma espécie de tradutores das nossas ondas cerebrais: primeiro, isolam a onda de todas as outras que estão presentes, identificam-na e a relacionam com o pensamento da pessoa. Essa é a área de pesquisa de Marcel Just, neurologista da Carnegie Mellon University, que conseguiu assinalar, com a fMRI, a onda de doze objetos distintos, no caso dele, ferramentas de carpintaria.

## O dicionário do cérebro

Just é capaz de saber, com base no tipo de onda, o que uma pessoa está pensando, com uma confiabilidade entre 80% e 90%. A tarefa de construir um "dicionário de ondas" (uma palavra que se identifique inequivocamente com um tipo de sinal cerebral) é colossal, mas com o tempo deveremos consegui-lo e seremos capazes de reduzir o tamanho dos aparelhos de ressonância magnética ao de um chip que será implantado no cérebro. Se conseguíssemos, teríamos uma antena que nos permitiria detectar os pensamentos alheios e poderíamos nos comunicar, sempre que quiséssemos, apenas por meio do pensamento.

Até que esse momento chegue, devemos confiar em Daryl Bem, psicólogo da Cornell University.

## É possível?

Daryl Bem talvez seja o primeiro cientista que demonstrou que existe algum tipo de telepatia que ainda somos incapazes de entender e inclusive detectar. Esse conceituado psicólogo publicou o seu trabalho baseado em nove experiências diferentes, realizadas em mais de mil voluntários. A pesquisa foi revisada por três editores diferentes antes de ser publicada no *Journal of Personality and Social Psychology.* As duas pesquisas de Bem que mais chamam atenção são as seguintes: em uma delas, ele pediu aos voluntários que memorizassem uma lista de palavras e, em seguida, solicitou que escrevessem algumas dessas palavras, as quais o pesquisador escolhia ao acaso. Foi nesse ponto que a experiência começou a ficar estranha: os voluntários, de alguma maneira, lembravam melhor justamente das palavras que teriam de escrever depois. Se você está pensando que as informações poderiam passar dos especialistas para os voluntários, é preciso deixar claro que esses últimos estavam em salas individuais e que as instruções da experiência eram fornecidas por um computador.

## Antecipando-se ao futuro

A segunda experiência também era dirigida por um computador. Apareciam na tela imagens de duas cortinas. Atrás de uma delas estava escondida uma fotografia, e atrás da outra havia uma parede em branco. A tarefa dos voluntários era dizer atrás de que cortina estava a imagem. Quem "decidia", de um modo aleatório, onde estava oculta a imagem era o computador. Cada sessão da experiência constava de 36 eventos, ou seja, 36 fotografias a serem descobertas. Muitas das imagens continham cenas eróticas. O que chama atenção nessa experiência é que, depois de cem sessões realizadas, os voluntários haviam descoberto onde estavam escondidas as imagens eróticas em uma proporção acima do que seria determinado pelo acaso (50%, com uma margem de 1% acima ou abaixo): 53,1%, algo que não ocorreu quando as imagens não eram eróticas (49,8%). Embora os percentuais das experiências realizadas por Bem possam indicar algum tipo de telepatia ou precognição, o verdadeiro valor delas é que as suas condições podem ser facilmente recriadas por outros pesquisadores para que os resultados sejam confirmados. Até agora, muitos cientistas garantiram ter demonstrado a existência de poderes psíquicos, como a clarividência ou a telepatia, mas quando os testes eram realizados por outros especialistas, os resultados não eram equivalentes. No entanto, essa poderia ser a primeira vez em que isso seria comprovado.

# 5

## O MONSTRO DO PÂNTANO

### Bosques onde havia um deserto

Concebido originalmente como personagem de uma história de terror, este herói logo se transformou no favorito de muitos leitores graças aos seus estranhos poderes. No início do século XX, o cientista Alec Holland trabalhava em um laboratório na Louisiana, pesquisando uma fórmula biorrestauradora que possibilitaria transformar desertos em bosques. No entanto, uma bomba, colocada por um inimigo de Holland, causou um incêndio e fez fundir com o corpo do cientista substâncias químicas inflamáveis. Morrendo de dor por causa das queimaduras, Holland foge e cai num pântano, de onde ressurge, tempos depois, convertido em um humanoide vegetal. A origem do personagem poderia muito bem descrever o nascimento de um vilão, mas Holland provavelmente causou uma boa impressão nos seus criadores, porque esses o levaram para o lado do bem. Os seus poderes (o de regeneração e o de ser capaz de se transformar em qualquer organismo vegetal do Universo) lhe permitiram curar o Super-Homem quando este foi envenenado por uma planta kryptoniana que o estava deixando louco e drenando todo o seu poder. (Se o Super-Homem teve de fugir de Krypton pouco antes de o planeta explodir, como a planta chegou às suas mãos?)

Um dos poderes desse ser é conseguir transformar um deserto em um bosque. Por incrível que pareça, a ciência já conseguiu fazer isso, e numerosos cientistas tentam diariamente converter uma paisagem desértica em um jardim. Vejamos três exemplos de equipes de cientistas que trabalham, separadamente, em uma abordagem distinta.

## A invasão verde

Primeiro, vamos examinar a equipe formada pelo biólogo celular Leonard Ornstein, da Mount Sinai School of Medicine, e David Rind e Igor Aleinov, do Goddard Institute for Space Studies, da Nasa. A proposta desses cientistas é dessalinizar a água dos mares ao redor do deserto do Saara e construir aquedutos para irrigar bosques com uma variedade de eucaliptos (Eucalyptus *Grandis*) que suportam muito bem as temperaturas elevadas. Graças à quantidade de árvores, a temperatura da região poderia cair cerca de 8 °C e formar nuvens que bloqueariam a radiação solar, capturando, ao mesmo tempo, 8 milhões de toneladas de $CO_2$ por ano (o que equivale a vinte vezes as emissões da Espanha em um mesmo período). Atualmente, os países que emitem mais $CO_2$ do que foi combinado no protocolo de Kyoto podem comprar os direitos de emissão de países que emitem menos, são os chamados de créditos de carbono (é como passar para a carteira de habilitação de outra pessoa os pontos que acumulamos por multas). Hoje em dia, esse direito é dividido em cotas que custam cerca de 30 euros por tonelada. Desse modo, se os países do Saara pudessem vender esses direitos, os seus benefícios não seriam de se jogar fora: cerca de 240 bilhões de euros. Mas (sempre há um "mas", e neste caso são vários), em primeiro lugar, esses direitos não contemplam a absorção de $CO_2$ (pelo menos, não no momento). Segundo, o custo anual desse projeto chega a cerca de 2 bilhões de euros (muito mais do que eles poderiam ganhar vendendo os seus direitos de absorção) e, além disso, as árvores impediriam que as partículas de ferro presentes na areia fossem levadas para o mar pelo vento e alimentassem a vida marinha do Oceano Atlântico e do Mediterrâneo. Por último, a elevação da umidade na região aumentaria a possibilidade de que pragas de gafanhotos invadissem o solo do Saara e também do resto da África.

## Palmeiras regadas com água do mar

O segundo projeto é obra de Raju Thupran, engenheiro paisagista da Universidade de Ciência e Tecnologia Rei Abdullah. Seu objetivo também se baseia em plantar certas espécies no deserto, só que Thupran o fará com palmeiras capazes de sobreviver com água do mar e de enfrentar a lagarta da palmeira, uma praga que ataca essas árvores e as resseca. Ele teve a inspiração para esse projeto ao viajar pela Arábia Saudita e notar que as palmeiras crescem sem que ninguém as regue e sem precisar de chuva. "Esse tipo de palmeira" – garante Thupran – "tem a capacidade de suportar a seca, de modo que conseguimos identificar o gene responsável por isso e poderemos desenvolver plantas que resistam à seca e sobrevivam sem precisar de água." A ideia desse pesquisador

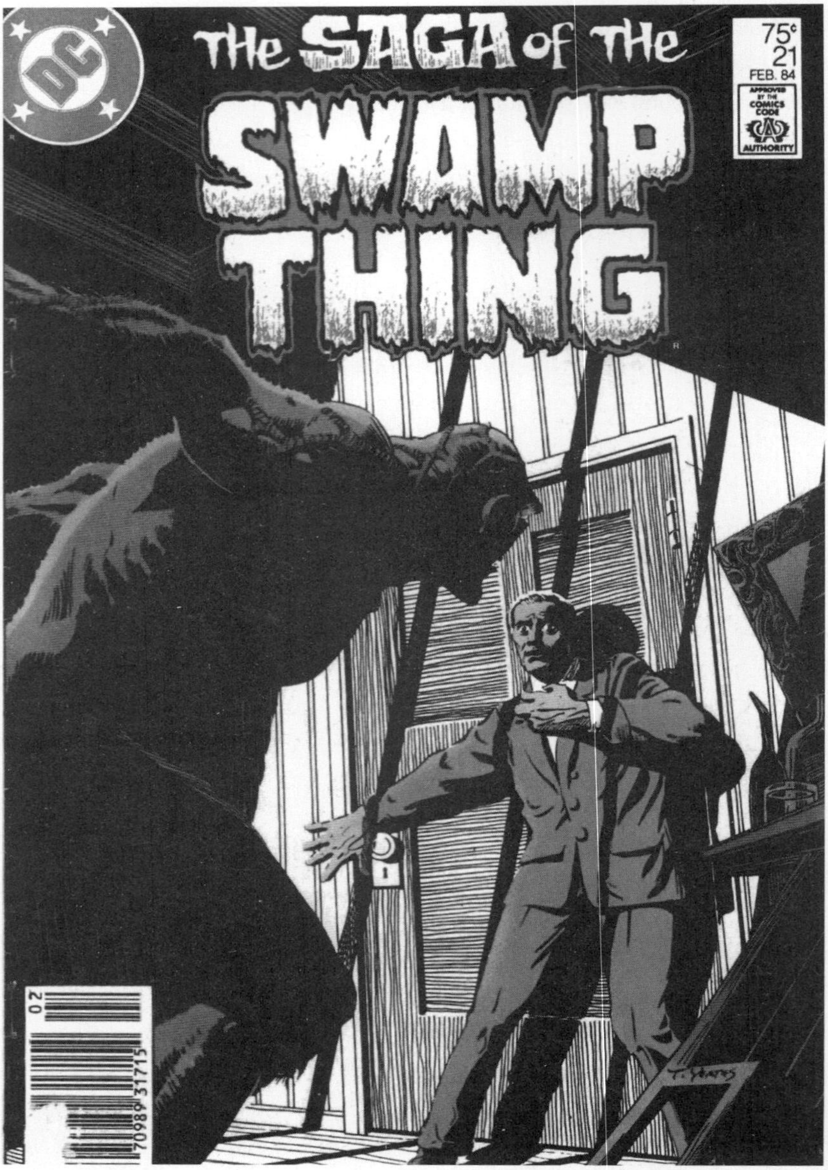

também é aproveitar a resistência de certas palmeiras à lagarta e a capacidade de se alimentar de água salgada para criar um híbrido super-resistente da tamareira. Isso é especialmente importante para a Arábia Saudita, o principal produtor mundial de tâmaras.

## Assim na Terra como no espaço

Finalmente, o terceiro projeto que busca tingir de verde as zonas mais áridas do nosso planeta (e talvez também de outros) se encontra no Centro de Astrobiología (CAB), em Madri. Salvador Mirete trabalha no Departamento de Ecologia Molecular, onde faz pesquisas principalmente nas cercanias do rio Tinto, em Huelva, na Espanha. As condições de acidez e o conteúdo de metais pesados do rio fazem esse local se assemelhar à estrela polar no sentido de que ele marca o rumo da pesquisa em astrobiologia em nosso planeta. As bactérias que habitam o rio Tinto possuem genes resistentes a metais como o arsênico (que pode ser considerado um equivalente; não é um metal, mas sim um metaloide, já que tem propriedades desses elementos), o mercúrio, o cádmio e outros. "Estamos concentrados em implantar esses genes em bactérias como a *E. coli*, que são facilmente manipuláveis nos laboratórios", assegura Mirete. "Estamos interessados particularmente nos genes que tenham uma alta resistência ao arsênico. Em seguida, a nossa ideia é introduzir esses genes em plantas transgênicas para ver se elas podem ser usadas como ferramentas de biorremediação (o processo que usa micro-organismos, neste caso, bactérias, para que um local alterado por condições ambientais adversas recupere o seu estado original) e para que possam ser usadas em um projeto de terraformação. No futuro, essas plantas poderiam chegar a povoar outro planeta. Atualmente, usamos para isso o arsênico 6, mas no futuro também faremos experiências com o cádmio, o níquel e o mercúrio, para que possamos ter genes resistentes a um leque de metais tóxicos." No entanto, os metais pesados não são os únicos inimigos da vida vegetal na Terra ou em planetas com condições extremas. Como farão para conduzir plantas até um planeta com uma temperatura máxima de -5 °C e mínima de -187 °C? Obviamente, Mirete – juntamente com toda a equipe do Departamento de Ecologia Molecular – já está buscando respostas. "Trabalhamos com bactérias que resistem a temperaturas extremas", confirma Mirete. "Neste momento, estamos pesquisando as chaperonas, proteínas que protegem as outras proteínas contra o estresse ambiental, como o calor, o frio e a acidez. É a primeira vez que essas proteínas são usadas como marcadores para encontrar bactérias que sejam resistentes a mudanças extremas: se essa proteína é identificada em uma bactéria, o seu DNA é extraído e posteriormente ele é incorporado a plantas. Esse processo é utilizado atualmente em nosso planeta para plantas que crescem em ambientes extremos, como no deserto."

Transformar o deserto em floresta talvez não seja uma tarefa para um único homem, mas, como vimos nesses exemplos, existem muitos cientistas que trabalham para que ela se torne uma realidade que possamos ver em breve.

# 6

## O HOMEM-COISA

### O homem que sussurrava para as plantas

Prepare-se porque a história deste personagem é mais do que complexa. De fato, ela parece ter sido concebida pelo filho que Shakespeare e Tim Burton poderiam ter criado juntos. O Dr. Theodore Sallis é um jovem bioquímico que trabalha em um laboratório na Flórida, bem perto dos pântanos Everglades (o mesmo lugar onde trabalhou durante algum tempo Connors, que mais tarde veio a ser O Lagarto). Nessas instalações, está em andamento o projeto Gladiador, que busca criar uma poção que permita transformar um homem normal em um supersoldado, como foi feito com o Capitão América.

A noiva de Sallis, a Dra. Barbara Morse, também trabalha na equipe dele. Várias organizações criminosas estão de olho na pesquisa, mas quem está mais perto de descobrir a sua localização exata é o grupo conhecido como Ideias Mecânicas Avançadas (cuja sigla em inglês é AIM). Certa tarde, Sallis decide burlar a fortíssima segurança do recinto e levar para lá a sua amante, Ellen Brandt. Depois que eles entram nas instalações, a cilada é revelada e a jovem afirma ser membro da organização terrorista AIM. Sallis consegue destruir a fórmula e se vê com o único frasco de soro que havia conseguido até o momento. Enquanto é perseguido pelos capangas de Brandt, Sallis injeta o soro em si mesmo e foge do laboratório no seu carro. Para azar dele, sofre um acidente na estrada e o seu carro acaba caindo em um pântano onde as poderosas substâncias químicas do soro e as "forças mágicas" (que mais tarde seriam descritas como "o resultado do enlouquecimento de todas as realidades") o transformam instantaneamente em uma... coisa que parece uma planta humana, com galhos saindo do rosto e que o fazem se parecer uma mistura de elefante com trepadeira. A partir desse momento, Sallis não consegue falar, mal se lembra do ocorrido e não hesita em atacar os membros da AIM que o perseguiram, inclusive a jovem sedutora cujo rosto ele queima com um ácido segregado quando Sallis está dominado por emoções violentas.

A mente do bioquímico aparentemente se extingue, e somente em raras ocasiões ele consegue recuperar a personalidade, embora sempre com uma aparência monstruosa. A partir desse momento, ele começa a viver as suas aventuras no pântano: o pântano em que havia caído se revela um nexo para todas as realidades (seja lá o que isso signifique) e Sallis se torna o guardião desse portal, tarefa na qual enfrenta demônios, fantasmas, guerreiros de outras dimensões e monstros que se alimentam da contaminação. De uma maneira estranha, a fonte da juventude também aparece perto do pântano, embora nunca fique claro qual é o papel dela no argumento da história. O mesmo é válido para o surgimento de um tal Dr. Oheimer, que tenta devolver a personalidade a Sallis, mas é assassinado pelo governo (o motivo do assassinato nunca é explicado). Além disso, o Homem-Coisa passa a fazer parte de um triângulo amoroso que o conduz ao Himalaia, e um dos roteiristas desse personagem, Chris Claremont, se apresenta primeiro como um personagem da história, assumindo depois, diretamente, a identidade do herói, até que é assassinado por uma espada mágica e... a história vai ficando cada vez mais complicada, e eu não quero ser chato.

## A vida secreta das plantas

A realidade é que o Homem-Coisa deveria conhecer Ian Baldwin. Esse biólogo do Max Planck Institute for Chemical Ecology é conhecido pelo apelido de "o homem que sussurra para as plantas". Ele foi uma das primeiras pessoas a demonstrar, por volta de 1983, que as plantas se comunicam umas com as outras. Baldwin descobriu isso analisando a reação de aceráceas ao ataque de animais que comiam as suas folhas. Cada vez que algum herbívoro se aproximava de uma árvore, essa "informava" às suas companheiras da presença de um predador. As outras árvores começavam então a produzir tanino, uma substância de sabor desagradável que as árvores armazenam nas folhas e que é nociva para esse tipo de animal. As acácias também têm um sistema semelhante para se defender – no seu caso, dos kudus (herbívoros africanos). Aparentemente, a comunicação tem início quando as folhas de uma árvore começam a ser vítimas da fome de algum animal. Nesse momento, as folhas que ainda estão intactas

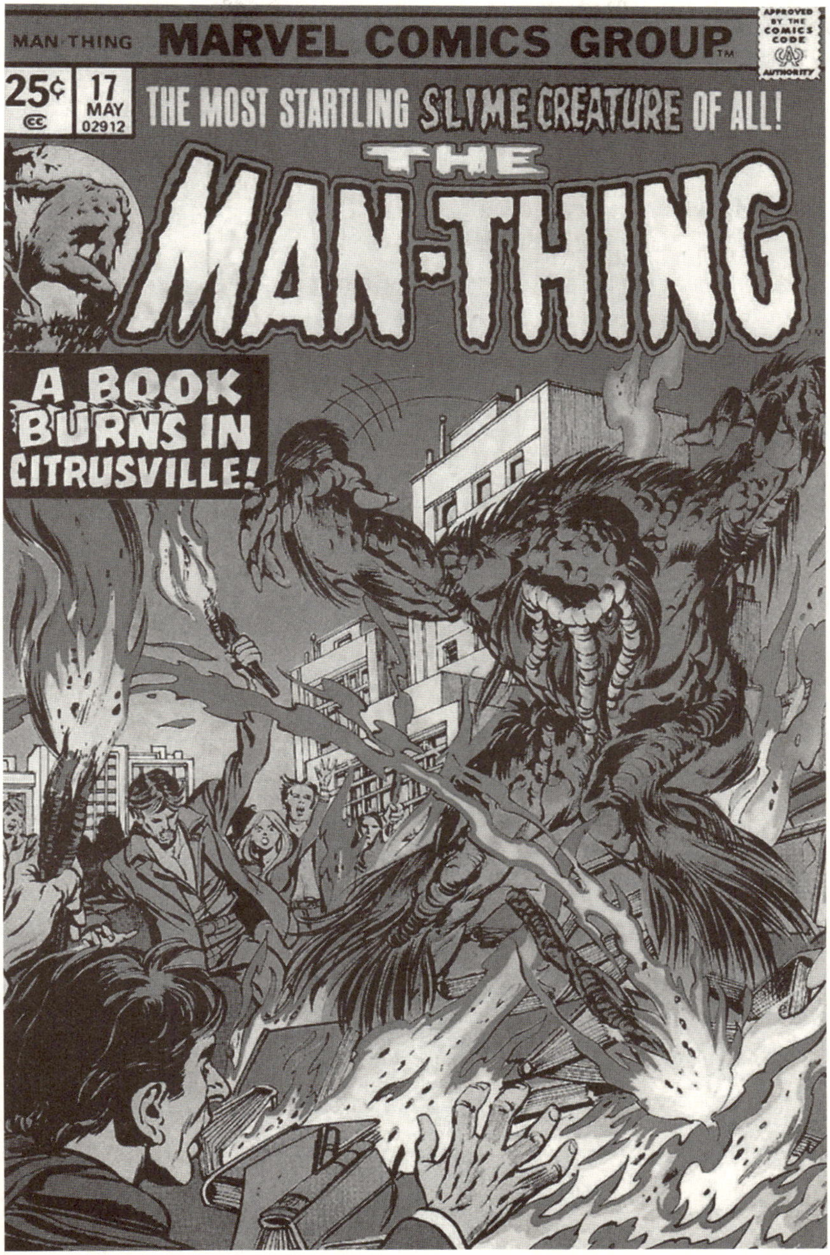

emitem o vapor de etileno, que é "farejado" pelas demais árvores, as quais, em resposta, segregam tanino para se proteger.

## Avance a passo de lagarta

Outra pesquisa, realizada por Josef Stuefer da Universidade de Radboud, na Holanda, demonstrou que os craveiros-da-índia se comunicam. Stuefer capturou trinta lagartas e as dividiu em dois grupos de quinze. Ele deixava que as do primeiro grupo comessem uma única folha da planta e logo entravam em cena as lagartas do segundo grupo, as quais podiam escolher entre comer a planta cujas folhas já tivessem sido perfuradas pelo apetite voraz de suas irmãs ou comer uma planta cujas folhas estivessem intactas. Nas vinte experiências realizadas, a maioria ou quase todas as quinze lagartas do segundo grupo preferiram a planta intacta. De acordo com os cientistas que realizaram a experiência, a comunicação nesse caso funciona da seguinte maneira: se uma das plantas é atacada por lagartas, as plantas próximas recebem um sinal para aumentar a sua resistência química, virando na direção das lagartas as folhas mais duras e menos apetitosas. A conexão entre as plantas se estabelece por meio das suas raízes que segregam substâncias para alertar as suas irmãs. O defeito desse sistema, que possibilita que muitas plantas se comuniquem umas com as outras (desde que sejam da mesma espécie), é que os canais de comunicação também servem para que um vírus consiga ir de uma planta para outra. Mas, além de falarem entre si, as plantas também se comunicam com os insetos. Foi comprovado, por exemplo, que a planta conhecida como feijão-fava ou feijão-de-lima (*Phaseolus lunatus*), quando é atacada por certos ácaros, libera uma substância no ar que atrai insetos que se alimentam dos ácaros; ela é bastante capaz de pedir ajuda. Outras espécies de vegetais, como o milho, o algodão e o tabaco, também emitem substâncias que atraem insetos para combater os seus predadores. Baldwin, o homem que sussurra para as plantas, está se dedicando a "ensinar" plantas "mudas" a falar: o seu objetivo é transferir para plantas mais fracas os genes que possibilitam ao tabaco e ao milho emitir sinais de auxílio, para que elas também possam se defender.

# 7

# DEATHLOK

## Com a mente em outro lugar

Uma espécie de Pinóquio dos super-heróis: um boneco que busca a sua condição humana. O coronel Luther Manning é gravemente ferido no campo de batalha. Apesar disso, ele sobrevive e desperta em um futuro apocalíptico no qual os restos do seu corpo foram usados na construção de um organismo *cyborg*: Deathlok, criado pelo cientista Simon Ryker. Quando se dá conta de que havia sido transformado, ele foge do seu criador e sonha que recupera a condição humana. A partir desse momento, ele enfrenta as diferentes organizações responsáveis por levar o caos ao seu país, viaja no tempo, luta contra mutantes, homens-lobo, e se associa a um Homem-Aranha que também viaja no tempo. O cérebro de Manning foi transplantado para um robô, e sua inteligência foi aumentada por meio da computação, por assim dizer. Por isso, ele tem a capacidade de se conectar a qualquer computador e "hackear" qualquer tipo de rede ao derramar sobre ela os seus pensamentos e a sua consciência.

A terrível experiência de guerra de Deathlok tornou necessário transplantar o seu cérebro para que (pelo menos uma parte dele) pudesse seguir vivendo. No entanto, por maiores que sejam os avanços que a ciência tenha feito no que diz respeito aos transplantes e ao desenvolvimento de órgãos, transplantar um cérebro ou até mesmo desenvolver um no laboratório é algo que hoje está completamente fora das possibilidades dos cientistas. Mas é impossível?

## Colocar-se na cabeça de outra pessoa

Em 2010, o Laboratório de Engenharia de Tecidos da University of Minnesota desenvolveu setenta fígados humanos viáveis. Foram feitos transplantes de coração, rins, braços e até de rosto, e, na década de 1970, a equipe do neurocirurgião

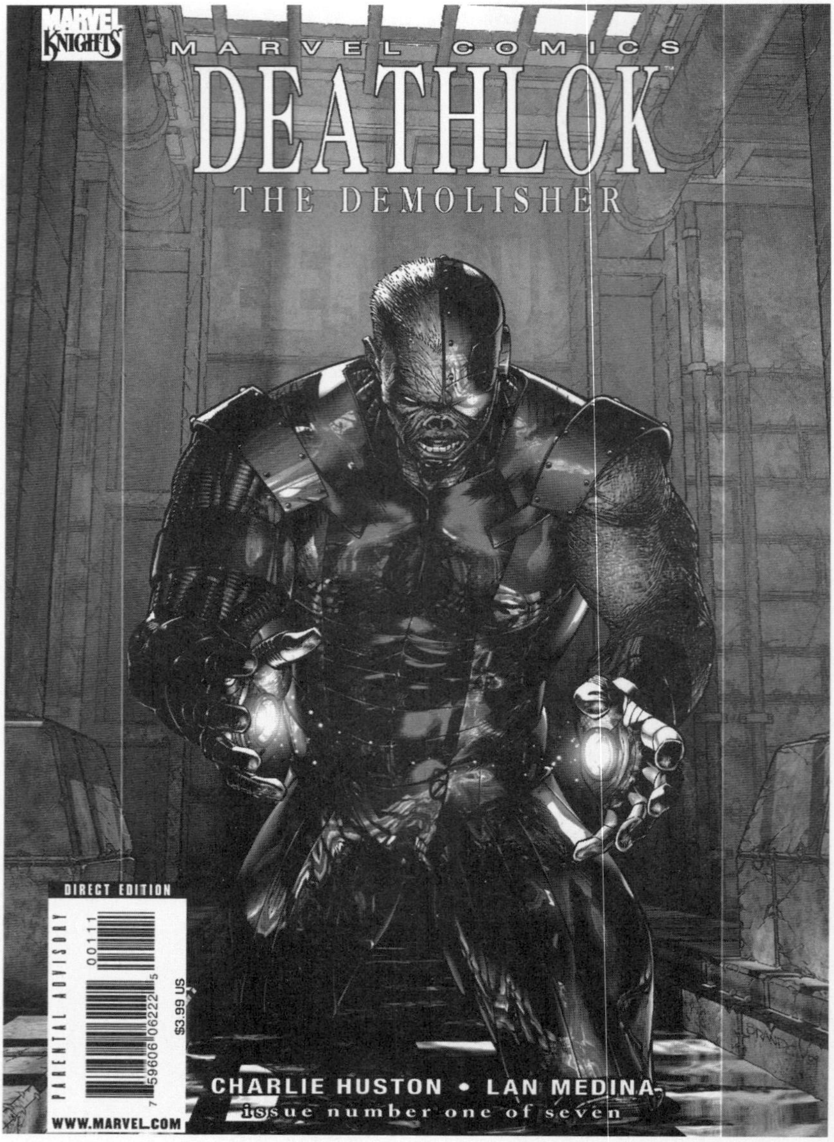

Robert White chegou a transplantar a cabeça de um macaco *rhesus*, conseguindo fazê-lo sobreviver, consciente, durante mais de uma semana. Então... é impossível? No momento, sim. Falemos primeiro de um transplante de cérebro. Isso poderia acontecer no caso de uma pessoa tetraplégica encontrar um doador com morte cerebral, por exemplo. Porém atualmente o custo de aprender a religar todo o sistema nervoso de uma pessoa "é proibitivo", ressalta o próprio White, "mas não é impossível. O nosso conhecimento sobre transplantes tem apenas cem anos. O que poderá acontecer nos próximos cem? Ainda não sabemos. As implicações desse tipo de cirurgia são uma coisa que deveríamos discutir agora, porque isso acontecerá". Intervenções dessa dimensão seriam muito complexas, pois são estruturas que não estão apenas na cabeça, mas também no pescoço, de acordo com White. Em um artigo publicado na revista *Scientific American*, o mesmo neurocirurgião assegura que a técnica de separar a cabeça do corpo já é bastante utilizada em pequenos animais e que logo chegará o momento de adaptar esses conhecimentos aos seres humanos.

## Um transplante extraordinário

Para realizar esse tipo de cirurgia, seria necessário manter, por um lado, o corpo vivo e, por outro, também a cabeça. Para Evan Snyder, diretor da área de Células-Mãe e Regeneração Biológica do Sanford-Burnham Medical Research Institute, teríamos de fazer a seguinte pergunta: "Conseguiríamos manter viva uma cabeça por tempo suficiente para que ela pensasse, falasse e fizesse tudo o que nós fazemos e, ao mesmo tempo, utilizar as substâncias químicas adequadas para mantê-la nesse estado? Seria algo realmente muito difícil".

No entanto, a realidade é que, no momento, pensar em religar a medula espinhal ao cérebro está fora de nosso alcance. E as implicações psicológicas que esse transplante poderia trazer são enormes, maiores do que as que ocorrem nas pessoas que fizeram um transplante de rosto, uma técnica cirúrgica na qual estamos apenas engatinhando.

E o que dizer do desenvolvimento de novos cérebros? A neurologia demonstrou que os nossos pensamentos e as nossas experiências reconfiguram o nosso cérebro, ou seja, as nossas vivências o redefinem anatomicamente, o fazem mudar de forma. Doris Taylor, do Laboratório de Engenharia de Tecidos da University of Minnesota, garante que poderemos criar pequenas zonas de um cérebro e que essas poderiam chegar a substituir áreas afetadas por um tumor ou uma lesão traumática. Para essa especialista, será até mesmo possível restabelecer as ligações individuais na área neuronal, mas criar um cérebro inteiro... Isso não é possível. Aliás, na verdade, isso teria pouca utilidade, porque ele seria um órgão funcional, mas, sem as memórias que o haviam "reconfigurado", não serviria para que reconhecêssemos a nossa família, de modo que teríamos de aprender tudo do zero. No entanto, esses conhecimentos permitiriam, de acordo com Evan Snyder, diretor da área de Células-Mãe e Regeneração Biológica do Sanford-Burnham Medical Research Institute, "que uma pessoa que tivesse a doença de Parkinson recuperasse parte da funcionalidade neuronal ou que um tetraplégico reativasse funções da medula espinhal que lhe permitiriam respirar melhor ou mover as extremidades, mas não poderemos criar um cérebro a partir do zero e simplesmente transplantá-lo".

# 8

## SENHOR FANTÁSTICO (REED RICHARDS)

## Uma mente muito flexível

Filho de um cientista, desde pequeno começou a demonstrar dons prodigiosos para a sua idade. Aos 14 anos, ingressou no MIT (Massachusetts Institute of Technology), depois foi para Harvard, em seguida para o California Institute of Technology, posteriormente para a Columbia University, e a lista continua apenas para mostrar que, aos 20 anos, Reed tinha em seu escritório diplomas de vários doutorados em bioquímica, engenharia, física e matemática. Lamentavelmente, um cabedal tão grande de conhecimento não lhe foi útil para conseguir prever a forte radiação cósmica que a nave que o levou ao espaço junto com os outros membros do Quarteto Fantástico iria enfrentar. Em consequência do acidente, Reed adquiriu a habilidade de converter o seu corpo em uma substância maleável que permite que ele se transforme em um trampolim, um paraquedas ou uma bola gigante. Por mais incríveis que possam parecer esses poderes, para Reed, eles "não são nada ao lado de um intelecto", como comentou, em certa ocasião, com o Homem-Aranha. E isso não é estranho. Reed trabalhou com dispositivos para viajar no tempo, transportar-se para outras dimensões e gerar energia e mutações.

Apesar da comodidade que possa proporcionar, a realidade é que o colágeno (que forma a nossa pele) tem um índice de elasticidade que jamais poderemos alterar e que dificilmente chegará aos níveis exibidos por esse super-herói. E isso sem mencionar que o cálcio tem uma elasticidade ainda menor. Por conseguinte, quem a esta altura esperava que algum cientista tivesse descoberto o modo de se transformar em um paraquedas humano (uma façanha característica de Reed Richards) se sentirá um pouco desiludido... A menos que descubra que uma das maiores proezas desse personagem já é realidade. Em uma das primeiras revistas do Quarteto Fantástico, Reed garante que foi capaz de criar vida... E isso não apenas é possível, como também já foi feito.

## Nasce uma nova vida

O DNA constitui o alicerce da vida e é composto de quatro bases (digamos quatro tijolos completamente diferentes): adenina, tiamina, guanina e citosina. A combinação de duas dessas bases é, obviamente, um par de bases. Todas as células do seu corpo contêm DNA; na realidade, elas o contêm em tamanha quantidade que, se você o estirasse, formaria uma fibra finíssima de dois metros de comprimento. E o corpo humano tem cerca de 100 trilhões de células, de modo que no seu corpo existe uma faixa com cerca de 20 milhões de quilômetros de DNA, o que é suficiente para dar mais de 1.500 voltas no planeta. E todo esse DNA foi construído com apenas quatro tijolos combinados que tornam você único. Como é possível que tão poucos tijolos resultem em construções tão diferentes? Em um fragmento de DNA bem pequeno existem 3,2 bilhões de letras (os tijolos), o que é suficiente para formar bilhões de combinações possíveis (se você quer saber o número exato, ele é aproximadamente o número 1 seguido de 3 bilhões de zeros, algo que para ser escrito necessitaria de mais de 5 milhões de páginas). Imagine que você tenha 800 milhões de tijolos vermelhos e 800 milhões de verdes, e um número igual de tijolos azuis e amarelos. Agora, disponha-os na ordem que desejar, um atrás do outro... Quantas combinações são possíveis? Isso responde por que somos todos diferentes. Um fragmento de DNA é basicamente um gene que contém parte das informações genéticas que você herdou dos seus pais. A totalidade dessas informações é conhecida como genoma. Depois que o ser humano conseguiu reunir todas as informações genéticas de uma célula, o genoma, o passo seguinte é manipular esses tijolos. E Ham Smith e Clyde Hutchinson, do John Craig Venter Institute (JCVI), fizeram isso e criaram uma célula "artificial", uma nova forma de vida.

## Receita para criar vida

Basicamente, o que esses cientistas fizeram foi traçar um mapa de como estavam localizados os tijolos em uma célula e, em seguida, pegar um por um e ordená-los para transplantá-los para outra célula. A nova célula (que na realidade não é tão nova, porque foi criada copiando-se outro genoma) apresenta algumas diferenças com relação à original: foram eliminados catorze genes, o que evita que ela se converta em um agente infeccioso. Ela também tem marcas de água (pequenos sinais que indicam que ela é uma cópia). Essa manipulação é apenas o primeiro passo. Se já somos capazes de reordenar milhões de tijolos e transplantá-los para uma célula a fim modificar as suas informações genéticas (ou seja, tudo o que os seus genes "ordenam" que ela faça), de acordo com Craig Venter (um dos responsáveis por decifrar o genoma humano), também poderemos projetar células que contenham informações novas para que desenvolvam outras tarefas. O plano de Venter, por exemplo, é criar um tipo de alga que converta o $CO_2$ da atmosfera em combustível ou projetar outra célula que se alimente de dejetos e possa ser usada para limpar rios contaminados.

Muitos cientistas perguntam se a vida é simplesmente uma sucessão ordenada de bases (os tijolos) que podemos escrever em uma folha e em seguida introduzi-la em uma nova célula. Seja qual for a resposta, a realidade é que esse tipo de avanço tem-nos feito questionar a definição da vida e dos mecanismos que dão origem a ela.

# 9

# MULHER INVISÍVEL (SUE STORM)

## Ver para crer

Outra vida atormentada digna de uma novela e, é claro, com um final feliz. Susan (Sue) era filha de um médico de prestígio que perdeu a mulher em um acidente de carro. Julgando-se culpado pelo ocorrido (ele estava no volante), ele se entrega ao jogo e à bebida, acaba perdendo a carteira de habilitação e vai parar na cadeia. A partir desse momento, Susan precisa se tornar uma figura materna para o irmão Johnny (Tocha Humana), então ela aluga alguns quartos da grande casa onde moram. É assim que ela conhece Reed Richards, o Senhor Fantástico, seu futuro marido, quando é apenas uma adolescente (algumas fontes dizem que na época Susan tinha 13 anos, e outras, 17). Embora a convivência entre eles dure apenas alguns meses, Susan, ao ficar mais velha, procura Reed e, por fim, fecha o círculo amoroso. É claro que, quando voltam do espaço com superpoderes, Susan começa a olhar para o marido com outros olhos. Literalmente.

### Avanços que não podem ser vistos

Quando este livro estiver impresso, certamente algo novo terá sido descoberto neste campo, mas isso será a única coisa visível, porque os resultados serão invisíveis. E embora pareça estranho, é o que buscam os cientistas que investigam os metamateriais: a invisibilidade. Um metamaterial é um material artificial cujas propriedades são provenientes da sua estrutura, e não da sua composição.

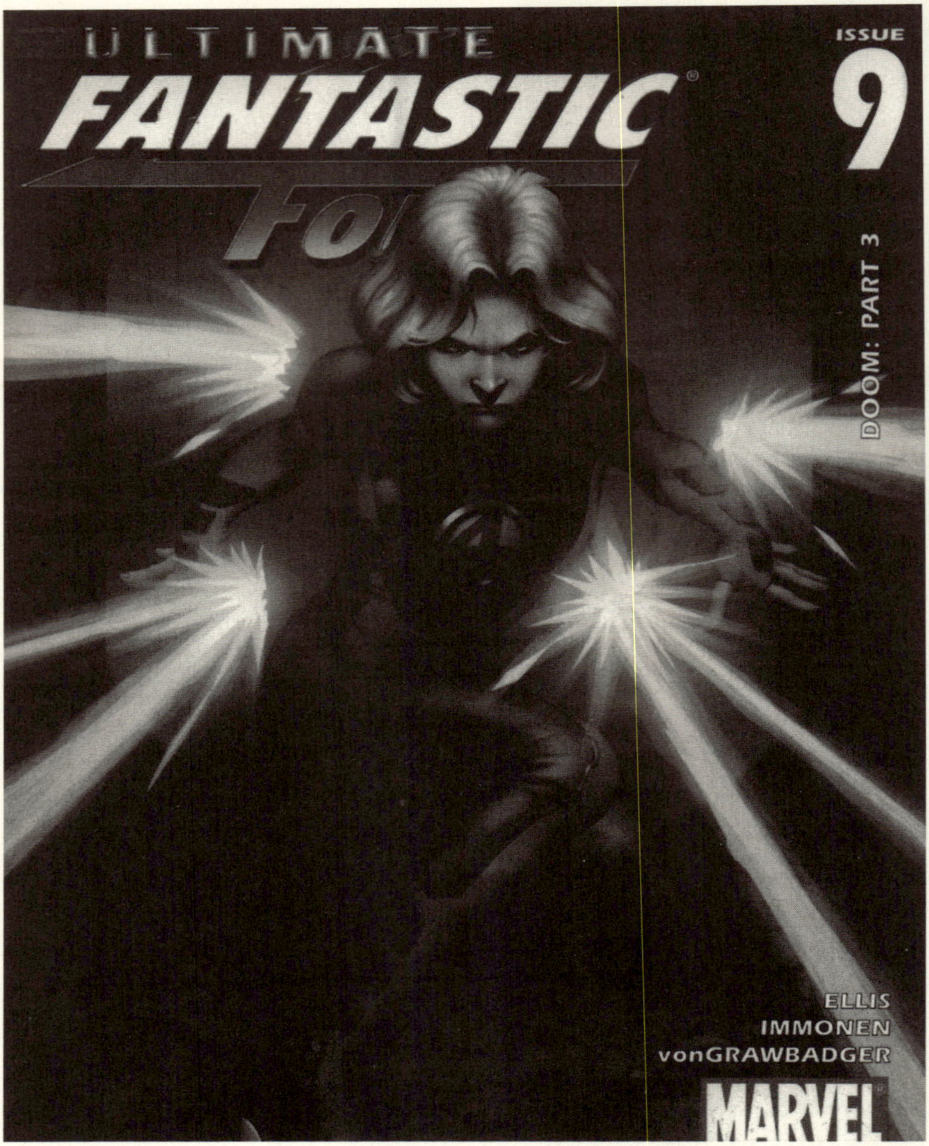


Quando falamos sobre o Super-Homem e sua impossível visão de raios X, mencionamos o espectro eletromagnético e assinalamos que o comprimento de onda da luz visível se encontra em uma amplitude que varia entre 400 e 700 nanômetros. Os cientistas que pesquisam os metamateriais procuram um cuja estrutura esteja baseada em componentes ainda menores do que essa amplitude.

Os objetos visíveis "aparecem" para os nossos olhos porque a luz reflete neles, o que se chama índice de refração; quanto menor o índice de refração de um objeto, mais difícil fica enxergá-lo. Um metamaterial cuja estrutura tivesse componentes que apresentassem um tamanho abaixo de 300 nanômetros faria com que a luz o contornasse em vez de se refratar nele, como se ele fosse uma pedra no meio de um rio, tornando invisível o que estivesse coberto pelo material. Pois esse material já existe. Duas equipes de diferentes cientistas conseguiram fabricá-lo. Embora isso já tivesse sido realizado em 2006, o aspecto extraordinário dos casos que vou relatar a seguir é que foram projetados materiais flexíveis, algo que faz a utilização deles ser ilimitada. Por exemplo, uma capa de invisibilidade. Para que você possa entender como funciona, imaginemos que as células de um metamaterial sejam tão pequenas que, quando as ondas de luz entram nelas, são capturadas e não têm alternativa senão seguir o caminho traçado por essas células.

## Vencendo a luz

O primeiro grupo de pesquisadores é formado pela equipe de físicos da University of St. Andrews, na Escócia, liderados por Andrea di Falco. Eles conseguiram criar um metamaterial à base de um polímero e uma base de silicone que chamaram de Metaflex. Por enquanto, a maior peça que conseguiram fazer com Metaflex mede 5 mm x 8 mm, mas ela é suficiente para tornar invisível qualquer objeto que esteja debaixo dela. De acordo com di Falco, é possível reduzir a estrutura que compõe o Metaflex até cerca de 100 nanômetros (o que serviria para ocultar todas as ondas visíveis do espectro eletromagnético), mas ainda não sabem qual é o tamanho máximo no qual ele poderia ser fabricado, e é essa limitação que eles estão tentando resolver no momento.

## Como se vê o invisível?

A segunda equipe é liderada pelo físico John Pendry, que já em 2006 apresentou a ideia de uma capa de invisibilidade, e Stefan Maier, um dos líderes mundiais em tecnologia de ondas eletromagnéticas. Para Pendry, aqui está a chave do futuro dessa área, já que "durante centenas de anos temos utilizado a química para alterar materiais e já chegamos ao limite que podemos atingir. Mas a realidade é que existem muitas outras propriedades que podemos modificar alterando a estrutura do material. Há vários anos prognostiquei que essa tecnologia conseguiria o que já alcançamos, só que de uma maneira melhor e mais barata". E para lá eles se encaminham.

No entanto, essa técnica baseada em metamateriais também nos permite "enxergar o invisível". Existe um limite físico para o que podemos ver, o qual não pode ser ultrapassado por causa do limite de difração: não conseguimos ver objetos menores do que o comprimento de onda da luz utilizada. É impossível ver objetos que meçam menos de 200 nanômetros (a não ser que usemos microscópios eletrônicos) porque eles são menores do que a onda de luz. Mas é possível contornar esse limite se as ondas evanescentes que permanecem na superfície dos objetos forem recolhidas: quando a luz se choca com eles, deixa restos dessa colisão, mas estes são tão pequenos que é impossível detectá-los a olho nu. Duas equipes, uma da University of Maryland, dirigida por Igor Smolyanivov, e outra liderada por Xiang Zhang, da University of California Berkeley (UC Berkeley), criaram superlentes com os metamateriais. Isso lhes permite enxergar o que até agora permanecia invisível para os nossos olhos (o contrafeitiço para a capa de invisibilidade?). Os cientistas da University of Maryland conseguiram lentes de contato com uma estrutura de 70 nanômetros, enquanto os da equipe de Zhang "só" conseguiram uma de 130 nanômetros. Isso lhes permitirá detectar algo tão pequeno quanto um vírus e, no futuro, pode ser que essas superlentes sejam suficientes para que vejamos o nosso próprio DNA.

# 10

## TOCHA HUMANA (JOHNNY STORM)

## O Fênix

Não é estranho que, graças a uma forte radiação cósmica, o irmão mais novo da Mulher Invisível tenha se transformado em Tocha Humana: a sua vida era (ou é?) ardente e ele parecia ressurgir sempre das cinzas. Vejamos alguns exemplos. Johnny tem uma relação romântica com a escultora cega Alicia Masters (ex--noiva do Coisa), porém mais tarde fica comprovado que ela não é a verdadeira Alicia, mas, sim, uma espiã alienígena. Apesar disso, eles se apaixonam e se casam. Um bom final? Nem tanto. Da união nasce um filho, que pelo que se constata depois é uma arma enviada pelos alienígenas para espionar a falsa Alicia, mas o Quarteto Fantástico consegue vencer essa "arma". Como se essa novela não bastasse, em um dos capítulos, Johnny se sacrifica para vencer o vilão Onslaught... Entretanto, ele obviamente não morre, mas é enviado para uma realidade alternativa, da qual regressa mais tarde. E algumas pessoas ainda ficam surpresas com o final de *O Sexto Sentido*.

### Viver entre as cinzas

Talvez seja decepcionante, mas ainda não foram inventados a pele à prova de fogo, o sangue que não ferve a mais de 100 ºC e o cabelo que se regenera depois de passar meia hora na churrasqueira. No entanto, existem alternativas científicas para que ao menos nos aproximemos do poder pirocinético do mais jovem dos membros do Quarteto Fantástico. No capítulo sobre Reed Richards, cunhado de Johnny, vimos como funciona o DNA e o que a ciência está fazendo para criar a vida ou modificar organismos dotando-os de características próprias de outros. Existem organismos que nos permitam ter uma temperatura semelhante à do Tocha Humana? A verdade é que atingir 5.000 °C – e o nosso corpo (e o de quem estiver a nossa volta) resistir às condições extremas – é algo inimaginável... a menos que você pretenda se transformar em uma central térmica humana. Mas talvez seja possível elevar em várias dezenas de graus a nossa tolerância a temperaturas extremas.

## Aumentando a temperatura

A 42 °C o nosso corpo começa a sentir os efeitos do calor: as proteínas perdem a sua estrutura e não é mais possível recuperá-la, elas se desnaturam. Nessa temperatura, o nosso DNA começa a se fundir. E quando o corpo atinge os 21 °C, a hipotermia nos mata. Isso acontece em razão de uma coisa que você provavelmente já constatou quando produz cubos de gelo: o volume de um cubo de gelo é maior do que o da água em estado líquido. As moléculas de água ($H_2O$, que significa duas moléculas de hidrogênio e uma de oxigênio), quando passam ao estado sólido, se associam mais fortemente umas às outras (elas fazem isso com mais "pontes", por isso você não tem com o que se preocupar) e ocupam mais espaço, a sua posição fica mais rígida. No estado líquido, as moléculas ficam em movimento e ocupam o lugar que outras deixaram, usando o espaço de uma maneira mais eficiente. Quando as nossas células se congelam, o líquido no seu interior ocupa mais volume, os cristais de gelo rompem as suas membranas e elas morrem. Assim como nós. Para evitar que isso aconteça, os fluidos de alguns peixes e insetos contêm um anticongelante composto de alcoóis e açúcares (você também deve ter constatado que o ponto de congelamento do álcool é mais baixo do que o da água; esta se congela a 0 °C, e o álcool, a -114 °C). Os animais que vivem onde faz muito calor também têm estratégias para enfrentar esses extremos: os cachorros, por exemplo, transpiram pela língua; na África, os elefantes refrescam o sangue fazendo-o passar pelas suas enormes orelhas (o que dissipa o calor), enquanto o tucano, por incrível que pareça, transpira por meio do bico. No entanto, não há seres humanos com bico, não será agradável ver os seus amigos transpirando pela língua e as nossas orelhas nunca serão suficientemente grandes para dissipar o calor (bem, as minhas talvez sejam).

## Nos extremos da vida

Mas existem outros organismos que são capazes de sobreviver a temperaturas nas quais nós, humanos, cozinhamos os alimentos ou congelamos as bebidas. E outras ainda mais extremas. De fato, um dos seus nomes populares são extremófilos, mas eles são mais conhecidos como tardígrados ou ursos-d'água.

Os tardígrados têm substâncias especializadas no corpo que os ajudam a recompor a estrutura de uma proteína que tenha se desnaturado, e desse modo podem restaurar as suas funções. Essa estratégia de sobrevivência possibilita que eles vivam em lugares com temperaturas gélidas, como -272 ºC, e suportem um calor ardente, como 151 ºC. É claro que, para isso, eles reduzem o conteúdo de água do corpo para quase zero e praticamente paralisam o seu metabolismo, esperando que as condições fiquem um pouco mais favoráveis. Bem... e o que tudo isso tem a ver com as pesquisas de DNA? Suponhamos que fôssemos capazes de dotar as nossas células de um anticongelante semelhante ao de certos peixes que vivem a -50 ºC. Ou que pudéssemos recompor as nossas células quando elas fossem aquecidas a mais de 100 ºC. Seríamos super-heróis. Nunca alcançaríamos os 5.000 ºC de Johnny Storm, mas o calor que conseguiríamos suportar (por exemplo, com trajes térmicos) poderia nos fazer voar do mesmo modo que voa um balão cheio de ar quente.

## Ao céu com Arquimedes

O que faz voar um globo aerostático é o princípio de Arquimedes. Essa lei da física afirma que todo corpo imerso em um fluido é submetido a uma força vertical ascendente igual ao peso do volume do fluido deslocado. Embora pensemos habitualmente em um fluido como algo líquido, os gases também são fluidos. O ar quente do globo, por ser menos denso do que o ar frio que o cerca, é submetido a uma força vertical que será maior (ou seja, que lhe permitirá subir mais) quanto mais fluido ele desalojar (quanto maior a sua superfície e mais ar quente for capaz de conter). Para saber quanto poderia elevar-se um globo, é preciso levar em conta que um aumento aproximado de 38 graus na temperatura poderá levantar 7 gramas. Se um metro cúbico de ar pesa uns 84 gramas e você aquecer esse mesmo ar 38 graus, ele pesará 21 gramas menos. Desse modo, cada metro cúbico de ar contido em um globo pode levantar 21 gramas de peso (sempre e quando a sua temperatura for aumentada, é claro). Para conseguir que 80 quilos se elevem no ar seriam necessários, portanto, cerca de 4 mil metros cúbicos. Por conseguinte, por mais que sejamos capazes de elevar a nossa temperatura graças aos genes de tardígrados, precisaríamos de um traje de 4 mil metros cúbicos para voar. E ainda assim seríamos incapazes de dirigir o nosso voo.

# 11

## CAPITÃO AMÉRICA

### O supersoldado

Não é nem um pouco estranho que esse super-herói tenha sido criado em 1941. No apogeu da Segunda Guerra Mundial, os Estados Unidos ainda não tinham decidido se participariam ou não da luta, mas o inimigo já tinha nome: o Terceiro Reich. Steven Rogers é um jovem desenhista que tenta se alistar no exército, mas a sua frágil constituição física é um forte motivo para que ele seja rejeitado. No entanto, seu empenho em querer ajudar seu país o torna o candidato ideal para uma experiência: o Projeto Supersoldado. Será injetado em um voluntário um supersoro que o transformará em um "ser humano perfeito", capaz de atingir os mais altos limites do potencial humano. Assim nasce o Capitão América. Nessa condição, ele é capaz, entre outras coisas, de levantar 500 quilos e correr 1.600 metros em pouco mais de um minuto.

Seu traje é feito de um material à prova de fogo, e ele usa um colete à prova de balas de "duralumínio", mas a sua arma, por excelência, é o seu escudo. Feito com uma liga de vibranium e uma liga experimental de ferro, ele foi forjado pelo cientista Dr. Myron MacLain como proteção para tanques, mas só foi forjado uma única vez e por acaso. As tentativas de descobrir a sua composição falharam e, por engenharia inversa, o mais longe que chegaram foi criar o adamantium, o elemento que constitui o esqueleto de Wolverine.

## O que o soro esconde

Por sorte, a ciência avança. Se não fosse isso, o soro que transformou o Capitão América em um supersoldado teria tido outras consequências. Naqueles tempos, na década de 1940, o coquetel administrado a esse personagem certamente devia estar cheio de hormônios que o teriam transformado em qualquer coisa, menos em um super-herói. Os efeitos secundários de administrar esse tipo de droga teriam aumentado os seus níveis de colesterol e produzido acne em todo o seu corpo, o que não é tão grave quando comparado com a redução dos seus testículos ou o desenvolvimento de seios femininos perfeitos. Além de lhe con-

ferir um comportamento imprevisível e violento, nada adequado para um benfeitor. Por sorte, como dissemos, a ciência avança, e o especialista em medicina e terapias genéticas da University of Pennsylvania, Lee Sweeney, é prova disso. Esse jovem médico, que tem cerca de 40 anos, é o profissional mais solicitado do mundo pelos atletas de elite e pelos treinadores por causa das suas descobertas. Sweeney desenvolveu diversos tratamentos que detêm o envelhecimento muscular, o que nas pessoas jovens se traduz por músculos mais sadios, ou seja, mais eficientes. Muito mais eficientes. Sweeney trabalha com terapia gênica, um tratamento médico que introduz nas células dos pacientes genes novos ou modificados. Embora isso ainda não tenha sido comprovado clinicamente, porque a terapia gênica atua diretamente sobre o DNA, os efeitos poderiam durar meses, anos e até mesmo a vida inteira. Um dos trabalhos mais conhecidos de Sweeney foi injetar o gene do fator de crescimento insulínico do tipo 1 (conhecido por sua sigla em inglês, IGF-1) nas células musculares de camundongos velhos e jovens. Os jovens ganharam 15% de força e massa muscular, enquanto os velhos aumentaram a sua força em aproximadamente 27%.

## Supercamundongos ao ataque

Outra área na qual esse especialista trabalha é a da inibição da miostanina, uma proteína que neutraliza os efeitos do IGF-1. A ausência da miostanina não apenas aumenta a massa muscular, mas também evita a acumulação de gordura. Contudo não é somente no desenvolvimento muscular que está o segredo do soro de supersoldado do Capitão América. Também é preciso aumentar a resistência. E é este o objetivo de uma equipe de cientistas do Salk Institute for Biological Studies, na Califórnia, que identificou dois novos compostos para reduzir o cansaço. Um deles é uma lipoproteína do músculo chamada PPAR-delta, que, testada em camundongos, lhes permitiu, depois de duas semanas de treinamento, aumentar 68% no tempo de corrida e 70% na distância percorrida (ou seja, não apenas a distância foi aumentada, mas também a velocidade). O "ingrediente" seguinte para o soro de supersoldado é uma enzima chamada AMPK, que também foi testada em roedores e possibilitou que eles corressem uma distância 44% maior durante um intervalo de tempo 23% maior. Qual é a diferença entre as duas substâncias? O fato de a AMPK não ter necessitado de nenhum treinamento para aumentar a resistência.

Talvez estejamos perto de descobrir uma poção milagrosa, mas por sorte os cientistas não se concentram nisso (embora muitos governos o façam em virtude de suas implicações militares). Os pesquisadores buscam uma solução para problemas como a distrofia muscular; e a solução poderá estar em um menino alemão que nasceu com uma disfunção genética: o seu corpo não produz miostanina, o que faz com que ele tenha o dobro da massa muscular de qualquer menino da sua idade e a metade da gordura. A mutação genética, de acordo com o geneticista See Jen Li, poderia ser útil para curar a distrofia muscular e também a diabetes e a obesidade.

# 12

## HOMEM-ARANHA

## Por um fio

Peter Parker é um estudante aplicado do segundo grau que mora com o tio Ben e a tia May. Durante uma demonstração de equipamentos para manipulação de radiação, ele é picado por uma aranha radioativa. Peter descobre seus poderes quando é quase atropelado por um carro e seus instintos de aranha o alertam do perigo; por puro reflexo, ele salta e se fixa na parede de um prédio. Então se dá conta de que tem a agilidade e a força proporcionais de uma aranha e a mesma habilidade de subir nas paredes. Os seus conhecimentos científicos possibilitam que ele desenvolva uma substância que, em contato com o ar, torna-se um fio semelhante ao da teia da aranha. Esse fio é disparado por meio de pequenos dispositivos mecânicos presos aos seus pulsos e permitem que ele se movimente enquanto se balança em uma das extremidades do fio. Parker completa a sua nova personalidade com um disfarce e, vendo a possibilidade de ganhar dinheiro, vai buscar a fama fazendo aparições como lutador em um programa de televisão. Mas, em uma das suas apresentações, ele displicentemente deixa escapar um ladrão, o qual ironicamente mata o seu tio Ben. As últimas palavras que esse pronuncia são: "Um grande poder envolve uma grande responsabilidade". É a partir desse momento que Parker decide levar a sério o seu "acidente" e se transforma definitivamente em um super-herói. Pelo menos enquanto exibe o seu traje, porque no restante do tempo ele se esforça para ganhar dinheiro e pagar as contas no fim do mês, para se declarar à sua paixão da adolescência e alcançar sucesso como fotojornalista.

Quando Peter Parker se veste de Homem-Aranha, ele percorre a cidade suspenso em um fio de teia de aranha da espessura de um dedo, que lhe permite equilibrar os seus (suponhamos) 80 quilos.

Isso é possível? Sim. A seda da teia de aranha é o material natural mais resistente que o homem conhece. É tão forte assim? Exatamente. O biólogo Rainer Foelix assegura, no livro *Biology of Spiders*, que um fio de seda de aranha precisaria ter 80 quilômetros de comprimento para se romper com o próprio peso. E não é só isso. As aranhas fabricam até sete tipos de seda através de sete glândulas diferentes. Por que tantos? Cada tipo de seda tem uma finalidade específica: um deles, de grande resistência, é o que a aranha usa para ficar pendurada nos telhados, é o seu "fio da vida". Outro fio foi projetado especifica-

mente para absorver o impacto de qualquer inseto que se choque contra ela, para que a estrutura da rede não se rompa e nem fique comprometida. Um terceiro fio serve de "armação" para a rede, reunindo características de rigidez e elasticidade em proporções adequadas.

## Agindo com cautela

O fio da vida, por exemplo, é composto de duas proteínas distintas que contêm, por sua vez, três áreas com propriedades diferentes. Uma delas constrói uma matriz sem forma que possibilita que ela se estenda, mas no meio dessa seção amorfa há duas áreas com uma composição mais rígida que lhe confere mais solidez. Imagine que você tenha uma faixa elástica com um metro de comprimento e, a cada dois centímetros, você lhe acrescente uma linha de pesca: você conservará grande parte da elasticidade da faixa, mas a tornará muito mais resistente.

Graças a essas propriedades, a seda da aranha é cerca de cinco vezes mais resistente do que o aço e duas vezes mais resistente do que o Kevlar[22], comparando-se peças com o mesmo peso. Além disso, ela pode ser estendida até 30% sem perder as suas propriedades. O bioquímico Ed Nieuwenhuys calculou que um fio com a espessura de um lápis e com 30 quilômetros de comprimento seria suficiente para deter um Boeing 747 que estivesse aterrissando. Para frear um avião desses em pleno voo seria preciso que o fio tivesse 500 quilômetros de comprimento, e para isso seria necessário que houvesse mais de 100 quatrilhões de aranhas trabalhando sem descanso durante um ano... A não ser que tivéssemos cabras.

## Garçom, encontrei uma teia de aranha no meu leite!

A empresa canadense Nexia introduziu nas cabras (e também nas vacas) o gene que possibilita que as aranhas fabriquem a proteína para a sua teia. Quando as vacas são ordenhadas, essa proteína é encontrada em grandes quantidades no leite. Por meio de um complicado sistema de síntese, os bioquímicos conseguem separar a proteína do leite e em seguida usá-la para fabricar "bioaço" em grandes quantidades. É claro que, se não tivermos cabras, a solução pode ser o Spectra.

22. Marca registrada de fibra resistente a altas temperaturas desenvolvida pela DuPont (usada na fabricação de coletes à prova de balas, pneumáticos, cabos de fibra óptica etc.). (N. dos T.)

Em um nível microscópico, esse polímero é praticamente idêntico à teia de aranha. De fato, uma recente experiência demonstrou que um fio de Spectra com a espessura de três lápis era capaz de levantar seis carros ao mesmo tempo. Por conseguinte, um fio de Spectra da grossura de um fio de cabelo humano nos permitiria atravessar a cidade pendurados em prédios sem nenhum problema. Apesar disso, esse polímero ainda está muito longe de alcançar a resistência da teia de aranha, que suporta cerca de 20 mil quilos por centímetro quadrado (e é a fibra natural mais resistente que o homem conhece); ainda assim, as suas aplicações são inúmeras. Do mesmo modo que no caso da teia de aranha, o químico Thomas Scheibel, da Universidade de Munique, está interessado na estrutura molecular desse tipo de seda. A sua resistência inspirou Scheibel a tentar criar um papel com as mesmas características moleculares da teia de aranha (extremamente resistente e, ao mesmo tempo, elástico) e aplicá-las na fabricação do papel-moeda: "Seria um material perfeito, já que pode ser dobrado, mas não se rompe. Ou poderia ser usado, por exemplo, na indústria do automóvel, já que é um material que absorve os impactos e em seguida recupera a sua forma anterior; as carrocerias do futuro poderiam ter ele como base". Scheibel também deseja aproveitar o fato de ele ser mais duro do que o Kevlar para criar coletes à prova de balas muito mais leves, flexíveis e eficazes. Mas a pesquisa relacionada à teia de aranha não para por aqui. Por ser um produto biodegradável e resistente, poderíamos usá-lo para fazer suturas superfinas em cirurgias oculares. Talvez o negócio do futuro não seja investir em tecnologia, mas sim em cabras com genes de aranha.

# 13

## O COISA (BEN GRIMM)

## Uma questão de pele

A autobiografia deste personagem contém muitas coisas da vida do próprio Jack Kirby, que o criou junto com Stan Lee. Ambos cresceram no Lower East Side de Manhattan, e ambos perderam um irmão mais velho nas mãos de uma gangue local. Felizmente, para Kirby, aqui terminam as coincidências. O talento de Grimm para o futebol (americano, obviamente) possibilitou que ele conseguisse uma bolsa de estudos na universidade. Lá ele conheceu aquele que viria a ser o seu melhor amigo, Reed Richards (o homem elástico do Quarteto Fantástico) e também o seu pior inimigo: Victor Von Doom, o Doutor Destino. Embora, nos filmes recentes do Quarteto Fantástico, Grimm pareça ser um personagem um tanto bruto, cujo maior trunfo parece ser a força física, na realidade, ele se formou em várias especialidades de engenharia e foi treinado como piloto de provas pelos fuzileiros navais. Depois de passarem algum tempo sem se ver, Grimm e Richards voltam a se encontrar quando esse último regressa como cientista para cumprir uma promessa: a de que Grimm seja o seu piloto em um voo espacial. Os dois, junto com Sue Storm (futura esposa de Richards e de agora em diante a Mulher Invisível) e o irmão desta, Johnny Storm (a Tocha Humana) embarcam em uma viagem que mudará a vida deles (ou pelo menos o mundo das histórias em quadrinhos). Perto do cinturão Van Allen, a nave é bombardeada por raios cósmicos contra os quais eles não estão protegidos. Os raios alteram o DNA dos membros da tripulação dotando cada um de um poder único. Grimm, no entanto, fica com a pior parte: enquanto os seus três companheiros conservam a aparência humana, o corpo de Ben se transforma em uma massa de pedra que, embora lhe confira uma força descomunal (equiparável à do Hulk), também o transforma em um monstro aos olhos do resto do mundo.

## Uma doença real

Lamentavelmente, a aparência de Ben Grimm não é exclusiva do mundo das histórias em quadrinhos. Seu corpo, semelhante a um aglomerado de pedra, conserva certa relação com uma doença que existe na realidade e faz a pele apresentar uma textura parecida com a de uma pedra. Essa doença é conhecida como esclerodermia e é causada pela produção excessiva de colágeno. A pele das pessoas que têm essa doença fica visivelmente mais dura, e as articulações também se tornam mais rígidas (o que causa fortes dores) e, caso a doença se agrave, ela causa insuficiência cardíaca ou renal. Dois terços dos pacientes com esclerodermia apresentam dificuldades respiratórias. A enfermidade também pode passar para o sistema digestivo, dificultando a deglutição dos alimentos. A esclerodermia não é contagiosa, mas tampouco tem cura, porque a sua causa é desconhecida. Só se sabe que ela é mais comum entre as mulheres e que é detectada entre os 30 e os 50 anos de idade. Por ser uma doença autoimune, o tratamento mais eficaz é feito com imunodepressores. Basicamente, o que ocorre é que certas células do corpo morrem e são imediatamente substituídas por colágeno (a proteína mais abundante em nossa pele), criando um excesso dessa proteína que faz a pele (e, mais tarde, outros órgãos) ficar rígida. O primeiro caso inequívoco de esclerodermia foi descrito por um médico italiano, Carlo Curzio, em 1753. Curzio diagnosticou uma jovem de 17 anos cuja pele havia endurecido em áreas próximas ao rosto. O tratamento que ele recomendou foi o sangramento dos pés, banhos de leito morno, vapor e pequenas doses de mercúrio. Quase um ano depois, os sintomas tinham desaparecido.

## A mãe de todas as células

Atualmente, os cientistas estão pesquisando diversas possibilidades de cura. Por enquanto, a mais promissora é a que está relacionada com células-mãe que poderiam reverter a esclerodermia. Como funciona isso? As células-mãe são aquelas capazes de se transformar nas células que formam qualquer um dos nossos órgãos. Elas podem se renovar constantemente, de modo que um pequeno

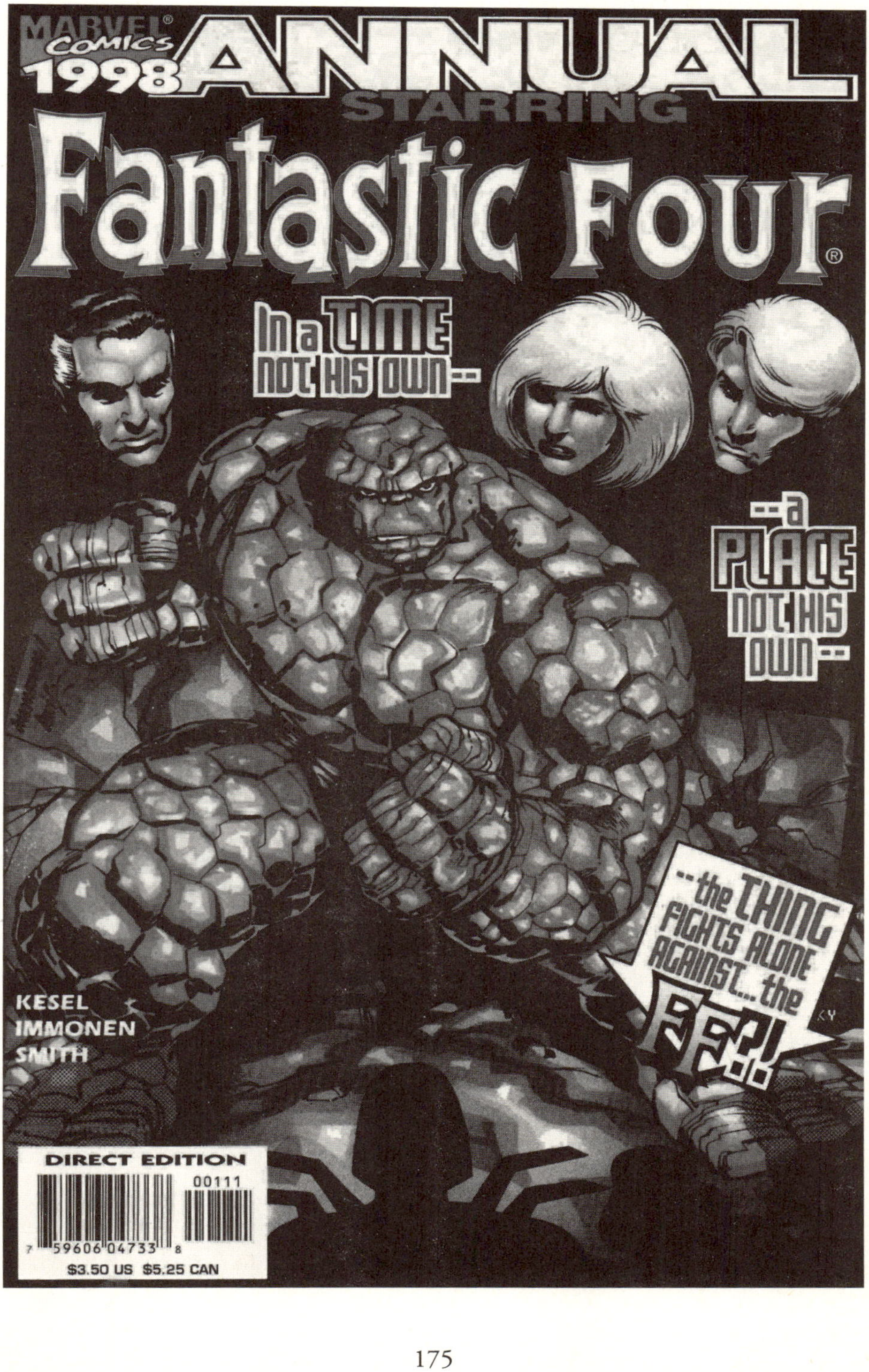
MARVEL COMICS
1998 ANNUAL
STARRING
Fantastic Four
In a TIME NOT HIS OWN--
--a PLACE NOT HIS OWN--
--the THING FIGHTS ALONE AGAINST...the FF?!
KESEL
IMMONEN
SMITH
DIRECT EDITION
00111
7 59606 04733 8
$3.50 US $5.25 CAN

número de células-mãe é suficiente para que em pouco tempo (alguns meses bastam) haja milhões delas com idênticas características. Nesse sentido, elas são como uma loja da Ikea[23]: nelas se encontram todas as informações necessárias para a construção dos móveis da nossa casa (os órgãos), e de tempos em tempos surge um novo. Essa habilidade única de criar qualquer tecido ou órgão as transforma em uma solução desejada – e procurada – pelas pessoas que sofrem de doenças degenerativas, como a de Parkinson e a de Alzheimer, ou de diabetes. No ano 2000, na Espanha, por exemplo, Bernat Soria, diretor do Instituto de Bioingeniería da Universidad Miguel Hernández, conseguiu gerar, a partir de células-mãe embrionárias de camundongos, as células encarregadas de segregar a insulina (células beta), um êxito notável no que diz respeito à cura da diabetes.

## Divisão celular

Qual é o problema então? As células-mãe podem ser divididas em três tipos distintos:

As totipotentes, que estão presentes no embrião. Uma célula-mãe totipotente não apenas pode formar qualquer órgão, mas também é capaz de gerar sozinha um organismo completo. Em seguida, temos as células-mãe pluripotentes, que podem se transformar em qualquer órgão, mas não têm a capacidade de gerar um organismo. Finalmente, temos as multipotentes, que embora sejam capazes de se diversificar em células de outro tipo, só podem fazê-lo dentro da sua própria "categoria". Com elas, podemos formar um novo tecido para um rim, mas somente se forem provenientes desse órgão. Logicamente, as mais procuradas são as totipotentes e as pluripotentes, graças à sua capacidade de gerar qualquer órgão, mas para obtê-las precisamos de um embrião viável; e é nesse ponto que a medicina e a ética terão de chegar, em algum momento, a um consenso.

---

23. Famosa empresa sueca que vende móveis e objetos de decoração a preços acessíveis, com filiais em muitas partes do mundo. (N. dos T.)

# 14

## DOUTOR MANHATTAN

## O homem de azul

Jonathan Osterman nasceu em 1929. Seu pai era relojoeiro, e este seria o destino de Jonathan, não fosse uma tragédia mundial: as bombas de Hiroshima e Nagasaki. A magnitude do ocorrido é tamanha que o seu pai se dá conta de que nada voltará a ser igual, nem mesmo o tempo será visto do mesmo modo, motivo pelo qual obriga o filho a estudar física nuclear e se especializar nos "campos intrínsecos" dos objetos. De acordo com a "ciência das histórias em quadrinhos", seriam esses campos que manteriam unidos os átomos do nosso corpo, por exemplo. Jonathan se forma e começa a trabalhar em um laboratório onde conhece a sua futura noiva: Janey Slater. O namoro dura muito pouco. Apenas um mês depois que se conheceram, Jonathan fica preso em uma câmara de experimentação de "campos intrínsecos", e seu corpo é desintegrado instantaneamente pela força do gerador de raios. O Doutor Osterman é declarado morto. A verdade, porém, não é essa, já que logo começam a acontecer coisas estranhas no laboratório: alguns garantem ver uma massa formada apenas por um sistema nervoso, outros afirmam que se trata de um corpo, dotado de um sistema circulatório; mais tarde, o corpo já apresenta ossos e músculos e, em pouco tempo, Jon aparece totalmente azul e com a capacidade de reconfigurar os átomos da sua anatomia e de tudo o que o cerca, inclusive o espaço e o tempo. E para deixar bem claro quem ele é, com seu dedo indicador ele marca na testa a representação gráfica do átomo de hidrogênio.

## Relativamente rápido

No filme *Watchmen*, que estreou em 2009, o Doutor Manhattan declara que é impossível para ele ver o futuro e o passado, em razão de uma força que bloqueia os táquions. Isso é possível? E, o mais importante, o que são táquions?

Temos de recorrer à física para obter as duas respostas. Os físicos teóricos, ao estudar a teoria especial da relatividade, sugeriram que certas consequências dessa teoria poderiam ser explicadas graças a algumas partículas que nunca se deslocam a velocidades inferiores à da luz. Desse modo, ficamos com a impressão de que essas partículas, os táquions, são capazes de viajar no tempo, graças à sua velocidade. O que acontece pode parecer anti-intuitivo, mas funciona da seguinte maneira. Sabemos que quanto mais uma partícula se aproxima da velocidade da luz, mais devagar o tempo passa para ela. Uma vez que ela atinge a velocidade da luz, o tempo para (embora pareça incrível, um fóton que tivesse se originado no *big bang* e sido lançado à velocidade da luz não teria envelhecido nem um segundo em quase 14 bilhões de anos). E se, por algum motivo misterioso e contrário ao que explicamos no caso do Flash (não é possível ultrapassar a velocidade da luz porque é preciso uma energia infinita para impulsionar uma massa infinita), a partícula conseguisse ultrapassar essa velocidade e se tornasse superluminal, ela começaria a retroceder no tempo, pois se à medida que nos aproximamos da velocidade da luz o tempo desacelera e quando a alcançamos ele para, a lógica indica que, quando ultrapassarmos essa velocidade, o tempo retrocederá. Uma bela teoria, porém impossível.

Se essas partículas existissem (até agora não foram encontradas) e se o Doutor Manhattan fosse capaz de conectar-se com elas de alguma maneira, seria possível que ele visse eventos de outras épocas. Complicando ainda mais as coisas, se o Doutor Manhattan de fato as encontrou, teríamos de perguntar por que não as descobriu antes, já que pode prever os eventos, ou por que não evitou o seu acidente.

## As quatro forças fantásticas

Vamos examinar agora os campos intrínsecos. Existem na natureza quatro interações ou forças: a gravidade e a força eletromagnética, e a força nuclear forte e fraca.

A mais forte delas, no nível atômico, é a força nuclear forte, que é cem vezes maior do que a eletromagnética e cem mil vezes maior do que a nuclear fraca. A mais fraca de todas é, obviamente, a gravidade, que é um milhão de bilhões

de bilhões de bilhões (1 seguido de 42 zeros) mais fraca do que a eletromagnética. É essa última força que mantém unidos os nossos átomos. Imaginemos agora a força necessária para que uma nave espacial vença a força da gravidade e a multiplique por um 10 seguido de 42 zeros... Essa seria a energia que um laboratório teria de criar para romper os campos intrínsecos. Seria necessário um acelerador de partículas um bilhão de vezes mais potente do que o do CERN[24] para conseguir isso, algo que obviamente está fora do nosso alcance. No entanto, se conseguíssemos fazê-lo, o Doutor Manhattan seria desintegrado em um nível subatômico e não poderia voltar a recuperar a sua forma.

Porém – por sorte, sempre há um porém –, a desintegração dos seus átomos poderia fazer com que, ao se reconstruir, ele perdesse os elétrons de alta velocidade responsáveis por lhe dariam uma aparência azul, em um fenômeno conhecido como radiação de Cerenkov. Basicamente, isso acontece quando uma partícula (e agora você vai querer me matar, mas espere que eu termine) se desloca a uma velocidade maior do que a da luz em um meio determinado (a velocidade da luz na água é menor do que no ar, por exemplo). O resultado disso se assemelha à explosão que ocorre quando a barreira do som é rompida.

24. Sigla de Centre Européen de Recherche Nucléaire. (N. dos T.)

# 15

# VISÃO

## O ser humano artificial

Este ser humano artificial é um caso claro de uma escalada de vinganças. Esse androide foi criado pelo também robô Ultron, cujo propósito era se vingar do seu criador, o conhecido Doutor Henry Pim (Homem Formiga ou Ant-Man), e da esposa desse último, Janet Van Dyne (o verdadeiro nome da Vespa, the Wasp), ambos membros da equipe de super-heróis Os Vingadores. Mas, no caso do pobre Ultron, o tiro sai pela culatra: a sua criação toma conhecimento, a partir dos padrões cerebrais da Mulher-Maravilha, dos planos do seu suposto pai e se une aos Vingadores contra ele. Foi a própria Janet que o batizou quando, em seu primeiro encontro, tentou escapar dele e o descreveu como uma visão. Embora seja um androide, seu corpo tem órgãos vitais, todos construídos com materiais sintéticos, e uma pedra preciosa na testa, com a qual ele capta a energia solar para fazê-los funcionar. A despeito do que possa parecer, a pedra não é tão interessante quanto os órgãos artificiais que a biotecnologia médica está fabricando. Vejamos alguns exemplos.

## Técnicas para criar um corpo humano

Jeff Borenstein é um especialista em micromáquinas do Draper Laboratory, na cidade de Cambridge, em Massachusetts, e é um dos pioneiros na tentativa de criar um órgão artificial em 3D que contenha todos os seus vasos sanguíneos. Isso é fundamental, já que, embora seja relativamente fácil criar tecidos ou sangue artificial, um fígado ou um rim necessitam de um sistema de irrigação que lhes forneça oxigênio para que o órgão não morra. A abordagem de Borenstein se baseia em um tipo de borracha transparente com a qual se constrói uma armação externa e biodegradável que encerra o órgão e uma rede interna de capilares. Quando uma solução de células, nutrientes e oxigênio é injetada, os capilares despertam para a vida formando um sistema de tecidos e vasos que um dia poderá se transformar em um coração. No momento, Borenstein conseguiu criar com essa técnica um cubo de oito centímetros (como um cubo Rubik, também chamado de cubo mágico).

De sua parte, a engenheira de tecidos Sangeeta Bhatia, do MIT, aborda o problema de uma maneira completamente diferente. Em vez de encher uma armação com células, Bhatia combina células do fígado com um polímero sensível à luz chamado polietileno glicol. Quando a luz é projetada sobre certas áreas, as células endurecem, e assim Bhatia consegue construir estruturas muito precisas. Uma vez obtido o modelo, o resto é eliminado com água. Até o momento, ele só produziu uma peça de vários milímetros de espessura, à qual adicionou oxigênio e nutrientes, conseguindo que sobrevivesse cerca de dez dias.

Quem também está inovando nessa área são Jens Kelm e Martin Fussenegger, do Instituto Suíço de Tecnologia. Eles demonstraram que as células podem construir o seu próprio sistema vascular quando criaram "bolas" que combinavam células cardíacas humanas e de outros animais e as recobriram com células do endotélio da veia umbilical. Quando as células cardíacas ficavam sem oxigênio, liberavam uma substância que alertava as células do endotélio, as quais auxiliavam formando uma rede de capilares.

## Há substitutos para tudo

Traqueias, cartilagens, dentes[25] e até mesmo um pênis foram desenvolvidos pela tecnologia atual. Esse último caso foi obra da mesma equipe, liderada por Anthony Atala, do Wake Forest Institute for Regenerative Medicine, que desenvolveu os primeiros rins artificiais implantados com êxito em pacientes.

---

25. Uma equipe japonesa da Universidade de Ciências de Tóquio conseguiu criar um dente de camundongo a partir de células que se encontravam em outro dente, que antes de se desenvolver por completo foi transplantado para um camundongo. Foi comprovado que o dente cresceu de modo normal, com ligações nervosas e sanguíneas adequadas.

Atala extraiu células musculares e de vasos sanguíneos do pênis de um coelho e cultivou-as em uma matriz de colágeno que imitava a forma do tecido sobre o qual iria ocorrer a regeneração: o corpo cavernoso. São colunas parecidas com esponjas que ficam cheias de sangue durante a ereção. Uma vez desenvolvido o tecido, Atala implantou-o no pênis do animal (o qual havia sido extraído anteriormente), e em apenas um mês o coelho retomou a sua atividade reprodutiva sem nenhuma mudança aparente, já que teve crias que nasceram normalmente.

## Com a cabeça nas nuvens

Contudo, deixei o melhor para o final. Mencionamos anteriormente que um dos maiores problemas com que se deparam os cientistas é como criar o sistema capilar de um órgão artificial. Pois ocorreu a Jason Spector, do New York Presbyterian Hospital, e Leon Bellan, da Cornell University, uma ideia "nebulosa": usar como molde a estrutura interna das nuvens (isso mesmo, a nuvem de

açúcar ou algodão-doce, que é vendida nas feiras e nos parques de diversões), muito semelhante a uma rede de capilares. Os cientistas colocaram uma nuvem sobre uma superfície não aderente e derramaram sobre ela um polímero resinoso que endureceu no dia seguinte. Depois, dissolveram o açúcar com água e álcool, deixando à vista um cubo com uma estrutura cúbica e uma rede interna de pequenos canais. Um escâner de elétrons permitiu que os cientistas comprovassem que os canais tinham as mesmas dimensões dos vasos capilares, e para demonstrar que o sangue poderia passar facilmente através deles, injetaram em toda a rede sangue de camundongo com uma proteína fluorescente. Da próxima vez que você sair de férias, certamente vai olhar para as nuvens de outra maneira.

# 16

## ABOMINÁVEL

### Animação suspensa

Se quando Bruce Banner sucumbe a um ataque de ira ele se transforma no Hulk, quando Hulk se entrega à raiva, poderíamos dizer que ele se transforma... nisto. Emil Blonsky é um espião e agente da KGB, originário da antiga Iugoslávia, que pretende roubar as pesquisas de Banner, mas a missão não sai como o planejado, e Blonsky recebe uma dose tão elevada de raios gama que é condenado a viver como um monstruoso ser verde incapaz de recuperar a forma humana. Sua força é comparável à do Hulk, porém, de algum modo, Blonsky nunca consegue vencê-lo. Por isso o odeia com todas as forças. Para Blonsky, que a partir de agora vamos chamar de Abominável, Hulk é o culpado por ele não poder recuperar a sua antiga vida e pelo fato de a sua mulher considerá-lo morto. Por isso, quando Banner vai se casar com Betty Ross, Abominável invoca a lei da vingança – olho por olho, dente por dente – e a envenena com o seu próprio sangue, fazendo as pessoas acreditarem que ela morreu em consequência de seu prolongado contato com Banner. Apesar da morte de Ross, o estratagema não sai como Abominável havia planejado e Banner o perdoa, demonstrando, uma vez mais, quem é o mais forte. Finalmente, Abominável vai para a Rússia com o propósito de viver afastado de todos, mas não consegue fazer isso: ele é assassinado pelo Hulk Vermelho (sim, havia um Hulk Vermelho). Mais tarde, o seu código genético é reinserido em um personagem chamado Rick Jones,[26] que derrota o Hulk Vermelho utilizando o nome de A-Bomb (Bomba Abominável).

## Você me deixa gelado

Além de enorme força e resistência, quando a temperatura cai abaixo dos -115 °C ou quando há pouco oxigênio no ambiente, Abominável entra em um estado de animação suspensa até que as condições voltem a ser favoráveis. Esse personagem foi criado por Stan Lee em 1967, muito antes de o autor saber que a ciência pesquisaria (está pesquisando atualmente) quatro formas de animação suspensa, e duas delas são as que Lee menciona: a redução do oxigênio e o frio. Essa técnica se refere ao estado no qual não se observa nenhum processo vital: não há nenhum registro de pulsação, não há respiração e o cérebro não exibe nenhum tipo de atividade.

Em outubro de 2007, um aventureiro chamado Mitsuaka Uchikoshi foi encontrado nas montanhas Rokko do Japão, presumivelmente morto. Não tinha pulso, não respirava e a sua temperatura corporal era de 21,6 °C.[27] De acordo com o que foi noticiado, ele passou 24 dias nesse estado até que foi encontrado e levado para o Hospital Geral da Cidade de Kobe, onde logo se recuperou sem nenhuma consequência neurológica. Ocorreram casos semelhantes na Noruega e na Alemanha, mas foi Uchikoshi que passou mais tempo nesse estado.

Embora a capacidade de manter as funções vitais a níveis mínimos seja algo que muitos animais usem para enfrentar condições adversas, acreditava-se que o homem não era capaz de fazê-lo. Mas parece que é.

## Vencendo a morte

O doutor Hasan Alam, cirurgião do Massachusetts General Hospital, afiliado à Harvard Medical School, solicitou recentemente permissão para iniciar testes de animação suspensa em seres humanos. Alam realizou duzentas experiências com porcos. Primeiro, ele os anestesiava para que não sentissem dor. Em seguida, cortava o abdômen deles, deixava que perdessem mais de 50% de sangue e, com um

---

26. Antigo companheiro de aventuras de Hulk. Quando Jones se transforma em A-Bomb, Hulk passa a ser cinza, sem nenhum motivo aparente ou lógico.

27. Acredita-se que com uma temperatura corporal de 21 °C o ser humano morra de hipotermia.

bisturi, secionava a aorta e infligia ferimentos a órgãos para simular um acidente de carro ou causado por arma de fogo. A taxa de sobrevivência de um ser humano com esses tipos de ferimento estaria próxima de zero. No entanto, os membros da equipe de Alam faziam a temperatura do porco descer a 10 °C, enquanto injetavam nele uma combinação de antioxidantes e eletrólitos imitando o fluido intracelular. Durante várias horas, a equipe curava as feridas do porco... enquanto o animal não exibia nenhum sinal de vida. Uma vez que o corpo estava curado, eles aumentavam lentamente a temperatura corporal e o animal voltava à vida sem nenhum dano cerebral. Dos duzentos testes realizados, 180 obtiveram êxito.

## Com falta de ar

Mark Roth, biólogo molecular do Fred Hutchinson Cancer Research Center, persegue um objetivo semelhante, baseando-se, porém, na redução de oxigênio. Roth descobriu que existe um limiar de oxigênio que é muito baixo para sustentar a vida; entretanto, se descermos abaixo dele, o organismo entrará em um estado de animação suspensa. Ele fez a descoberta reduzindo a concentração de oxigênio que lagartas respiravam. Com uma concentração de 0,1% de oxigênio, as lagartas ficavam sufocadas e começavam a morrer. No entanto, se a a concentração caísse para 0,01%, desencadeava-se uma espécie de hibernação na qual elas conseguiam permanecer por até três dias. Roth explica que esse paradoxo se deve ao processo pelo qual as células produzem energia: elas precisam de oxigênio para fabricar as moléculas de ATP.[28] Quando o oxigênio cai abaixo do nível ótimo, a produção de energia fica desordenada e radicais livres, que são moléculas bastante destrutivas, começam a ser liberados. Mas se os níveis de oxigênio são praticamente inexistentes, os processos são interrompidos quase por completo e o animal simplesmente "descansa". Posteriormente, ele fez experiências com camundongos, os quais, por meio desse sistema, ele conseguiu deixar "mortos" durante várias horas para depois lhes devolver a vida. Nenhum deles morreu e nem as suas funções mentais sofreram consequências. O que esse cientista faz, basicamente, é desencadear uma reação de hibernação que está presente em todos os mamíferos. Roth também enviou uma solicitação para iniciar testes em seres humanos.

## A solução genética

O seguinte grupo procura descobrir o segredo escondido pelos esquilos. Hannah Carey é doutora em medicina da University of Wisconsin. No seu laboratório, os esquilos hibernam a uma temperatura de 4 °C. O ritmo metabólico desses animais desce até chegar a cerca de 3%: as pulsações, normalmente entre 200 e 300 por minuto, se reduzem a 4, e o número de respirações, cerca de 150 por minuto, baixa para apenas 5. Carey demonstrou que essa capacidade é própria dos esquilos quando realizou um estudo comparativo entre seis ratos (que não hibernam) e cinco esquilos. Os onze animais foram anestesiados e sofreram

---

28. ATP: trifosfato de adenosina, o principal combustível da vida.

cortes que causaram uma perda de 60% do seu sangue. Em menos de uma hora, os ratos estavam mortos. Os esquilos, contudo, reduziram seu ritmo e sobreviveram entre quatro e dez horas. Matthew Andrews, geneticista da University of Minnesota Duluth, investiga quais os genes que estariam envolvidos nessa capacidade. Até agora, ele encontrou 48 genes que se expressam de uma maneira diferente no coração dos esquilos com relação aos outros mamíferos: 37 deles se ativam quando o animal está desperto e os restantes, quando ele hiberna. A sua esperança é encontrar uma solução baseada nas proteínas que protegem o coração dos esquilos. A única dúvida que ele ainda tem diz respeito à hipótese de elas poderem funcionar (ou não) nos seres humanos, já que estamos geneticamente muito distantes dos animais que hibernam... Ou não estamos? Parece que nem tanto, porque, em 2004, uma equipe de cientistas liderada por Kathrin Dausmann, da Universidade Philips, na Alemanha, descobriu o primeiro primata que hiberna: é um lêmure (*Cheirgaleus medius*) – e se ele tem os genes que permitem a hibernação, talvez nós também os tenhamos.

# 17

## O HOMEM MOLECULAR

### O mínimo esforço

O mais insignificante dos vilões. Ou pelo menos era até ganhar superpoderes. Owen Reece é um técnico de laboratório fraco e tímido que está de mal com o mundo por este ser, aos seus olhos, um lugar hostil e violento. Seu trabalho se desenvolve em uma usina nuclear da Acme Atomics Corporation. Certo dia, por descuido, ele acidentalmente ativa um gerador de partículas que o bombardeia com uma forma desconhecida de radiação (você já leu isso antes, mas existem muitas formas desconhecidas de radiação, tantas quantas forem necessárias para criar novos e magníficos super-heróis). A radiação tem um efeito mutagênico em Reece e lhe confere o poder de controlar a matéria, inclusive no nível molecular, daí o seu nome. O acidente libera forças tão imensas que abre um buraco de minhoca, também conhecido como Ponte de Einstein-Rosen, entre a Terra e uma dimensão desconhecida habitada pelo imensamente poderoso Beyonder, que se encarregará de vigiar e alertar o Quarteto Fantástico do perigo representado por esse novo vilão.

O dispositivo que causou a mutação de Owen Reece poderia ser o que hoje chamamos de acelerador de partículas, amplamente conhecido graças a três letras: LHC – Large Hadron Collider (Grande Colisor de Hádrons). Basicamente, é uma máquina que acelera partículas carregadas e as atira contra um alvo determinado. Embora não acredite, você já teve (ou ainda tem) um acelerador de partículas na sua casa. Trata-se do tubo de raios catódicos dos antigos aparelhos de televisão. Você se lembra de que a parte de trás deles esquentava muito? Isso acontecia porque a corrente elétrica aquecia uma peça de metal até que esta atingisse uma temperatura elevada, e o calor fazia os elétrons do metal se agitarem de tal maneira que escapavam dele. Os pobres elétrons acreditavam estar livres, mas acabavam indo parar em um cilindro que tinha um eletrodo em

uma das extremidades (como se fosse um ímã), que os repelia, já que a sua carga era oposta, e a outra extremidade do cilindro continha um eletrodo de carga oposta, que o atraía. As duas forças conseguiam fazer o eletrodo se acelerar e se chocar contra a tela, causando uma centelha de luz semelhante a um *flash*, só que menos intensa e muito mais constante, já que não era apenas um único elétron que se lançava contra a tela, mas sim uma profusão deles. Os elétrons dos aparelhos de televisão podem se acelerar até um quarto da velocidade da luz e produzem uma energia entre 15 mil e 20 mil elétrons-volt (o elétron-volt é uma unidade de energia igual à variação de energia sofrida por um elétron quando passa de um ponto a outro, entre os quais há uma diferença de potencial de um volt).

## Viagem ao início do *big bang*

No entanto, essa energia é muito baixa para que os físicos possam estudar fenômenos subatômicos, de modo que precisam produzir mais. Muito mais. Uma opção é usar mais de dois eletrodos; cada vez que as partículas os atravessam, a polaridade muda, e enquanto são atraídos por um dos lados do eletrodo, são repelidos pelo outro e se aproximam mais do seguinte. E fazem isso cada vez mais rápido, o que é justamente o problema, pois eles percorrem distâncias enormes e a velocidades tão altas que as mudanças de polaridade dos eletrodos ocorrem em um ritmo muito intenso, provocando aumento de temperatura. O acelerador mais potente desse tipo é o da Stanford University, que mede 3,2 quilômetros e é capaz de produzir nos elétrons uma energia de 50 bilhões de elétrons-volt. Isso equivale a dois milhões e meio de vezes mais energia do que tinha seu antigo televisor. Mas o problema com esse tipo de acelerador linear é que o seu comprimento pode ter um limite. O ideal seria um acelerador no qual as partículas percorressem repetidamente o circuito.

Para isso foram construídos os aceleradores circulares ou cíclotrons. Eles contam com a mesma tecnologia dos lineares, porém com um dispositivo adicional: são capazes de gerar um campo magnético que "dirige" a partícula nas ocasiões em que, em virtude de sua velocidade nas curvas, ela poderia sair do acelerador. Em certo sentido, é o que acontece quando um carro faz uma curva rápido demais e é lançado para fora. Para evitar isso, coloca-se uma espécie de ímã que repele o veículo e evita que ele saia da estrada. É claro que não estamos falando de um ímã comum, mas sim de um eletroímã supercondutor. Como vimos no capítulo sobre o Super-Homem, os supercondutores devem operar a temperaturas baixíssimas para ser eficazes, mas para fazer funcionar o eletroímã é necessária uma corrente elétrica muito grande que gere calor. Para dissipar esse calor e garantir que os supercondutores funcionem adequadamente, utilizamos hélio líquido. Mas a quantidade de calor com a qual temos de lidar é enorme, já que esses aceleradores produzem cerca de um bilhão de elétron-volts ao acelerar as partículas a velocidades muito próximas às da luz (e quando dizemos "muito", estamos querendo dizer que só faltam cerca de 320 quilômetros por hora para alcançar esse limite).

Graças a essa tecnologia, os físicos podem recriar condições de energia que, no Universo, só existiram no momento do *big bang*. De fato, conseguiu-se recentemente criar átomos de antimatéria. Para entender a importância disso, conversei com Jeffrey Hangst, doutor em física e líder do grupo que inventou o processo. Mas antes de continuar...

## O que é antimatéria?

Se você conseguisse resistir a uma temperatura de cerca de 4 trilhões de graus centígrados, teria visto que, um segundo depois do *big bang*, o Universo se dividiu em proporções praticamente iguais de matéria e antimatéria. No entanto, como as quantidades eram quase idênticas, mas não perfeitamente equilibradas, a matéria (composta por átomos que, por sua vez, são formados por elétrons, prótons e nêutrons, com carga elétrica negativa, positiva e neutra, respectivamente), ao se encontrar com a antimatéria (que é igual à anterior, formada por pósitrons, antielétrons e antinêutrons,[29] só que a carga das partículas é inversa), teria destruído essa última. E foi assim que a antimatéria desapareceu do Universo (não dele todo, porque alguns resíduos ainda são encontrados no espaço exterior). Agora, volte para o presente (se você conseguiu um traje que resista a 4 trilhões de graus centígrados, você pode viajar no tempo). Até agora, partículas subatômicas já foram criadas, mas a equipe de Hangst conseguiu algo que tem uma estrutura e é estável: um átomo de anti-hidrogênio, um elemento que entendemos muito bem (o hidrogênio) e que agora podemos analisar detalhadamente.

---

29. A pergunta óbvia é: como é possível ter uma carga inversa se a partícula for neutra – como no caso do nêutron? Porque, neste, a inversão se dá nos componentes menores dessa partícula: os *quarks*.

## A antirreceita de tudo

A antimatéria não existe, temos de fabricá-la e precisamos do LHC para criá-la – começa Hangst. A pergunta é: por que não existe, por que o Universo mostra a matéria e não a antimatéria? Este é um dos mistérios fundamentais que ainda não foram solucionados. E por essa razão o CERN foi criado: precisamos da antimatéria. A outra razão é que os pósitrons não são tão exóticos quanto os antiprótons, e esse é o único lugar do mundo onde podemos consegui-los.[30] O CERN, prossegue Hangst, tem uma armadilha, única no mundo, que captura os antiprótons e os desacelera... Bem... a desaceleração é relativa: ela os deixa movendo-se a cerca de 30 mil quilômetros por segundo, o suficiente para que eles deem cinquenta voltas ao redor da Terra em um minuto. Uma vez que temos pósitrons e antiprótons,[31] explica Hangst, criamos antimatéria a partir de antipróton e pósitron e os colocamos em uma bolha eletromagnética: já que eles têm carga, podemos capturá-los. Às vezes, os pósitrons e os antiprótons se combinam nessa bolha e formam o anti-hidrogênio. Para mantê-los lá, usamos dois ímãs poderosos que impedem que toquem qualquer tipo de matéria. Quando a notícia foi divulgada, a imprensa garantiu que os cientistas tinham conseguido preservar um átomo de anti-hidrogênio durante um décimo de segundo. Embora pareça muito pouco, esse tempo é suficiente para que se estude a antimatéria, já que os cientistas analisam mais os resíduos – os vestígios da antimatéria – do que a sua presença propriamente dita. No entanto, a notícia sobre o intervalo de tempo não é tão verdadeira: "O décimo de segundo não tem nada de mágico", esclarece Hangst. Só mostramos que era possível preservar um átomo de anti-hidrogênio. Fomos nós que decidimos que ele iria durar esse tempo. Na realidade, podemos conservá-lo por muito mais tempo, embora ainda não tenhamos publicado essa informação. Optamos por libertá-lo, e a única

30· Os antiprótons são criados chocando-se prótons a alta velocidade (muito próxima da velocidade da luz) contra um alvo, uma peça de metal, com 100 metros de circunferência. O "sinal" que mostra que antiprótons andam por ali são os raios gama, resultantes do choque entre matéria e antimatéria.

31. "A cada dois minutos" – garante Hangst – "recebemos cerca de 30 milhões de antiprótons. Eles nos são enviados por meio de tubos a vácuo." Seria mais ou menos como o sistema de enviar mensagens ou dinheiro nos supermercados, os tubos que sugam um cilindro de plástico com o seu conteúdo. Só que, nesse caso, há partículas de antimatéria e os tubos são muito mais complexos.

forma de saber se ele estava ali era eliminando-o. No total, a equipe do CERN conseguiu criar 38 átomos de anti-hidrogênio.

Mas por que a antimatéria é importante? Os cientistas estão tentando entender bem as diferenças entre a matéria e a antimatéria, "talvez algo esteja nos escapando. Essas diferenças poderiam ser fundamentais, já que estariam relacionadas com enormes fontes de energia que estiveram presentes no início do Universo", conclui Hangst. A antimatéria tem o poder de se converter em um combustível de altíssimo rendimento e em uma fonte de energia até agora desconhecida. Um grama de antimatéria, ao entrar em contato com um grama de matéria, pode liberar uma energia equivalente à da bomba de Hiroshima. Por esse motivo, ela é tão importante.

# 18

## O HOMEM ABSORVENTE

### O que ainda não existe

Este é um dos casos mais estranhos e inexplicáveis de superpoderes de um vilão: o ex-boxeador e presidiário Carl Creel bebe uma poção mágica preparada pelo deus Loki, irmão adotivo e arqui-inimigo de Thor (se você tiver alguma explicação lógica para o motivo pelo qual um deus mitológico ofereceria uma taça a um presidiário, por favor, me diga qual é), e Creel imediatamente descobre que recebeu o poder de absorver as propriedades de tudo o que toca... O estranho é que ninguém mais se deu conta do ocorrido; ele simplesmente abandonou o copo com a "superpoção" e se transformou em vidro. Creel logo foge da prisão e enfrenta Thor em uma das batalhas mais duras para o super-herói nórdico, que finalmente vence Creel, desafiando-o a se transformar em hélio e, em seguida, diluindo-o na atmosfera com um golpe de seu martelo. O Homem Absorvente voltará ao futuro e adquirirá as propriedades de substâncias cada vez mais surpreendentes: bronze, diamante, o raio cósmico de Odin (pai de Thor), o martelo de Thor e cocaína (sem comentários). Ele também é capaz de combinar as propriedades de substâncias previamente absorvidas para criar novos elementos, algo que, por incrível que pareça, é possível. E já foi feito.

## Você é um elemento

O que faz um elemento, por exemplo, o oxigênio, ser oxigênio, e não ferro, não é aquilo de que são feitos, já que ambos têm um átomo formado por prótons, nêutrons e elétrons, mas sim quantos desses "tijolos" eles possuem. O oxigênio, por exemplo, tem 8 prótons, e o ferro, 26. Isso explica a diferença. Na natureza, uma vez que chegamos a 92 prótons, o urânio, os elementos acabam. É por isso que aqueles que se encontram depois dele são chamados de elementos transurânicos. Os cientistas utilizam cíclotrons (consulte o capítulo sobre o Homem Molecular) para romper a força nuclear que mantém unidos e inseparáveis os componentes de um átomo (consulte o capítulo sobre o Doutor Manhattan) e adicionar novos prótons. Foi assim que criaram o berquélio, que conta com 97 prótons. Recentemente, físicos do Lawrence Livermore National Laboratory, em parceria com o Instituto de Pesquisas Nucleares da Rússia, criaram um átomo (bem, na realidade, foram três) que tem 118 prótons. Para isso, bombardearam o califórnio (um elemento também criado pelo homem e que possui 98 prótons) com "balas" de cálcio. Para romper a estrutura do califórnio (e adicionar a ele 20 prótons) foi necessário bombardeá-lo cerca de 10 trilhões de vezes (se quiséssemos disparar uma vez por segundo, seria necessário que todos os habitantes do planeta se dedicassem a isso durante oitenta anos seguidos). Lamentavelmente, esses elementos logo se deterioraram (consulte o capítulo sobre o Homem Radioativo), e os cientistas só conseguiram observar esse elemento durante milésimos de segundo. Os físicos teóricos especulam que existe

uma "ilha de estabilidade" que poderá ser alcançada a partir de 120 ou 126 prótons. Os elementos com essa configuração serão cada vez mais pesados (o peso, nesse caso, refere-se à quantidade de prótons) e, por conseguinte, muito mais estáveis – o que possibilitará que as suas propriedades químicas sejam profundamente analisadas. Dawn Shaughnessy, químico envolvido na criação do novo elemento (que ainda não tem nome), garante que "esse trabalho poderá gerar uma quantidade enorme de novos materiais cujas propriedades científicas e práticas ainda são inimagináveis para nós. A pergunta que os químicos fazem a si mesmos é formulada por Kenton Moody, doutor em química que também está envolvido na obtenção desse elemento: 'A tabela periódica tem um fim? E se tem, onde ele está?'".

# 19

## DOUTOR OCTOPUS

### O primeiro *cyborg*

Este era um dos vilões preferidos de Stan Lee (o seu criador). O pai de Otto Octavius – o seu verdadeiro nome – era violento e alcoólatra, características que fizeram Otto se tornar um rapaz tímido e voltado para os estudos. Esse comportamento logo deu frutos: o jovem recebeu uma bolsa de estudos e se tornou um renomado físico nuclear, inventor e especialista em pesquisas atômicas. Seu projeto mais aclamado envolveu a criação de tentáculos hidráulicos controlados pela força do pensamento. Esses tentáculos eram resistentes à radiação, capazes de executar com extrema precisão tarefas que exigiam uma grande força. Em um dos testes de manipulação com isótopos radioativos usando o dispositivo, um vazamento de radiação causou uma explosão, fundindo os tentáculos ao corpo de Otto Octavius e desencadeando mais uma consequência: o cérebro do cientista alterou aos poucos as suas conexões para poder dominar as quatro novas extremidades. Essa modificação danificou de tal maneira o cérebro de Otto Octavius que o conduziu a uma vida de crime e violência. Originalmente, Otto era um cientista frágil que estava em péssima forma física, mas os tentáculos que o converteram no Doutor Octopus o transformaram em um rival tão poderoso para o Homem-Aranha que, no primeiro combate entre os dois, o Homem-Aranha ficou de tal maneira machucado que esteve a ponto de desistir da carreira de super-herói: somente o Tocha Humana (Johnny Storm, do Quarteto Fantástico) conseguiu convencê-lo a regressar à luta.

## Otto Octavius, o polvo humano

Seus poderosos braços mecânicos e a alteração no seu cérebro fazem de Otto Octavius inegavelmente um *cyborg*.

A palavra *cyborg*, de origem inglesa, é a união de *cybernetic* e *organism*; organismo cibernético, uma expressão criada por cientistas da Nasa na década

de 1960 enquanto pesquisavam como poderiam manter vivas as pessoas no espaço. Uma vez que o traje dos astronautas era problemático e estava sujeito a possíveis falhas, os engenheiros projetistas da agência espacial acharam que talvez fosse uma boa ideia alterar o corpo dos astronautas. Apesar do que possa parecer, eles não eram sonhadores irracionais. Desde 1930 existem máquinas que simulam a atividade do coração e dos pulmões, e os rins artificiais e os marca-passos já eram realidades com as quais era possível trabalhar. Nas décadas seguintes, os engenheiros projetistas desenvolveram substitutos para articulações, válvulas cardíacas e veias, pele sintética, sangue artificial e até mesmo músculos de polímeros e de metal. O sistema nervoso também não ficou fora dessa "invasão tecnológica": existem pequenos eletrodos que controlam o tremor de pacientes que sofrem do mal de Parkinson ou os ataques que acometem os epilépticos. Existem cabos que estimulam os nervos ópticos ou auditivos e atuam quando ocorrem danos em algum desses sentidos. Nos últimos anos, cientistas do MIT, da Duke University e da Brown University implantaram eletrodos no cérebro de macacos que possibilitaram que eles movessem o cursor em um monitor de computador, jogassem videogames e até mesmo movessem próteses usando apenas o pensamento.

## Compre um chip e aprenda um idioma

Entretanto, é claro que existe quem tenha ido mais além. Seu nome é Kevin Warwick, diretor do Laboratório de Robótica da University of Reading e autor do livro *I, Cyborg*. Warwick implantou cerca de cem eletrodos de silício na mão, mais precisamente no nervo mediano. Vinte e dois cabos se estendem dos eletrodos quase até o ombro, por baixo da pele, para conectar-se, já fora do corpo, a um conjunto de amplificadores e filtros que convertem em sinais digitais os impulsos eletroquímicos que chegam ao nervo mediano. Todo esse sistema está ligado a um computador que lhe envia sinais diferentes cada vez que a sua mulher (que fez o implante de "apenas" três cabos) movimenta um dedo, fecha o punho ou faz um sinal com a mão. Para Warwick, esse é o primeiro passo em direção ao momento em que teremos chips implantados no cérebro e poderemos compartilhar os nossos pensamentos da mesma maneira automática e intuitiva como agora usamos o telefone; o controle remoto se tornará obsoleto e o aprendizado de um novo idioma será apenas uma questão de encontrar o chip adequado.

## Movendo-se no ritmo de um algoritmo

Isso pode parecer ficção científica, porém novas descobertas no campo da neurologia respaldam as inovações de Warwick. Até pouco tempo atrás, achávamos que para mover um braço teríamos de encontrar a zona do cérebro que controlava esse movimento, e somente então poderíamos começar a movê-lo. No entanto, Andrew Schwartz, neurocientista da University of Pittsburgh, assegura que, "cada vez que executamos um movimento, todos os neurônios modificam a sua atividade de um modo específico".

Ao estudar a atividade de cem neurônios, puderam criar um algoritmo que era capaz de identificar os padrões dos sinais relacionados com cada movimento. "Foi nesse momento, quando nos demos conta de que era possível criar próteses neurais", acrescenta Schwartz, "que nos ocorreu que talvez em dois anos já pudéssemos implantar microeletrodos biocompatíveis com o cérebro humano."

Já existem três empresas que, com finalidade médica, implantam eletrodos em pacientes ou se encontram em vias de fazê-lo: Cyberkinetics, Bionic Technologies e Neural Signals. Pode ser que estejamos mais perto do que pensamos de conviver com *cyborgs*. Afinal de contas, quem teria dito, vinte anos atrás, que uma tecnologia como a internet estaria de tal maneira incorporada à nossa sociedade que seria até mesmo possível realizar cirurgias por intermédio da rede? O doutor Amerin Aprikian controlou, por meio de um vídeo, os braços do robô Da Vinci para extirpar a próstata de um paciente, o qual também foi anestesiado por um robô, MacSleepy, igualmente controlado a distância.

# 20

## O HOMEM RADIOATIVO

### Uma ideia brilhante

Inimigos alemães, russos, extraterrestres... No mundo Marvel também não poderia faltar um adversário chinês, posição que é ocupada pelo físico nuclear Chen Lu. A República Popular da China ordena a Chen que descubra uma maneira de derrotar Thor, o deus do trovão, já que este havia impedido que a China invadisse a Índia. Para isso, o cientista se submete a doses cada vez mais elevadas de radioatividade, até se tornar capaz de suportar quase um bombardeio, transformando-se então no homem radioativo. Depois de atingir esse ponto, Chen enfrenta Thor, o qual, por meio do seu martelo, cria um turbilhão que envia o oponente de volta para a China. Dentre as habilidades de Chen está a de manipular a radiação em todo o espectro, e ele pode infligir aos seus inimigos todas as consequências dessa habilidade: náuseas, vômito e envenenamento por radiação. A cor da sua pele mudou para um verde iridescente, e perto dos humanos ele precisa usar um traje antirradioativo, o que o obriga a levar uma vida solitária.

### Alguns números atômicos

As pequenas radiações produzem mutações em nosso DNA (consulte o capítulo sobre o Senhor Sinistro), mas, no nível ao qual Chen Lu chegou, elas causam irremediavelmente a morte. Por quê? Simplesmente porque na sua base encontra-se uma das energias mais poderosas de todo o Universo. Vamos falar da radiação.

Foi o físico francês Antoine Henri Becquerel quem descobriu a radiação, juntamente com Pierre e Marie Curie. Graças a essa descoberta, eles receberam o Prêmio Nobel de 1903. Becquerel estava trabalhando com minério de urânio quando se deu conta de que este emitia uma radiação que, embora não fosse visível, era capaz de velar um filme fotográfico. Quando falamos do Homem Absorvente, vimos que o que faz um elemento ser um e não outro é a quantidade de prótons que formam os seus átomos. Esse é o número atômico. O número de massa, por outro lado, é a soma de prótons e nêutrons do átomo. A massa atômica desse último corresponde a quantas vezes o átomo em questão é mais pesado do que o padrão, a unidade de massa atômica (1/12 da massa do isótopo 12 do elemento carbono). Às vezes, um elemento pode ter o mesmo número atômico, por exemplo, o urânio, 92, porém uma massa atômica diferente (isso quer dizer que ele tem mais nêutrons). Esses elementos são conhecidos como isótopos.

## Em busca da estabilidade atômica

A combinação da massa atômica e do número atômico deve ser muito precisa para que o elemento seja estável; se isso não acontece, tem lugar uma reação que tende a buscar o equilíbrio. E essa reação é a radiação. Em certas ocasiões, o núcleo de um átomo, no caso de um elemento muito pesado, se divide em dois núcleos com um número de massa próximo a 60 (a soma de prótons e nêutrons resulta nesse número), processo que libera uma grande energia. Ao se dividir um grama de urânio 235 (que tem 92 prótons e por isso é urânio, mas em vez de ter também 92 nêutrons, ele possui 143, por isso a sua massa atômica é 235), ocorre a liberação de 2 milhões de vezes a energia de um grama de petróleo. Esse processo de divisão é conhecido como fissão nuclear.

No interior do Sol, a temperatura é altíssima, o que é bastante óbvio, e por isso os átomos, que não param de se mover com uma enorme energia, às vezes se chocam uns com os outros e se unem. Essa união, obviamente, é a fusão nuclear, e libera de três a quatro vezes mais energia do que a fissão, com a vantagem de o novo elemento não ser radioativo. O problema é que para obter esse caudal de energia é imprescindível criar altíssimas temperaturas. Por esse motivo, a ciência busca tão intensamente uma tecnologia que possibilite a fusão a frio.

## Buscando pistas atômicas

A desintegração dos isótopos é inevitável, já que todos buscam o equilíbrio. No entanto, cada um tem um ritmo próprio para alcançá-lo. O valor médio da vida dos átomos de um isótopo é a sua meia-vida. O carbono 14 (um isótopo do

carbono que tem seis prótons e oito nêutrons) possui uma meia-vida de cerca de 5.700 anos. A natureza produz constantemente esse isótopo na atmosfera e todos os seres vivos o incorporam ao seu corpo. Quando um organismo morre, deixa de incorporá-lo, e a sua concentração vai se reduzindo de acordo com a meia-vida. Isso quer dizer que, depois de 5.700 anos, a quantidade terá se reduzido à metade, 57 séculos depois restará a metade da metade, e assim sucessivamente. Graças a isso, é possível datar qualquer resíduo orgânico.

No entanto, a radiação também tem outras finalidades. Ela é usada na restauração de obras de arte para matar fungos e bactérias prejudiciais ao material original. Com ela são alimentadas as baterias dos satélites, são feitas pinturas fluorescentes e é realizada a esterilização de instrumentos cirúrgicos. Além disso, obviamente, ela é a fonte dos raios X. Se Chen estivesse vivo, poderia ficar orgulhoso.

# 21

## RINO

### O vilão dos seus sonhos

Seu verdadeiro nome é Aleksei Sytsevich, cidadão de algum país do Leste Europeu que se oferece como voluntário para uma experiência extrema (qual não é, neste universo?) em que sua pele será unida a um polímero ultrarresistente que também aumentará sua força e velocidade. Em sua primeira missão, Rino, que tem esse nome por causa de sua epiderme blindada e de sua força bruta, deve sequestrar um militar de alta patente dos Estados Unidos com o objetivo de roubar segredos da indústria de armamentos. No entanto, Rino faz pouco caso do seu objetivo e se dedica a uma vida de crimes. Ou pelo menos é o que pretendia fazer até ser capturado pelo Homem-Aranha, que o manda de volta para o seu país de origem. Ao chegar lá, apesar de sua traição, Rino recebe um traje com um poder maior e o obrigam a sequestrar Bruce Banner (Hulk), por causa de seus conhecimentos sobre raios gama. Hulk, no entanto, o derrota – bem, um pouco mais do que isso: ele o mata. Obviamente, as coisas não terminam por aqui. Na realidade, praticamente começam, porque é nesse momento que aparece um novo vilão, conhecido como O Líder, que ressuscita Rino e lhe dá (como se fosse possível) um novo traje que lhe confere ainda mais poderes. O interessante é que Rino começa a aparecer nos sonhos de Hulk, enfrenta o Homem-Aranha, o Quarteto Fantástico, até que um dia decide se entregar à polícia e abandonar a vida de crimes. Na prisão, ele se nega a colaborar com várias facções do crime organizado. Finalmente, graças ao seu bom comportamento, ele é libertado antes de cumprir toda a pena. Ao deixar a prisão, Aleksei (seria injusto chamá-lo de Rino agora) conhece uma garçonete de bar, com quem se casa e procura viver uma vida honesta a partir de então. Se você quer saber se ele consegue, continue a ler, caso contrário, salte para o próximo parágrafo: Aleksei consegue o que deseja, mas quando se nega a enfrentar um novo Rino, sua mulher é assassinada durante a discussão.

## Levo você nos meus sonhos

A pergunta obrigatória, neste caso, seria: é possível implantar um sonho nas pessoas? A verdade é que estamos muito próximos disso. Deirdre Barret, psicóloga da Harvard University, usou a técnica de "incubação de sonhos" para que os seus alunos resolvessem um enigma enquanto dormiam. Primeiro, ela os fez criar uma imagem mental do problema, um desenho, um esquema e até mesmo um protótipo, e pediu que isso fosse a última coisa que vissem antes de dormir. Em seguida, recomendou que eles não pulassem da cama quando acordassem, para evitar que o sonho se perdesse, já que qualquer distração os elimina. Barret descobriu que cerca de 25% de seus alunos encontraram uma solução para o problema enquanto dormiam. Entretanto, existem outras maneiras de influenciar o sonho alheio. Por exemplo, "estimular o corpo da pessoa pulverizando-o com água", sugere Mark Blagrove, psicólogo da Swansea University e especialista em sonhos e estados de consciência: "Assim, a sensação física se incorporará ao sonho". E acrescenta: "Também é possível fazer isso antes que a pessoa durma, sugerindo-lhe o que sonhar. Isso funciona se o assunto for do interesse da pessoa. Se duas pessoas acreditam que podem se encontrar nos sonhos, podem provocar um encontro onírico".

Outra experiência que confirma essa ideia foi realizada por Boris Stuck, do Hospital Universitário de Mannheim, na Alemanha. Stuck expôs dois grupos de voluntários a odores diametralmente opostos durante o sono: alguns conviveram com o aroma de rosas e outros foram expostos ao fedor de ovos podres. Ao acordar, os que dormiram entre rosas confessaram que tiveram sonhos agradáveis, enquanto os membros do outro grupo tiveram sonhos nada prazerosos.

## Assim serão lidos os seus sonhos

Contudo ainda existe muito mais. Talvez você tenha interesse em saber que está sonhando com a sua futura "vítima" para decidir se quer ou não entrar na cabeça dela. Jack Gallant, psicólogo do Departamento de Neurociência da University of California Berkeley (UC Berkeley), está trabalhando com isso e garante que "em duas décadas seremos capazes de ler os sonhos alheios". Há vários anos, Gallant vem desenvolvendo um software que registra e compara a atividade cerebral de um voluntário enquanto este observa diferentes fotografias. Posteriormente, um escâner examina o cérebro do voluntário enquanto uma das imagens é mostrada a ele. Graças à atividade cerebral do voluntário, o programa consegue identificar qual foto ele está vendo. Em poucas palavras, o que esse programa faz é decifrar o que acontece em nosso cérebro quando vemos a cor verde, a areia, uma maçã ou quando pensamos em voar. Cada um desses pensamentos poderia ser associado a um tipo de atividade cerebral específica, e se, quando você estiver dormindo, o software detectar esses padrões, saberemos o que você está sonhando. E, nessa esfera, poderíamos nos converter em super-heróis, já que as leis da física não se aplicam a esse mundo. Pelo menos é o que confirma Jeff Warren, autor de *The Head Trip: Adventures on the Wheel of Consciousness*. Esse livro é o resultado de entrevistas com especialistas em sonho, neurologia e psicologia do mundo inteiro. Nele está o segredo de voar, ter supervelocidade e impedir que Gwen Stacy morra: "Se não há estímulos sensoriais, a nossa consciência parece se comportar de um modo previsível, de acordo com a lei das expectativas: o que esperamos que aconteça acontecerá. Mas a realidade é que o cérebro, no sonho, faz associações livres com base em fatos da nossa memória. Ele junta aves com pessoas e podemos voar, podemos viajar no tempo... e o fenômeno mais interessante é que, frequentemente, não nos damos conta de que estamos em um sonho".

## Como enfrentar Morfeu

Por conseguinte, o segredo para nos transformarmos em um super-herói (pelo menos no mundo de Morfeu) é controlar os sonhos. E isso também é possível. Mais uma vez, é Mark Blagrove que indica o caminho para controlar os sonhos: "Em primeiro lugar, devemos fazer a seguinte pergunta quando estivermos conscientes: estou acordado ou sonhando? Com o tempo, depois de algumas semanas de treinamento, você poderá fazer essa mesma pergunta até mesmo nos sonhos. No início, você dirá que está acordado, que é a resposta errada, mas em outras vezes você se dará conta de que está sonhando, e nesse momento você talvez consiga controlar o enredo do sonho. Os sonhos lúcidos[32] às vezes acontecem de um modo espontâneo, e outras vezes somente quando a pessoa sabe que é possível ter esse tipo de sonho".

---

32. Os sonhos lúcidos foram comprovados cientificamente pelo doutor em psicofisiologia Stephen Laberge, que realizou, em parceria com a cientista Lynn Nagel uma interessante experiência há mais de uma década. No Laboratório do Sonho da Stanford University, combinaram que quando Laberge dormisse e Nagel detectasse que ele se encontrava na fase REM (quando ocorrem os sonhos), ele executaria uma série de movimentos oculares previamente combinados: olhar duas vezes seguidas da direita para a esquerda. Ao despertar, o psicofisiólogo comprovou não apenas que a sua colega cientista havia visto o movimento, mas também que o polígrafo o havia detectado.

# 22

# ELECTRO

## Energia no corpo

Maxwell Dillon deve ser um dos poucos vilões que é vilão por natureza... Perdão, pela Natureza. Dillon era um eletricista que estava consertando umas linhas de alta-tensão quando um raio caiu perto dele e produziu uma mutação em seu sistema nervoso, transformando-o em uma pequena central elétrica viva. Ele rapidamente se deu conta do poder que tinha e decidiu se dedicar a uma vida de crime (eu disse que sempre fazem mais falta vilões do que heróis). Com o nome de Electro (e um traje adequado, mas com uma máscara de tamanho mau gosto que faz os outros sentirem vergonha por ele), ele irrompe na redação do *Daily Bugle* (onde trabalha Peter Parker) e rouba o cofre do diretor do jornal, J. Jonah Jameson. Este acusa o Homem-Aranha de ser Electro, o que leva o nosso herói a enfrentar esse malfeitor nada comum para demonstrar o erro, algo que quase lhe custa a vida quando toca em Electro e recebe uma descarga elétrica considerável. Finalmente, consegue derrotá-lo graças a uma bomba incendiária. No entanto, eles voltariam a se enfrentar, várias vezes, sendo que a mais notória foi transmitida pela televisão: o ganancioso Jameson pagou a Electro para desafiar o Homem-Aranha. A luta foi acompanhada pelo país inteiro e o resultado é óbvio, certo? A energia do vilão rapidamente se esgotou.

### Conectado à sua rede neuronal

Este personagem tem a capacidade de gerar enormes quantidades de eletricidade – teoricamente, até um milhão de volts, pode criar arcos voltaicos a partir da ponta dos dedos e até mesmo recarregar-se para ter ainda mais energia. Ele também é capaz de manipular as correntes cerebrais para fazer as pessoas pensarem em outra coisa.

O nosso cérebro é uma máquina que funciona com eletricidade. A ciência que estuda os fenômenos elétricos em animais e seres humanos é chamada de eletrofisiologia e abarca, entre outros órgãos, o cérebro e o coração. Essa ciência

é muito recente (a que se especializa no coração surgiu em meados de 1970), mas poderia ter dado os seus primeiros passos inspirada em uma invenção de Samuel Morse... Isso mesmo, o inventor do telégrafo. A primeira transmissão comercial do telégrafo ocorreu em 1844. Naquela época, os cientistas estavam tentando entender o nosso sistema nervoso e viram nos fios elétricos uma inspiração para descobrir como esse sistema funciona, já que ambos usam a eletricidade para transmitir sinais e são formados por longos "cabos".[33]

O que chamamos de eletricidade é, de um modo muito simples, um desequilíbrio atômico. Toda a matéria do Universo é formada por átomos, e estes, por sua vez, são constituídos por prótons (com carga positiva), nêutrons e elétrons (com carga negativa). Quando há mais prótons do que elétrons, o átomo está carregado positivamente, e vice-versa. A mudança de um tipo positivo em negativo (ou vice-versa) possibilita que os elétrons viajem de um átomo para outro. Esse fluxo dos elétrons é a eletricidade (daí o seu nome).

## Um cabo para a mente

No cérebro do ser humano, a eletricidade opera por meio de portas que abrem e fecham constantemente. No estado de repouso, as nossas células têm carga negativa em razão de um leve desequilíbrio entre o conteúdo de íons[34] de potássio e sódio: há mais íons de potássio (negativos) no interior e mais íons de sódio (positivos) no exterior. Quando a célula precisa enviar uma mensagem, o que ela faz é abrir a porta das células, então as cargas trocam de lugar, abrindo a porta da célula seguinte e assim sucessivamente até que a mensagem chegue ao local adequado.[35]

As primeiras pesquisas realizadas para tentar medir a descarga elétrica de um neurônio, ou pelo menos a sua velocidade de transmissão, foram realizadas no século XIX pelo médico alemão Hermann von Helmholtz. Em 1850, esse pesquisador ligou um cabo ao músculo de uma rã para que quando o músculo se contraísse disparasse um circuito. Helmholtz disse que o sinal levava

33. Sam Wang, neurocientista da Princeton University, afirma que temos, pelo menos, cerca de 300 mil quilômetros de redes em nosso cérebro, o suficiente para chegar à Lua.

34. Os íons são partículas carregadas eletricamente.

35. Os seres humanos geram entre 10 e 100 milivolts de corrente elétrica no corpo, o suficiente apenas para acender uma lanterna. No entanto, as enguias geram 600 volts.

um décimo de segundo para se deslocar do nervo ao músculo. Mais tarde, ele realizou uma experiência semelhante com seres humanos: aplicou uma corrente elétrica na pele de alguns voluntários e pediu a eles que fizessem um gesto quando sentissem o estímulo. Helmholtz descobriu que quanto mais longe do cérebro o estímulo era sentido, mais o voluntário demorava a fazer o gesto... e mais o sinal demorava a se deslocar. Aparentemente, o pensamento não é tão rápido.

## Há um Fórmula 1 no seu corpo

Depois desse preâmbulo, podemos agora ir ao ponto que nos interessa. A descarga elétrica que viaja ao longo de um neurônio é conhecida como potencial de ação. Basicamente, é uma rápida troca de polaridade da membrana celular de negativa para positiva e de volta para negativa, ciclo que dura milésimos de segundo e gera uma corrente que, dependendo da célula, pode variar entre -55 a -30 milivolts a uma velocidade que pode alcançar 360 km/h (mais rápido do que um Fórmula 1). Uma das formas de medir essa velocidade se dá por meio da eletrofisiologia anteriormente mencionada. A lula gigante é um dos primeiros "modelos" usados nesse estudo, porque os seus axônios podem chegar a ter 1 milímetro de diâmetro e ser vistos sem a necessidade de microscópios (o axônio humano não excede, em média, 0,01 mm, embora haja alguns um pouco maiores). O axônio desse cefalópode é extraordinariamente grande porque controla a contração muscular, de modo que a lula gigante está dotada de uma reação rápida para a fuga (de fato, os seus impulsos estão entre os mais rápidos da natureza).

À guisa de curiosidade, outras duas coincidências relacionam os telégrafos com as conexões neurais: quanto mais largo o cabo de um telégrafo, mais longe e mais rápido o sinal viaja (quem fez essa descoberta foi o médico William Thompson em 1854). Esse princípio também se aplica aos nervos: os axônios mais rápidos (as células Betz, encarregadas de enviar os sinais aos músculos) são duzentas vezes mais grossos do que os mais finos.

Por último, também como no telégrafo, os cabos isolados permitem que as informações viajem mais rápido. No ser humano, os axônios que estão revestidos de mielina (um composto de proteínas e lipídeos) podem transportar as informações a cerca de 360 km/h, ao passo que os que carecem desse revestimento só atingem 1 km/h.

# Parte 4

# SEM PODERES

Os constantes avanços realizados pela ciência nos anos dourados das histórias em quadrinhos nos levaram a acreditar que tudo era possível para o homem, já que ele tinha a tecnologia nas mãos. Ele era capaz de chegar à Lua ou destruir o planeta. Podia decifrar o código da vida ou criar um cérebro artificial. E para isso não precisava de superpoderes. A sua arma era a ciência. Portanto, não é estranho que primeiro tenha surgido o Super-Homem, um extraterrestre invencível e todo-poderoso, e depois tenha aparecido o Batman, um homem normal, cuja única virtude era a inteligência (bem, e também o fato de ser muito rico). O ser humano começava a ver a ciência como uma aliada que poderia lhe render grandes vantagens. E esse era o pensamento de alguns dos personagens mais conhecidos dos quadrinhos (O Homem de Ferro) e alguns dos vilões mais detestáveis (Harry Osborn).

# HERÓIS

# ▶ 1

## BATMAN

## O homem morcego

A história do super-herói de Gotham City foi modificada ao longo das suas sete décadas de existência. O único elemento que permanece inalterado é o fato de, aos 8 anos de idade, Bruce Wayne ter presenciado o assassinato dos pais. De acordo com o número 47 de DC Comics, a partir desse momento, o "jovem Wayne" se dedica a preparar o corpo e a mente para lutar contra o crime e vingar os pais. No entanto, ele não demora a se dar conta de que a força física não é suficiente: "Os criminosos são um bando de supersticiosos e covardes. O meu disfarce deverá deixá-los apavorados. Preciso ser uma criatura da noite, negra, terrível..." Para sorte dos roteiristas, nesse momento, Wayne avista um morcego pela janela e decide qual será a sua nova identidade. Inicialmente, as suas atividades contra o crime lhe rendem a antipatia da polícia de Gotham City, mas os policiais logo se dão conta de que dependem dele para melhorar a qualidade de vida dos honestos habitantes da cidade.

### Um herói com uma roupa aderente

O que transformou Batman em super-herói foi a sua inteligência. E o seu traje, no qual residem seus poderes. Quem quiser se tornar membro da Liga da Justiça deverá procurar um bom alfaiate, porque muitos materiais já se encontram no mercado. Ou estão prestes a chegar. A revolução se chama tecidos inteligentes. Vejamos do que são capazes os pesquisadores quando tocam a fibra criada pela ciência.

Já vimos, quando falamos do Homem-Aranha, que existe um tipo de fibra, chamada Spectra, que pode ser usada na fabricação de um colete à prova de balas, já que é duas vezes mais resistente do que o Kevlar. Você já tem, portanto, o colete. Agora, para proteger a cabeça, você deverá recorrer ao Hövding. Essa invenção é uma espécie de cachecol que podemos amarrar no pescoço, mas na realidade é uma mistura de *airbag* com capacete: milissegundos antes de uma colisão, o tecido infla automaticamente, cobrindo o pescoço e a cabeça. O Hövding é uma invenção das *designers* Anna Haupt e Terese Alstin.

## Agasalhe-se porque está frio

Mas as colisões não são o único inimigo de Batman. O calor e o frio extremos podem afetar o seu desempenho. Para isso foram criados tecidos com microcápsulas que aproveitam a energia que se desprende quando uma substância passa do estado sólido ao líquido e vice-versa. Esses tecidos funcionam da seguinte maneira: quando o corpo emite muito calor, a energia desprendida é usada para que a substância que se encontra na microcápsula passe da fase sólida para a líquida, armazenando-a. Quando o nosso herói sente frio, a energia que estava armazenada é libertada, proporcionando calor ao corpo. A pergunta lógica poderia ser: como o tecido sabe se estamos com frio ou calor? Porque, embora isso pareça estranho e repetitivo, o tecido é inteligente. Foi o que demonstraram os cientistas suecos da Universidade de Linköping ao criar uma fibra que atua como transistor e pode fazer pequenas operações lógicas. Os pesquisadores banharam fibras de poliamida em um polímero condutor e conectaram as fibras entre si usando outro polímero que atua como eletrólito. Ao aplicar uma pequena voltagem à primeira fibra, a reação se espalha por todo o tecido. Inicialmente, isso pode parecer muito desinteressante, mas vamos dar uma olhada nos primos dos tecidos inteligentes.

## Você tem um GPS na sua roupa

O primeiro é a camiseta, que se chama Smart T-shirt, cujo uso, no momento, está restrito à área militar. Por meio de sensores, a camiseta controla cerca de trinta parâmetros vitais de quem a estiver usando. Além disso, ela tem uma rede de fibras ópticas e condutores capazes de enviar dados quando um soldado está ferido, indicando a sua localização e a gravidade do ferimento, e entrando em contato com o centro médico para dar continuidade ao tratamento. Tratamento? Exatamente, porque é aqui que aparece o segundo tecido, que também é fabricado com microcápsulas que o fazem determinar as doses dos medicamentos. Se o tecido fabricado com transistores pudesse unir os benefícios da Smart T-shirt e das microcápsulas que calculam as doses do remédio, isso seria quase como levar um médico a tiracolo. Obviamente não seria possível extrair as balas (a menos que houvesse tecidos magnéticos que as atraíssem), mas o tecido serviria para prestar os primeiros socorros e impedir as infecções. Na verdade, Batman também deveria se proteger contra essas últimas, caso ficasse vestido muito tempo com a roupa. Com isso em mente, a empresa alemã Tex A Med criou um tecido com nanopartículas de prata que impedem as infecções apenas por meio do uso contínuo de uma roupa. Outro tecido que cairia bem em nosso super-herói, pelo menos quando ele tiver um encontro com uma pessoa do sexo oposto, seria aquele que, imitando a textura das folhas de lótus, repele a poeira e a água, permanecendo limpo na presença de tudo e de todos.

## Levantando voo

Uma das particularidades da identidade de Batman sempre foi a sua capa. Ela poderia se transformar em asas se fosse confeccionada com um tecido dotado de memória. Esse tipo de material é capaz de apresentar uma forma determinada e depois, graças a um estímulo que pode ser elétrico ou térmico, adquirir uma segunda configuração. O interessante desse processo é que ele pode ser repetido inúmeras vezes. Dessa forma, o nosso herói sempre teria as suas asas disponíveis e a sua capa pronta.

No entanto, todas essas inovações podem não representar nada se não houver energia. Por esse motivo não é surpreendente que esteja sendo desenvolvido um tecido que será capaz de captar a energia solar e transformá-la em eletricidade. O projeto é de Gordon Wallace, diretor do Instituto de Pesquisas de Polímeros Inteligentes da University of Wollongong, na Austrália. Existem materiais semelhantes no mercado que aproveitam a energia solar captada para alimentar aparelhos de MP3, máquinas fotográficas e até mesmo pequenos computadores. Mas nenhum deles converte a energia do sol na energia elétrica que possibilitaria que os soldados conseguissem fazer funcionar equipamentos de comunicação e instrumentos de navegação sem depender da central de abastecimento ou de baterias pesadas, já que a própria indumentária seria a bateria. E também o hospital, a central de comunicações, o computador, o escudo e, talvez, até mesmo uma barraca de acampamento. Ah! Isso Batman não tinha.

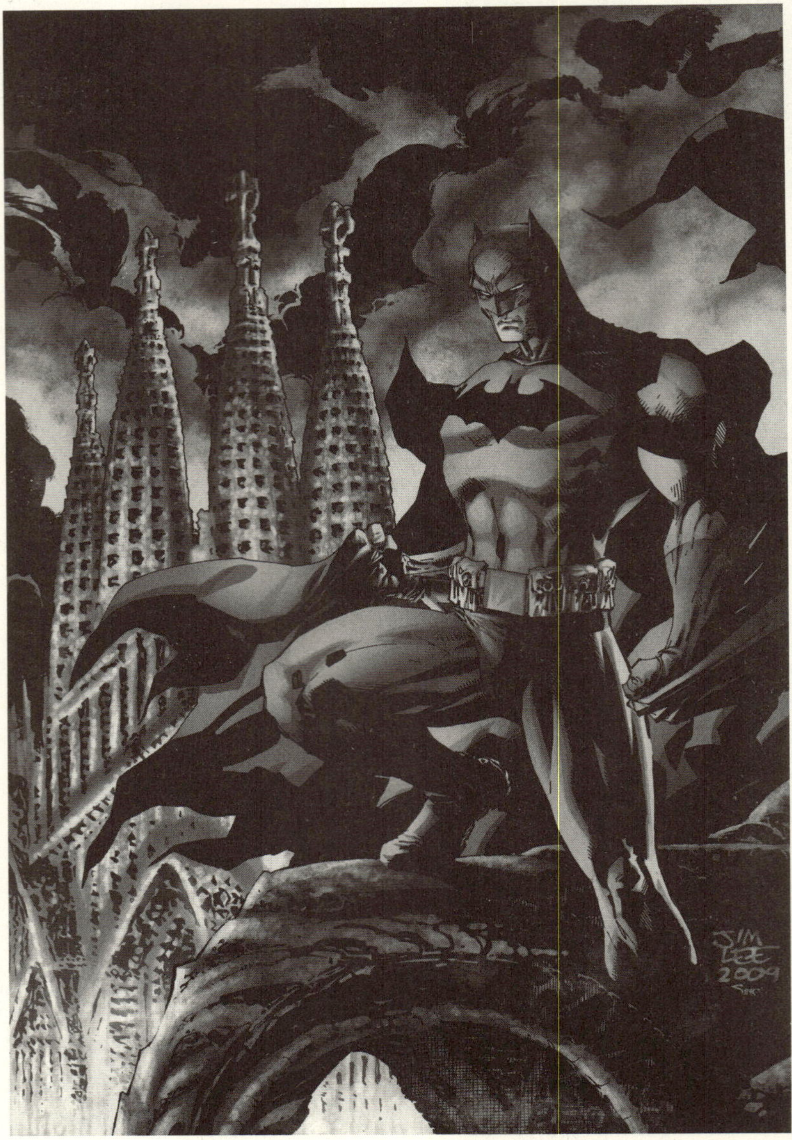

## Vestido, sou mais forte

Convenhamos, por um lado, que todos os "serviços" que poderiam ser prestados por um traje que agrega a extensa lista de virtudes que acabamos de mencionar não explicaria a força sobre-humana de Batman, que lhe permite enfrentar vários adversários ao mesmo tempo. A menos que Bruce Wayne, o *alter ego* do herói, conhecesse Ray Baughman, físico do Instituto de Nanotecnologia da University of Dallas. Até pouco tempo, os cientistas recorriam à energia elétrica para mover máquinas mecânicas com motores ou sistemas hidráulicos sem levar em conta que os músculos, por exemplo, funcionam com energia química, de um modo mais eficiente. Baughman reverteu essa tendência. Para ele, a solução ideal é um músculo artificial que converta diretamente a energia química em mecânica e evite a perda de tempo gerada quando um artefato precisa estar conectado à rede elétrica para funcionar.

Baughman projetou um dispositivo com memória a partir de uma liga de titânio e níquel. O metal é banhado em uma solução catalisadora de platina e colocado em um mecanismo que permite que o metanol chegue à superfície. Por que o metanol? Porque esse composto químico se oxida em contato com o ar, o qual aquece a liga e a faz se duplicar de uma forma predefinida (memória de forma). Quando o suprimento de metanol é interrompido, a liga volta a esfriar e recupera a forma original. De acordo com Baughman, isso possibilita que o material exerça uma força quinhentas vezes maior do que o músculo humano. Além disso, o físico americano acredita que o rendimento pode ser acentuadamente aprimorado. Se a roupa de Batman também fosse formada por essa liga, o que para nós, meros humanos, pareceriam quinhentos quilos, para Batman seria apenas um quilo de sucata. Será que é daí que vem a força dele?

# 2

## O HOMEM DE FERRO

## O soldado do futuro

Tony Stark – seu verdadeiro nome – foi a ferramenta que Stan Lee usou para explorar o acervo da tecnologia americana e lutar contra o comunismo durante a Guerra Fria. Tony é filho do milionário Howard Stark. Ele é um menino prodígio que aos 15 anos de idade ingressa no MIT (Massachusetts Institute of Technology) e depois herda o império Stark quando os seus pais morrem em um acidente. A partir desse momento, Tony se dedica a desenvolver tecnologias experimentais de armamentos. Enquanto assiste a uma prova de novas armas, ele é ferido por uma mina e, em seguida, sequestrado por Wong Chu, comandante do exército vietnamita, que o obriga a fabricar uma arma de destruição em massa. Durante a sua permanência no cativeiro, Tony reconhece outro prisioneiro, Ho Yinsen, um eminente físico pacifista que ele admira e a quem se alia para escapar. Yinsen constrói um dispositivo magnético para evitar que estilhaços da bomba que feriu Tony (e que continuam no seu corpo) cheguem ao seu coração e o matem. A partir desse momento, ambos procuram enganar o militar vietnamita e, em vez de uma arma, constroem uma armadura com armamento incorporado, o que os torna quase invulneráveis e possibilita que eles escapem. Tony consegue fugir, mas, infelizmente, durante a fuga, Yinsen morre. A partir de então, Tony Stark se transforma no Homem de Ferro (aprimorando acentuadamente a sua armadura e modificando o dispositivo magnético do seu peito) com o propósito de lutar contra o mal, que nos primeiros anos era personificado por inimigos comunistas. Ele faz tudo isso enquanto dá seguimento à sua vida de *playboy* multimilionário.

## O Homem de Ferro está entre nós

Este é outro super-herói que está ficando para trás, já que a ficção científica, ou pelo menos parte dela, já tem muito mais de ciência do que ficção. O fato é que o Homem de Ferro já existe e quem o criou foi Steve Jacobsen. Esse engenheiro da University of Utah é para os robôs o que Stan Lee é para os super-heróis. Ele trabalhou para órgãos militares e para a Disney (os quais, ele garante, são igualmente exigentes) e é o "pai" do XOS 2: um exoesqueleto projetado para facilitar as tarefas de campo dos soldados, em primeiro lugar, e do pessoal médico, bombeiros e socorristas em segundo. O XOS 2 é precisamente um esqueleto, uma carcaça vazia que envolve o corpo do usuário: imagine que você está vestindo ossos que se amoldam ao seu corpo como uma couraça. E, em vez de cérebro, ele tem uma pequena mochila que é carregada nas costas e tem a função de imitar todos os seus movimentos. Esse esqueleto externo é composto de botas que se unem às pernas até o quadril. A partir dali, uma cinta metálica envolve a cintura e sobe pelas costas até os ombros, e depois desce pelos braços até as mãos. Seu funcionamento é semelhante ao de qualquer membro humano.

## Músculos por computador

Quando exercitamos o bíceps, por exemplo (bem, quando você exercita), as fibras musculares da parte superior do braço se contraem e puxam os tendões do antebraço, que se eleva (experimente contrair o bíceps; o antebraço inevitavelmente se levanta). O XOS 2 possui vários sensores. Quando esses detectam um movimento, eles se ativam e enviam a informação para um computador que está nas costas (de uma maneira semelhante à maneira que o nosso cérebro funciona e em medidas de tempo idênticas). O computador calcula como minimizar a força no braço do usuário. O resultado é então enviado a certas válvulas que controlam o fluxo de líquido hidráulico em alta pressão, o qual, por sua vez, é encaminhado para cilindros nas articulações. O fluido move os cilindros, que ao mesmo tempo acionam os cabos, os quais respondem atuando como tendões puxando um membro. O XOS 2 tem cerca de trinta cilindros que controlam todas as articulações. Que legal! Mas para que serve? Bem, esse exoesqueleto faz os objetos parecerem dezessete vezes mais leves do que são na realidade. Portanto, se na vida real você tivesse que fazer um esforço enorme para levantar 50 quilos, se tanto, com esse traje você poderia, com o mesmo suor, levantar 850. Quase uma tonelada. Você poderia levantar dois carros no ar e seria como carregar duas crianças. O engenheiro de software do XOS 2, Rex Jameson, é quem faz os testes no exoesqueleto, e ele conta que fez uma série de quinhentos levantamentos de 100 quilos e parou porque ficou entediado. Não por ter ficado cansado.

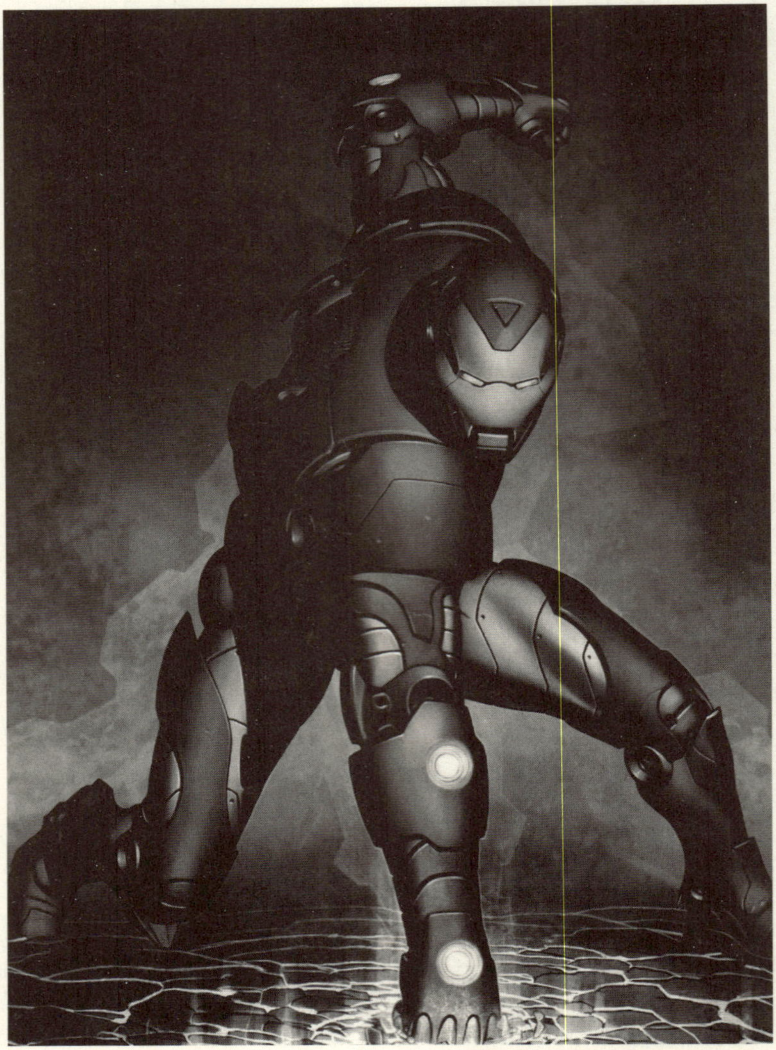

## O homem com dois esqueletos

Mencionamos anteriormente, de passagem, um dos segredos para que um exoesqueleto funcione perfeitamente: a sincronização. Se o movimento do usuário não fosse reproduzido instantaneamente pelo XOS 2, seria como nos movermos em uma piscina. Para saber se o poderoso computador estava capacitado para detectar o movimento e desencadear a ação das válvulas em questão de milésimos de segundo, Jacobsen fez um pequeno teste. Pediu a um dos funcionários do laboratório que levasse a filha até lá. A menina devia colocar-se em pé sobre os pés do pai (como quando ensinamos uma criança a dançar, só que ambos deveriam olhar na mesma direção). O pai da menina estava vestido com o traje, de modo que ela estava em pé sobre os novos "sapatos do papai". Enquanto a tarefa da menina era simplesmente caminhar na direção que bem quisesse, a do pai era tentar evitar que os pés da sua filha não se separassem dos seus, ou seja, imitar perfeitamente os movimentos dela. Em questão de minutos, a sincronização estava perfeita. Ambos caminhavam juntos. Isso se deve ao fato de o computador processar milhares de sinais por segundo provenientes dos sensores. Levando em conta a quantidade de sensores, o computador pode chegar a realizar um milhão de medições em uma questão de minutos. Então qual é o problema? Por que ele não está à venda para o público? O maior obstáculo ao XOS 2, no momento, é a alimentação. A bateria só permite que ele fique em operação durante cerca de quarenta minutos, e ela demora pelo menos quatro horas para recarregar. Quando Jacobsen começou a projetar essa armadura, o seu objetivo primordial foi se concentrar nos benefícios, e depois verificar como iria solucionar a questão da energia. No entanto, Hugh Herr, professor do Massachusetts Institute of Technology, e Homayoon Kazerooni, da University of California Berkeley (UC Berkeley), realizaram o processo exatamente inverso. Herr projetou um mecanismo que lhe permite carregar, por enquanto, aproximadamente 35 quilos, sem fazer esforço. Parece mentira? Pois o incrível é que ele só precisa de 2 watts de potência para funcionar, a mesma energia consumida por um rádio portátil.

## A energia é obtida passo a passo

Kazerooni, por sua vez, criou um Transportador de Carga Humana (cuja sigla, HULC, vem do nome em inglês: Human Load Carrier), um exoesqueleto para os membros inferiores que pode funcionar durante vinte horas sem necessidade de ser recarregado e que permite que carreguemos uma carga de cerca de 50 quilos com um consumo de oxigênio 15% mais baixo. Embora o projeto de Kazerooni ainda não esteja concluído, ele explica que obtém a sua energia de uma maneira semelhante à dos carros híbridos, os quais recarregam a bateria cada vez que freamos: o HULC obteria o "combustível" cada vez que desse um passo. Para Kazerooni, a sua criação não se destina à guerra e poderia ser o substituto da cadeira de rodas.

Uma abordagem semelhante é adotada pelo último cientista que tenta imitar Tony Stark. É o especialista em robótica Yoshiyuki Sankai, diretor da empresa Cyberdyne (qualquer semelhança com *O Exterminador do Futuro 2* é mera coincidência), que criou o Hybrid Assistive Limb (Membro Auxiliar Híbrido), o HAL-5. No entanto, a sua aposta é mais ousada do que as anteriores. Sankai criou sensores que aderem à pele do usuário e captam diretamente dos músculos as intenções de movimento e as enviam ao computador do HAL-5, que as reproduz e dota os usuários com uma força adicional de 80%. Esse dispositivo foi projetado mais como uma ferramenta de reabilitação do que como uma armadura superpoderosa. Mas os três cientistas concordam que esses projetos chegarão ao público em dez anos. Quando poderão voar? Talvez Jacobsen, Herr, Hazerooni e Sankai jamais consigam se elevar no ar, mas se possibilitarem que outras pessoas voltem a caminhar, poderão se considerar heróis.

# 3

## DEMOLIDOR

### Olhos que não veem, corpo que sente

Filho de um boxeador que decaiu e passou a beber demais depois da morte da mulher, Matthew Murdock ficou cego aos 8 anos quando um caminhão, carregado de produtos radioativos, perdeu a carga e parte do conteúdo espirrou nos olhos do menino. O acidente desperta o caráter de lutador do pai, que obriga Matthew a não se entregar e seguir em frente nos estudos, com mais empenho ainda. O ocorrido faz com que o menino pare de brincar na rua e abandone os amigos do bairro. Estes, que acham que o garoto é um cê-dê-efe que tem medo de se machucar, o chamam ironicamente de Demolidor. O acidente de Matthew também tem consequências para o seu pai, Jonathan Murdock, que começa a ficar mais centrado e retoma a carreira esportiva com um agente apelidado de O Mediador, por razões óbvias. Os triunfos começam a se acumular e o futuro parece promissor, pelo menos até que o seu agente lhe diz que ele deve perder a luta seguinte e que ele só havia chegado até ali porque as lutas tinham sido combinadas de antemão por ele, o agente. Jonathan Murdock decide desafiar o agente e vence a luta, mas a vitória se revela amarga: os valentões de O Mediador acabam com ele. Matthew fica órfão e decide, assim como Bruce Wayne, codinome Batman, eleger-se vingador do pai e do crime em geral. Ele fabrica um disfarce (que era inicialmente amarelo, mas que logo mudou, felizmente, para vermelho) e, graças aos seus outros sentidos, aperfeiçoados pela misteriosa substância radioativa, se transforma no Demolidor. Seu ouvido funciona como um ecolocalizador, um sistema "visual" semelhante ao usado pelos morcegos e por alguns mamíferos marinhos, mas também, graças à misteriosa substância, o seu sentido do equilíbrio, que reside no ouvido, aumentou para níveis superiores aos dos acrobatas, o que lhe permite controlar os movimentos do corpo em um nível superior ao de qualquer ser humano.

## O seu cérebro é moldável

É possível que a perda de um sentido aumente a capacidade de percepção dos restantes? Embora pareça incrível, a resposta é um sim categórico. O nosso cérebro é um órgão surpreendente, capaz de compensar não apenas a perda de

um sentido, mas também de toda uma área. Neurologistas da University of California Los Angeles (UCLA) descobriram que, em pacientes que não tinham uma área do cérebro denominada amígdala (responsável pelas memórias emotivas), o cérebro se encarregava de formar novas conexões para que outras áreas fizessem o trabalho da amígdala. Essa habilidade é conhecida como neuroplasticidade. A importância dessa pesquisa é que, se os cientistas conseguirem descobrir como isso funciona, poderão ajudar de um modo mais eficaz pacientes com enfermidades neurodegenerativas como o mal de Parkinson ou a doença de Alzheimer. O caso mais extremo de neuroplasticidade conhecido é uma recente hemisferectomia (cirurgia que consiste da extração ou desativação de um dos hemisférios cerebrais) realizada em uma menina americana de 9 anos de idade, Cameron Mott. Ela sofria da Síndrome de Rasmussen, uma doença que deteriora um dos hemisférios do cérebro. Há três anos, o doutor George Jallo, neurocirurgião do Johns Hopkins Hospital, fez essa cirurgia na menina. A partir de então, Cameron se desenvolveu como uma criança normal, a não ser por um leve claudicar e uma diminuição da visão periférica. Segundo Jallo, isso se deve ao fato de o cérebro das crianças ser capaz de assumir o controle de funções que eram anteriormente exercidas pelo hemisfério extraído.

## Assim como você, o cérebro se adapta

Mas o que ocorre no caso do Demolidor? O que acontece com as pessoas cegas? O cérebro delas também se adapta. O que elas fazem é usar a área que normalmente se encarregaria do processamento visual para estimular os sentidos restantes, em particular, as tarefas do ouvido e do tato. Foi o que se descobriu em uma pesquisa recentemente realizada por Josef P. Rauschecker, da Georgetown University. Esse professor submeteu 24 voluntários a uma análise com Imagens por Ressonância Magnética (MRi, consulte o capítulo sobre o Homem-Animal) enquanto eles executavam uma série de tarefas relacionadas com o ouvido e o tato. Doze dos voluntários eram cegos desde o nascimento e os outros doze eram pessoas sem problemas visuais. Rauschecker explica o que descobriram: "O córtex visual dos cegos apresentava uma atividade muito maior do que o das pessoas que enxergavam, cujo córtex visual quase não mostrou atividade durante os testes auditivos e táteis. Além disso, pudemos observar uma correlação direta entre a atividade cerebral dos cegos e o seu desempenho: quanto mais precisos eles eram na resolução das tarefas, mais atividade era detectada no córtex visual".

Essas constatações revelam que os neurônios presentes nessa área do cérebro dos cegos continuam funcionando, porém, em vez de reagirem a estímulos visuais, eles reagem a sensações auditivas ou táteis.

Vejamos alguns exemplos. Para que uma pessoa possa distinguir, por meio do tato, dois pontos sobre qualquer superfície, a distância entre eles não pode ser menor do que 2 milímetros. A distância entre os pontos que formam os caracteres da linguagem Braille é de 2,34 milímetros, o que significa que a habilidade para ler nesse sistema está muito próxima do limite físico. Por esse motivo, a sensibilidade do tato deve ser muito maior do que a habitual, embora ela não chegue nem aos pés da auditiva.

## Um ouvido muito apurado

A sua importância é tal que há mais de 250 anos foi cunhado um termo para defini-la: visão facial. Um dos primeiros a mencioná-la foi o filósofo francês Denis Diderot, ao falar sobre um conhecido seu que era cego: "Ele é capaz de distinguir mudanças mínimas nas correntes de ar, o que lhe permite diferençar uma rua de um pequeno beco".

Do mesmo modo que existe um espectro luminoso que indica a nossa amplitude visual (consulte o Super-Homem), também existe um espectro auditivo. Para o homem, essa amplitude varia entre 20 e 20 mil hertz (neste caso, o hertz é a quantidade de vezes que uma onda se repete por segundo). E assim como a luz, o som também se move por meio de ondas; quanto maior a frequência, menor a onda. O som pode chegar até nós de uma maneira primária ou secundária. A primeira envolve os objetos que emitem sons por si mesmos. A segunda, diz respeito a objetos que refletem o som. Para entender melhor este último caso, faça a seguinte experiência: sopre o ar por entre os dentes como se você estivesse tentando fazer com que alguém se calasse. Depois, passe a mão rapidamente na frente da boca enquanto continua a soprar. O som terá modificado. Essa variação poderá ser mínima para o seu ouvido, mas é a ela que os cegos recorrem para se situar. O modo como fazem isso é, de certo modo, semelhante à experiência que você acaba de fazer, só que em vez de sibilar, eles estalam os dedos ou tocam o céu da boca com a língua para que o som que emitem interaja com o ambiente e lhes devolva um eco que lhes permita conhecer a sua localização (esta é a origem da palavra *ecolocalização*). Com a prática, todos podemos desenvolver essa capacidade, embora dificilmente com o nível de habilidade dos cegos.

## Ouvir de olhos fechados

Uma experiência para demonstrar exatamente isso foi realizada no Instituto Neurológico de Montreal, na McGill University. O neurocientista Robert Zatorre conduziu um teste auditivo em pessoas cegas e pessoas com a visão normal. O teste consistia em determinar a altura de uma nota musical e perceber de onde vinha o som. As expectativas se confirmaram e o melhor resultado foi obtido pelos voluntários cegos. Contudo também houve uma surpresa; nesse último grupo, havia três subgrupos: o dos que eram cegos de nascença, o dos que eram cegos desde os 5 anos de idade e, finalmente, o dos que tinham ficado cegos aos 10 anos de idade. Os cegos de nascença foram os que alcançaram a melhor pontuação, seguidos pelo segundo grupo. Os que ficaram em último lugar, os que não enxergavam desde os 10 anos, obtiveram apenas um ponto a mais do que os voluntários que enxergavam. No entanto, a maior surpresa aconteceu quando todos os voluntários foram submetidos a uma tomografia por emissão de pósitrons (também conhecida como PET scanner, indica a atividade cerebral de uma pessoa quando esta desempenha diferentes tarefas). A tomografia demonstrou que, quando os cegos tentavam localizar os sons, a área do córtex visual também era ativada (a área onde é processado o sentido da visão). Para Zatorre, isso significa que "a parte do cérebro que se ocupa da visão não morre e nem fica atrofiada quando não recebe informações; ela simplesmente se adapta para poder colaborar com outras funções, por exemplo, a auditiva".

## O verdadeiro campeão

Um caso que demonstra muito bem essa habilidade é o de Alfredo Acosta. Esse espanhol de 27 anos ficou cego aos 7 em consequência de uma degeneração visual. Ele é vice-campeão mundial de futebol para cegos na categoria B1 (cegueira total). Alfred me contou como consegue correr em um campo de futebol sem sair dos limites do campo, sem se chocar com adversários e, ao mesmo tempo, fazer passes, interceptá-los e marcar gols contra um goleiro que enxerga. "O segredo está no ouvido. As bolas são quase idênticas às do futebol de salão, só que dentro delas há quatro ou cinco bolinhas metálicas que fazem barulho quando a bola está em movimento. Isso nos permite saber onde ela está. Para saber as dimensões do terreno, primeiro, damos uma volta pelas laterais. O público e os muros nos ajudam a saber quão próximo estamos. Finalmente, driblar ou correr na direção correta também é possível graças ao ouvido; no campo, as pessoas nunca ficam paradas, e os ruídos possibilitam que registremos as distâncias com relação ao adversário." Os jogadores profissionais de futebol para cegos são capazes de distinguir o adversário pelo menos a 5 metros de distância, graças aos sons que eles emitem. Por último, para chutar para o gol, os atletas contam com um ajudante que se coloca atrás deles e os orienta. Se isso parece fácil, experimente; é muito mais difícil do que imaginamos. Só o fato de correr de olhos fechados já é um exercício muito difícil, que coloca à prova a nossa capacidade de localização e o nosso sentido de equilíbrio. No entanto, para os verdadeiros heróis, aqueles com quem cruzamos na rua no dia a dia, isso é uma tarefa habitual.

# 4

## MAXX

## Bem-vindo à realidade ampliada

*Matrix* se junta com *A Origem* e nasce este super-herói. Os protagonistas da história são Julie Winters e um vagabundo sem-teto. Tudo começa quando Julie para o carro para ajudar uma pessoa que parece ferida, mas é uma armadilha, e ela é golpeada, violentada e abandonada à própria sorte, à beira da morte. Para lidar com essa terrível experiência, o seu subconsciente fabrica outra realidade: nela, Julie é a Rainha Leopardo, tem os poderes de uma deusa e vive em um lugar chamado Outback. Esse outro mundo lhe proporciona tamanha tranquilidade que ela passa mais tempo lá do que na realidade, motivo pelo qual o limite entre os mundos se torna pouco estável. Certa noite, ela atropela acidentalmente um homem na rua (o vagabundo), mas, tendo em vista as suas experiências anteriores, ela cobre o corpo dele com lixo e vai embora rapidamente, sem saber que, desse modo, ela abriu um portal para o Outback e que a sua vida e a do vagabundo estariam ligadas a partir de então. Quando o vagabundo acorda, ele não sabe onde está e nem quem é; sabe apenas que Julie é importante para ele. A sua missão na vida (tanto na vida real quanto no Outback) é protegê-la. E a missão de Julie, uma assistente social, é tirá-lo da prisão cada vez que ele se mete em confusão. Mas a história não termina aí. O Outback é povoado por criaturas violentas que buscam a redenção de um passado obscuro, e todas estão de alguma maneira ligadas a Julie ou a Maxx (o nome pelo qual o vagabundo é chamado). Além disso, cada personagem tem a sua versão do Outback, o que transforma essa história em quadrinhos em um mundo alternativo e fértil, mas um pouco cansativo.

## Nada é o que parece ser

Maxx, ao lado da "noiva", vive indubitavelmente em um mundo de realidade aumentada. Isso significa usar a tecnologia para aumentar as informações que a realidade nos apresenta. Daí o termo "realidade aumentada". Existem programas, como o desenvolvido pela Columbia University, que nos permitem "ver" por intermédio de aplicativos descarregados em um telefone inteligente, como o iPhone, não apenas a rua por onde passamos, mas também os níveis de $CO_2$ nessa área. Essa tecnologia se baseia na onipresença dos computadores e nas conexões rápidas da internet disponíveis atualmente (que estão, a cada dia, mais velozes). O GPS é um aplicativo de realidade aumentada; se você combiná-lo ao Google Maps, poderá percorrer cidades virtuais de um modo real. E em tempo real.

A realidade aumentada surgiu da mente (e dos lábios) de Tom Caudell em 1990. Esse engenheiro aeronáutico usou-a para descrever um dispositivo, uma espécie de capacete, que os operários da Boeing vestiam quando montavam os sistemas de cabeamento do avião: uma imagem dos cabos era projetada sobre o fundo, e a única coisa que tinham de fazer era seguir o padrão. Foi quando começamos a misturar a realidade virtual e a física. Hoje, existem numerosos aplicativos que foram projetados para telefones inteligentes. O AR Basketball, por exemplo, é um jogo no qual a câmera de nosso celular transforma em uma bola de basquete um papel que arremessamos e nos permite, se formos habilidosos, encestá-la em um aro virtual. Outra explicação, menos divertida, porém infinitamente mais útil, que explora melhor as possibilidades da realidade aumentada, é o Layar. Graças à câmera do telefone, o aplicativo detecta, por exemplo, um determinado edifício e sobrepõe à imagem todas as informações a respeito dele por meio da Wikipédia. Também é possível ver fotos que alguém tenha carregado no Flickr, vídeos do YouTube e até mesmo buscar no Google outras relações com o lugar. O melhor de tudo é que a própria pessoa pode enriquecer esse programa com as próprias contribuições.

## A verdade nua e crua

Embora fascinante, a realidade aumentada não apenas facilita a vida; ela também a melhora. Segundo o doutor Michael Aratow, superintendente de informações médicas do San Mateo County Medical Center, na Califórnia, essa tecnologia já é utilizada há dez anos na área da medicina. Você se lembra do Jogo da Operação, que nos possibilitava brincar que éramos cirurgiões? Pois esse jogo já chegou ao século XXI e se tornou realidade. Vejamos como funciona. A cirurgia

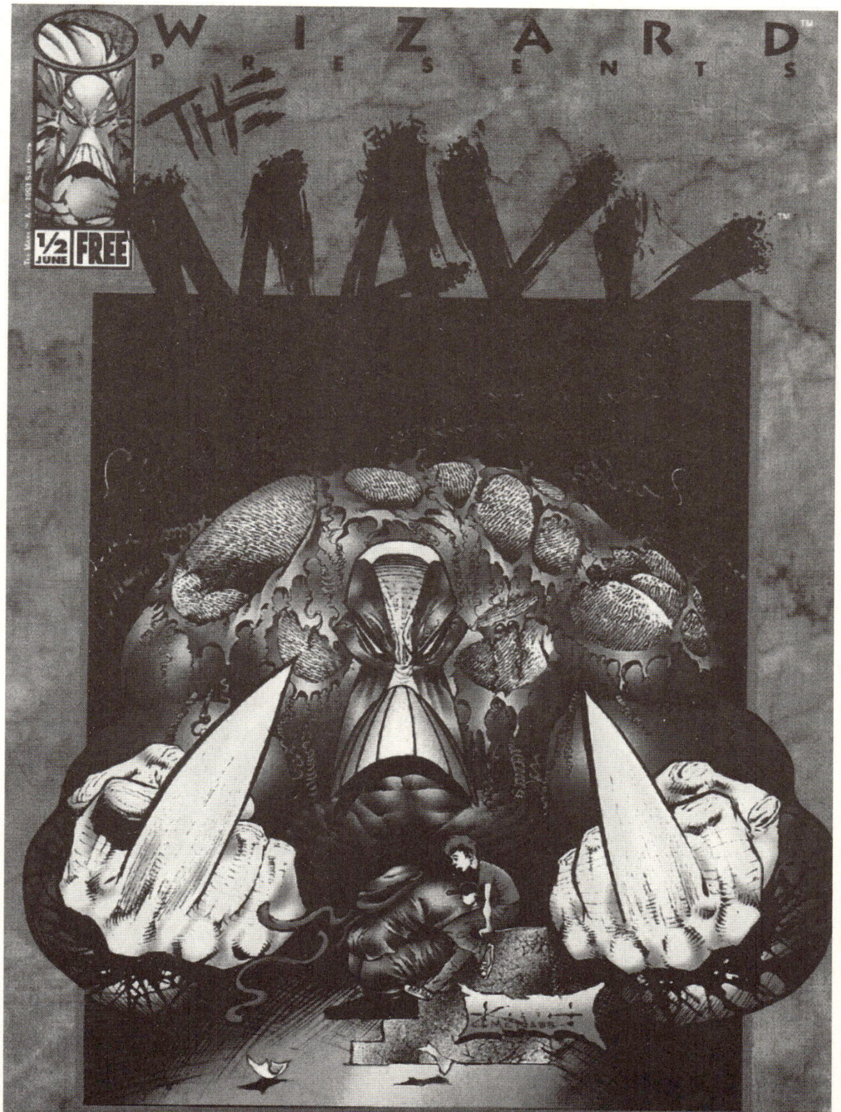

de invasão mínima utiliza uma câmera muito pequena que permite que o médico visualize o procedimento que está realizando. Suponhamos que seja uma neurocirurgia: o médico sobrepõe a imagem que a câmera capta do cérebro diretamente sobre o crânio do paciente. Isso permite que os médicos sejam muito mais precisos nos tratamentos e é uma ferramenta de grande valia na hora de ensinar alguma coisa. Porém ainda há mais. Nas consultas, usando um dispositivo semelhante ao que foi inventado para os engenheiros elétricos da Boeing (o qual lhes permitira ver a disposição dos cabos), os profissionais de saúde poderiam ver toda a ficha clínica do paciente enquanto o examinassem.

## Ver para curar

Outro cientista que trabalha com a realidade aumentada a serviço da medicina é Christopher Stapelton, da University of Central Florida. Stapelton escaneia a cabeça de uma pessoa, exibindo a sua estrutura óssea e, depois, projeta a imagem diretamente sobre o rosto do paciente, o que lhe permite ver como se movem os ossos à medida que as expressões se modificam.

Sim, você deve estar pensando, tudo isso é muito interessante. Se não considerarmos que teremos de levar conosco um telefone celular, depender da sua bateria e de que haja uma conexão com a internet, a realidade aumentada é uma ideia é muito bonita. No entanto é só isso, pelo menos até que possamos ver direta e exclusivamente com os olhos. Pois a verdade é que você pode eliminar o telefone celular. É o que garante Babak Parviz, professor de bionanotecnologia da Washington University.

O olho humano é um prodígio da nanotecnologia: é capaz de detectar milhões de cores, ajustar-se instantaneamente a pequenas modificações de luz e transmitir informações ao cérebro a velocidades vertiginosas. Mas Parviz não quis parar aí e já deu mais um passo. Inspirado nos filmes do Exterminador do futuro, em que um robô podia ver informações do seu ambiente diretamente impressas sobre o seu campo visual, esse cientista está projetando lentes de contato que nos permitirão fazer o mesmo.

## Com novos olhos

As lentes de contato convencionais são fabricadas com polímeros que seguem uma estrutura determinada para corrigir as falhas visuais. Parviz incorporou circuitos de controle e comunicação, antenas em miniatura nas lentes, para que possamos ver uma realidade muito mais enriquecida, uma realidade aumentada. Com o tempo, essas lentes conterão centenas de LEDs que formarão imagens e textos diante de nossos olhos. E para que não interfiram em nosso campo visual, serão transparentes (como diapositivos). Parviz assegura que essas lentes não precisam ser complexas para ser úteis. Elas poderiam, por exemplo, conter pequenos biomarcadores, indicadores de saúde, que detectem concentrações de certas moléculas; por exemplo, de glicose. Os sensores colocados no interior da lente permitiriam que o usuário soubesse quais são os seus níveis de glicose no sangue e se ele precisa ou não de insulina. Se adequadamente configurados, os biossensores também poderiam determinar os níveis de colesterol, sódio e potássio do usuário. Além disso, essas informações poderiam ser imediatamente enviadas ao hospital para ser avaliadas por um profissional.

A equipe de Parviz, como ele mesmo descreve, enfrenta três desafios fundamentais para chegar a um bom resultado com essa lente (que já foi testada em coelhos e comprovadamente não é tóxica). Primeiro: nem todas as partes dessas lentes são compatíveis entre si e tampouco o são com o polímero da lente. Para evitar isso, eles fabricam todos os elementos a partir do zero: desde a antena e os microprocessadores até o tipo de LED e o polímero.

Por exemplo, os circuitos e os LEDs são confeccionados com químicos corrosivos e a altas temperaturas, ambos incompatíveis com os polímeros, de modo que as lentes não podem ser aplicadas diretamente sobre eles.

Isso gera um segundo inconveniente, que é miniaturizar todos os componentes para que caibam em um espaço de 1,5 centímetro quadrado. Até o momento, não resolveram tudo isso, mas conseguiram um sistema de montagem próprio que lhes permite incorporar vários circuitos à lente. Por último, a lente precisa ser biocompatível, e os LEDs, por exemplo, são fabricados, em sua maioria, com alumínio, gálio e arsenieto, os quais são tóxicos.

## Ao alcance dos seus olhos

Até o momento, eles foram capazes de fabricar o monitor de glicose e outros biossensores que reagem a uma molécula determinada enviando um sinal elétrico. Também conseguiram projetar componentes microscópicos; entre eles, transistores de cristal de silício, antenas, detectores de luz feitos de silicone, difusores de resistência e chips de rádio, e demonstraram que todos esses componentes podem ser integrados a um polímero transparente. Além disso, "construímos um protótipo com LEDs, um pequeno chip de rádio e uma antena, e temos transmitido energia, sem cabos, suficiente para acender as luzes", garante o próprio Parviz.

Por último, eles também estão em busca de uma resposta para algo que você certamente já questionou: como será possível enxergar as informações contidas nas lentes se a distância mínima para que possamos ler alguma coisa é de pelo menos uns 10 centímetros? Com essa finalidade, eles estão desenvolvendo uma sucessão de lentes menores sobre a superfície da própria lente que atuem como uma "lupa inversa", ou seja, distanciando a imagem. Essas microlentes já são usadas atualmente e serviriam para que o usuário visse a imagem, suspensa no ar, a meio metro de distância.

É claro que falta uma última pergunta: como será alimentado todo o sistema de luzes e transistores? Parviz ainda não tem certeza absoluta, já que há diversas opções: "Uma possibilidade é converter as vibrações em energia ou recebê-las do sol. Também é possível obtê-las da inércia característica do movimento ocular. No entanto, por ora, o modo mais eficiente é a energia solar". Com isso, sem dúvida, teríamos a realidade aumentada ao alcance de nossos olhos.

# 5

## LANTERNA VERDE

### Há alguém aí?

Embora no universo Marvel tenha havido vários personagens que receberam esse nome (pelo menos quatro), vamos falar de quem começou a saga: Alan Scott. Segundo a lenda, há milhares de anos, um meteorito de "chama verde" caiu na antiga China. A voz na chama profetizou que atuaria três vezes: a primeira, trazendo a morte, a segunda, dando a vida, e a última vez, conferindo poder. No início, os habitantes do local não acreditaram em nada do que estava acontecendo e a pedra ficou com um fabricante de luminárias que a usou em uma de suas criações. Ao ver a obra, as pessoas sentiram que aquilo poderia ser uma demonstração de sacrilégio, então o mataram. Logo depois, todos pereceram fulminados por uma labareda verde (se todos morreram... quem contou a história?). A primeira profecia se cumpriu. Séculos depois, por algum mecanismo próprio das profecias, a lanterna foi parar nas mãos de um paciente de um hospital psiquiátrico cuja saúde foi restaurada e ele pôde retornar a sua vida. Segunda profecia. Finalmente, chega a vez de Alan Scott. Depois de ele se tornar o único sobrevivente de um acidente de trem, a lanterna aparece diante de Scott e o ensina a fabricar um anel com base em seus componentes, o que lhe confere um poder extraordinário (o anel foi descrito como a arma mais poderosa do Universo) e dota o Lanterna Verde de inúmeras habilidades. As mais interessantes para nós são a habilidade de gerar buracos de minhoca para se transportar para qualquer lugar do cosmo, o poder de atravessar materiais sólidos, deixar qualquer ser humano em animação suspensa e religar as sinapses dos criminosos mortos para extrair informações deles.

## As informações (do seu cérebro) são poderosas

Muito mais do que a habilidade de criar buracos de minhoca ou ter um anel com superpoderes, no mundo real o superpoder mais interessante desse personagem é o de extrair informações do cérebro dos mortos. Mais ou menos como nos filmes em que tentam obter a imagem da última coisa vista pelos mortos: possivelmente o seu assassino. E isso se revela ainda mais interessante não apenas porque é possível, mas também porque já foi feito. A experiência foi realizada pelo neurocientista Ben Strowbridge, da Case Western School of Medicine, e possibilitou armazenar lembranças em um cérebro morto e depois recuperá-las. Strowbridge e a sua equipe trabalharam com parte do cérebro de um camundongo, especificamente com a área do hipocampo que está ligada ao armazenamento das recordações.

Os especialistas reconhecem que existem três tipos de memória: uma declarativa (que é útil para recordar fatos ou acontecimentos específicos), uma de procedimento (a que se lembra de como andar de bicicleta) e a de trabalho (que armazena lembranças de curto prazo). É nessa última que os neurocientistas se concentraram. O que eles fizeram foi estimular por meio de eletrodos um grupo de neurônios no hipocampo. Dez segundos depois, esses se lembraram de qual eletrodo os havia estimulado. Eles descobriram isso ao ver um padrão de atividades específicas nessa região do cérebro. Strowbridge comenta que "as informações permaneceram armazenadas no tecido durante dez segundos. É o mesmo tempo que ficam armazenadas, naturalmente, nos mamíferos, inclusive no ser humano. É bem possível que isso só funcione em algumas áreas muito específicas do tecido cerebral, como o hipocampo. Contudo não deixa de ser curioso o fato de o cérebro, até mesmo morto, ser capaz de executar algumas funções. É a primeira vez que alguém conseguiu armazenar recordações em áreas do cérebro de mamíferos ativadas espontaneamente, e não é estranho que isso tenha sido feito em uma região do cérebro como o hipocampo, que é a região que está mais associada à memória".

## Aprendendo com as recordações

Os neurocientistas procuram constantemente descobrir como funciona o cérebro e "escrever" um vocabulário com as suas ondas. Se fôssemos capazes de reconhecer e interpretar cada uma delas (consulte o capítulo sobre o Homem--Animal), nós poderíamos criar um dicionário que nos permitisse estimular um cérebro morto e traduzir essas informações. Os primeiros passos nessa direção já estão sendo dados na Espanha.

Recentemente, a revista *Quo* realizou a primeira neurocapa de uma publicação espanhola. Com essa finalidade, ela convocou cerca de dez voluntários que viram como as suas ondas cerebrais eram analisadas enquanto lhes eram

mostradas diferentes opções de capas. O estudo foi realizado por pesquisadores do CSIC, cujo mentor (literalmente) era o especialista Manuel Martín Loeches. Foi a equipe desse último que descobriu uma onda cerebral relacionada com a surpresa: quando vemos algo que se revela agradavelmente original ou diferente, essa onda aparece no encefalograma (era essa a onda que estavam buscando na experiência realizada com a revista *Quo*). Porém os neurocientistas especulam que cada emoção tem uma onda cerebral distinta e característica (algo que veremos no capítulo sobre o Hulk, quando falarmos sobre as disposições de ânimo).

## O açougueiro mental

A cada semana os especialistas descobrem algo novo com relação ao cérebro. Talvez nunca consigamos saber tudo, porém há quem se preocupe com isso para que tenhamos todas as ferramentas necessárias para fazê-lo. Um deles é o doutor Jacopo Annese, que está elaborando o Google Map do cérebro humano. Annese seccionou um cérebro humano em 2.401 fatias, cada uma mais fina do que um pelo humano. Para fazer isso, o cérebro é congelado com um gel especial, e um especialista (digamos, um neuroaçougueiro) faz os cortes, que devem ser todos idênticos. Cada uma dessas fatias é fotografada em cerca de mil seções distintas para que possa ser estudada em modelos de 3D e seja possível descobrir como ela se conecta com a anterior e a seguinte, o que permite que os especialistas tracem uma espécie de mapa de todos os trajetos neuronais do cérebro. Isso está sendo feito com o cérebro da mosca, porém, para termos uma ideia, o número de imagens necessárias é superior ao que existe atualmente no Facebook. E isso porque é um cérebro do tamanho da cabeça de um alfinete. No entanto, o conhecimento que um possível mapa do cérebro humano pode nos proporcionar é idêntico ao conhecimento que nos facilitaria entender o Universo inteiro. Saberíamos a localização de tudo e poderíamos solucionar muitas doenças neurodegenerativas.

# 6

## KA-ZAR

# Quando Tarzan chegou à Marvel

Ka-Zar é o filho mais velho de lorde Robert Plunder, o nobre inglês que descobriu a Terra Selvagem. Ali vivem os Homens-Macaco (e outras criaturas de todas as épocas) em total desarmonia. É compreensível que, em uma das viagens de Plunder, os Homens-Macaco o tenham assassinado. Ka-Zar, que na época era apenas um menino, ficou sozinho e foi criado por Zabu, um tigre-dentes-de-sabre; daí o seu nome – Ka-Zar significa "filho de tigre" na língua dos Homens-Macaco. Apesar de seu aparente isolamento, Ka-Zar lutou ao lado de muitos super-heróis, como o Homem-Aranha, os X-Men e Os Vingadores. Ele também descobriu na sua terra uma extraordinária jazida de um tipo raro de vibranium.

## Receita para ser selvagem

Um menino (que não se chame Mogli) pode ser criado por animais e sobreviver? Parece que sim. Desde os tempos de Rômulo e Remo (criados por uma loba, segundo a mitologia romana), há inúmeros casos no mundo inteiro que fazem referência a crianças selvagens. No total, existem hoje 137 casos documentados de crianças que supostamente sobreviveram durante um longo período em um meio hostil, sozinhas ou "criadas" por animais. Muitos acabaram se revelando desses casos falsos. Como é o caso de Amala e Kamala, por exemplo, duas meninas indianas que supostamente foram encontradas por alguns missionários perto de um orfanato de Calcutá em 1920. Infelizmente para as meninas, a realidade era muito diferente. Hoje sabemos que tudo foi uma mentira inventada pelo religioso que dirigia o orfanato, Joseph Amrito Lal Singh, com a finalidade de arrecadar fundos. Quem o desmascarou foi o médico francês Serge Aroles, autor de um livro chamado *L'Enigme des enfants-loup*. De acordo com a versão de Singh, ele teria acompanhado o caso das meninas dia após dia por meio de um diário no qual, como se descobriu mais tarde, ele começou a escrever em 1935, seis anos depois da morte das meninas. A fotografia que mostra as meninas comendo carne crua, de quatro, foi tirada em 1937. Por último, o médico encarregado do orfanato assegurou em uma entrevista ao *American Journal of Psychology*, em 1934, que as meninas não sofriam de nenhum dos transtornos psicológicos que Singh mencionara em seu diário. Assim como esse caso, muitos outros se revelaram invenções: os meninos-gazela, encontrados no Saara (conseguiam correr mais de 50 quilômetros por hora!), também eram um boato criado pelo aventureiro basco Jean Claude Auger. No entanto, muitos outros ainda são um mistério. Uma menina do Camboja que viveu quase vinte anos na selva; Lyoka, um menino russo que deve ter hoje entre 10 e 12 anos e que viveu no meio de uma alcateia; Daniel, um menino peruano que teria sido criado por cabras durante oito anos; ou Belo, que durante um ano e meio fez parte de uma família de chimpanzés na Nigéria. No entanto, o caso que mais chama atenção, porque até agora ninguém conseguiu provar que seja uma mentira, é o do espanhol Marcos Rodríguez Pantoja.

## Como Rômulo e Remo

Quando Marcos tinha 7 anos, seu pai o vendeu para um pastor de Sierra Morena (Córdoba). Esse pastor, Damián, o ensinou a caçar, pescar, andar pelo campo e identificar as qualidades de cada planta da região. Um dia, no entanto, Damián saiu para caçar e nunca mais voltou. Marcos teria passado mais de uma década na mais completa solidão. Pelo menos solidão humana. O próprio Marcos "conta" em um livro chamado *Juego entre lobos*, escrito pelo antropólogo Gabriel Janer, que certo dia entrou em uma gruta e começou a brincar com uns lobinhos. A mãe, ao chegar da caça, inicialmente se mostrou agressiva, mas depois de alguns dias deixou um pedaço de carne para ele. A relação chegou a um ponto que ele se transformou no macho alfa da alcateia. Quando Marcos contava 19 anos (1965), ele foi capturado pela Guarda Civil e enviado para fazer o serviço militar. Aqueles que o encontraram confirmaram para Gabriel Janer a versão de

Marcos: o tempo que ele esteve ausente, a área onde foi encontrado, as condições em que estava quando foi capturado. No entanto, o que verdadeiramente parece confirmar a vida de Marcos foi o que aconteceu alguns meses atrás. Quando ele estava filmando a história de sua vida (*Entre lobos*, obra de Gerardo Olivares), cinco lobos se aproximaram e começaram a brincar com Marcos como se ele fizesse parte da família deles. Toda a equipe de filmagem ficou alucinada, mas quem ficou mais surpreso foi o criador de lobos Pepe España, que garantiu nunca ter visto algo parecido na vida.

## Uma história verdadeira

Para saber como é possível que um menino sobreviva nessas condições, conversei com o antropólogo que ouviu a história de Marcos pela primeira vez: Grabriel Janer Manila. Foi ele que me disse que "ao longo da história houve certamente muitos casos de crianças que foram abandonadas, afastadas da vida social. São crianças que foram impedidas de iniciar o processo de socialização, ou cujo processo foi interrompido. Outras sobreviveram, e algumas, pouquíssimas, viveram a tentativa de ser reincorporadas à vida social por meio de um projeto de educação. É o caso de Victor, o menino selvagem de Aveyron, sobre quem temos as informações escritas por Jean Itard, nas quais François Truffaut se baseou para filmar *L'Enfant Sauvage.* A pedagogia experimental teve início com os trabalhos de Itard". Então crescer sem afeto não é uma coisa indiferente?, pergunto. "O ser humano precisa sentir que é amado. Na realidade, a afetividade contribui para o desenvolvimento de algumas áreas do cérebro. Por esse motivo, dizem que sentir o amor dos outros tem uma função fisiológica no sentido que possibilita a maturação de certos neurônios." O ambiente social proporcionado a uma criança de 12 anos, como no caso de Marcos, ao lado de outra espécie pode substituir a companhia humana? "É preciso considerar o momento em que ocorre a separação. Cabe, porém, assinalar um fato determinante: a irreversibilidade dos sinais que a personalidade adquiriu na sua relação com outras espécies. Um sistema de vida adquirido não pode ser facilmente descartado quando são abolidas as circunstâncias que o determinaram. É difícil prescindir daquilo que configuramos durante a relação com os animais." Depois de algum tempo, Marcos conseguiu se transformar no macho alfa (líder) de uma alcateia. Como um indivíduo de uma espécie pode se transformar primeiro em membro e depois em líder de outra espécie? "Não sei dizer. Só sei que é possível que um ser humano seja aceito por outros animais, especialmente por lobos, e que estabeleça uma relação afetiva com eles."

## Um mito bastante real

Por que você disse especialmente por lobos? "Foi demonstrado cientificamente que o cérebro dos lobos, especialmente o das lobas, em determinados momentos da sua vida, pode desejar a maternidade e, por conseguinte, se ocorre um encontro, elas podem adotar uma 'cria' humana. Além disso, acho que o lobo é um ser extremamente inteligente e que, possivelmente, Marcos conseguiu penetrar em seu espaço social. É um tema interessantíssimo que, naturalmente, apresenta muito mais perguntas do que respostas. Um dia, Marcos imita o bramido de um cervo que está chamando as fêmeas, e esse o confunde com outro cervo que quer disputar os seus domínios. A conduta dos lobos com relação a Marcos é inquietante, mas precisamos ter em mente que os antigos mitos contam a história de crianças abandonadas que foram amamentadas por uma loba. É uma criação literária, mas cujas raízes residem na relação do homem com os animais. Entre uns e outros não existe um limite determinante."

# 7

## KICK ASS KID

## Não sinto dor, não sinto dor

Este "super-herói" não tem nada que o identifique com os seus predecessores: o seu traje não tem nenhuma propriedade particular; na realidade, ele o comprou em um site da internet. Ele não sofreu mutações, os seus pais não são multimilionários e ele está muito longe de ser um gênio em física ou biologia. Seu único talento é uma obsessão compulsiva por histórias em quadrinhos. Assim sendo, certo dia, ele decide se transformar em um dos personagens que tanto admira. Compra um disfarce (que nada mais é do que uma fantasia de Carnaval) no eBay e se exercita durante algum tempo com o objetivo de modelar o corpo. Logo surge a sua primeira missão: impedir um roubo. Mas Kick Ass e também o seu *alter ego* Dave Lizewski são violentamente atacados e acabam com várias fraturas e uma punhalada no pulmão, e para completar, ele é atropelado enquanto tenta fugir. Além disso, alguém filma a briga e coloca o vídeo no YouTube. E é exatamente isso que salva Kick Ass; a surra é vista por milhões de pessoas que se identificam com o jovem indefeso e decidem fazer algo por conta própria... A partir desse momento, a cidade fica cheia de "super-heróis" que buscam a justiça em suas horas livres. No entanto, há um fator que faz Kick Ass ter uma vantagem sobre os outros. Ele tem um poder que também é, ao mesmo tempo, uma maldição: ele não sente dor.

## Não sinto as pernas

Para entender como alguém consegue ser imune à dor, temos primeiro que compreender o seu funcionamento. Geralmente, pensamos em nosso cérebro como um órgão que ativa e interpreta todos os nossos sentidos: todas as informações são processadas nele. Vemos o nosso cérebro como o órgão que nos permite sentir as coisas. Embora tudo isso seja verdade, ele também exerce uma função fundamental e, por incrível que pareça, oposta: o nosso cérebro é um grande inibidor. Façamos um pequeno teste e você verá que tenho razão. Você está com este livro nas mãos, acha que só está vendo as páginas dele, mas os seus olhos também detectam tudo o que está acontecendo no seu campo visual. Embora você não tenha consciência disso, as suas pernas sentem o tecido da roupa, a sua pele percebe a temperatura ambiente e o seu ouvido detecta os mais leves ruídos. No entanto, o cérebro anula todo esse "ruído" para que você possa se concentrar na leitura. Imagine como seriam as coisas se ele não exercesse essa função inibidora. Algo semelhante acontece com a dor. O nosso corpo está cercado por uma rede de nervos, que é um conjunto de células nervosas (neurônios).

## O segredo do seu sucesso

Um dos sentidos que mencionamos quando falamos de Concreto foi a nocipercepção, o sentido da dor. Ao contrário dos outros sentidos, esse não abrange um órgão específico (como os olhos ou os ouvidos) que sirva de receptor do estímulo. Tampouco está rodeado por estruturas especiais, como os corpúsculos de Merkel, que detectam a pressão em nossa pele. O que ele tem é um contato permanente com a rede nervosa, que mencionamos anteriormente por meio dos nociceptores. Esses receptores se diferenciam porque se ativam ou se estimulam quando o estímulo é muito intenso, pelo menos em comparação com outros receptores, como os do tato. Se não fosse assim, não conseguiríamos distinguir um leve roçar de um corte profundo. Basicamente, esses receptores funcionam da mesma maneira que os neurônios: eles transmitem informações por meio de sinais elétricos que são ativados pela presença de certos elementos químicos, como o sódio. As células termorreceptoras (aquelas que nos alertam quando uma coisa está muito quente) são ativadas e começam a enviar informações às células vizinhas quando o limite de 10 milivolts é ultrapassado, enquanto os neurônios, de um modo geral, são ativados com 1 milivolt. Foi realizada uma experiência muito interessante para verificar o caminho da dor desde que ela é recebida nos nervos até ser interpretada pelo cérebro, introduzindo-se nas células nervosas um tipo de tinta sensível ao sódio (o elemento químico que desencadeia a conexão entre os nociceptores). Contudo há uma pergunta que ainda não foi respondida: por que sentimos dor?

## Se não dói, não serve

É um fato que os tecidos se danificam. É verdade, é um sinal de alerta do corpo, mas isso explica o propósito e o motivo da dor, e não o que acontece em nosso corpo que nos faz sentir dor. Basicamente, o que se passa é o seguinte: você se lembra de que dissemos que as células encarregadas de enviar as informações só são ativadas a partir de 10 milivolts? Pois isso diz respeito a cada uma das células; quanto mais células receberem o estímulo que as "faz despertar", mais volts percorrerão a área do corpo atingida para ativar os alertas. E esse sinal é transmitido praticamente à velocidade de um Fórmula 1: cerca de 300 km/h. Isso equivale a 300.000 m/h ou, em termos do corpo, o sinal percorre mais de 80 centímetros

de distância em menos de um milésimo de segundo. Os mecanismos da dor são uma fonte de informações fundamental para criar analgésicos eficazes. Por esse motivo, as pessoas que têm a mesma capacidade de Kick Ass de não sentir dor são uma fonte fundamental de informações.

Na realidade, existem casos como o de Kick Ass Kid. Foram descobertas recentemente três famílias no norte do Paquistão cujos integrantes tinham a mutação de um gene, o SCN9A, que impedia ou dificultava a transmissão das informações de uma célula para outra, por isso eles não sentiam dor. Os membros dessa família trabalhavam como faquires ou em circos, atravessando os braços com espadas e caminhando sobre brasas incandescentes sem sentir nenhum tipo de dor, embora fossem capazes de sentir pelo tato a pressão e a temperatura; eles apresentavam feridas nos lábios e na língua de tanto se morder quando pequenos, deformações oriundas de fraturas não curadas e até mesmo queimaduras causadas por água fervente. Na realidade, uma das crianças morreu ao saltar de um telhado. O estudo desse gene permitirá que sejam desenvolvidos analgésicos muito mais específicos e talvez possibilite que essas pessoas tenham uma qualidade de vida muito melhor.

# VILÕES

## 8

## BARÃO ZEMO

### A solução é colar

Um vilão que é vítima da sua própria maldade. O Dr. Heinrich Zemo é o 12º Barão Zemo, um dos cientistas mais conceituados do partido nazista e, por conseguinte, arquivo-inimigo do Capitão América. Um homem sádico que refletia o ódio de uma sociedade depois de tomar conhecimento das atrocidades cometidas pelo regime nazista na Segunda Guerra Mundial (o personagem aparece pela primeira vez em 1946). Zemo se caracteriza por ser o inventor de inúmeras armas de destruição em massa, as quais ele testava tanto em prisioneiros de guerra quanto em civis: um de seus raios mortais destruiu completamente uma cidade alemã. Com o propósito de conseguir um pouco de anonimato, Zemo começou a usar uma máscara que cobria o seu rosto. Isso seria o início do fim. Esse vilão é mais conhecido por ser o inventor do adesivo X, uma cola que naquela época não podia ser removida por nenhum método conhecido e que estava para ser lançada sobre as tropas aliadas. Para sorte do "mundo civilizado", o Capitão América chegou bem a tempo, tanto de impedir que a carga fosse lançada quanto de atirar o seu escudo sobre o reservatório de cola ao lado do qual estava o Barão Zemo: a partir de então, o cientista vilão não conseguiu mais retirar a máscara, a qual, apesar de ter buracos para os olhos (não me pergunte por que o líquido não caiu nos olhos dele) e para o nariz, não tinha nenhum orifício para a boca, de modo que ele passou a ter de se alimentar por via intravenosa.

## Os Pegamoides

Inegavelmente, ocorreu aos roteiristas da DC Comics criar esse personagem quando perguntaram aos seus botões: "Se nada gruda no Teflon... que técnica é usada para aderi-lo às frigideiras?" (A resposta é: usam uma película de areia.)

Não é estranho que o pobre Heinrich tenha criado o adesivo mais poderoso conhecido, já que são precisamente os seres vivos que os produzem. Exatamente. Apesar de todos os avanços tecnológicos, os melhores adesivos são produzidos pela natureza. Se considerarmos a cola que os sumérios fabricavam fervendo a pele dos animais, o adesivo que os romanos produziam misturando sangue, urina e uma proteína do leite (a caseína) para unir pedras, e os 250 mil tipos de adesivos criados pelo homem, nenhum deles se compara aos que existem no reino animal. Vejamos dois exemplos. O bioengenheiro Russell Stewart, da University of Utah, criou um novo tipo de adesivo inspirado na cola produzida naturalmente por uma espécie de verme marinho, o *Phragmatopoma californica.* Esse animal constrói a sua casa em forma de tubo, unindo grãos de areia, de um por um, graças a um cimento composto de proteínas. O extraordinário é que ele faz isso debaixo d'água, o que demonstra a capacidade do material para resistir a condições de extrema umidade e pressão. A cola baseia as suas propriedades nas cargas positivas e negativas que contém. Essas se associam e se solidificam quando a temperatura ou o nível de acidez da água se modificam. Imitando essa composição, Stewart conseguiu fabricar um material que é duas vezes mais resistente que o original e que possibilitou que ele unisse os fragmentos do fêmur de uma vaca. Por ser biocompatível, esse novo adesivo poderia substituir dispositivos mecânicos como parafusos e placas, usados até hoje no tratamento de fraturas complexas.

## Aderindo a novas investigações

O segundo exemplo é o geckel, mistura de *gecko* (lagartixa, em inglês) e *mussel* (mexilhão, também em inglês). As lagartixas conseguem se deslocar em todas as dimensões, como se não obedecessem à lei da gravidade. Elas andam pelas paredes ou pelo teto como se estivessem no chão. O único inconveniente é que não podem permanecer paradas por muito tempo. Elas conseguem fazer tudo isso porque cada uma das patas do réptil conta com milhares de pequenos filamentos de 200 nanômetros (um nanômetro é a milionésima parte do milímetro), que, em certo sentido, "aderem" às imperfeições microscópicas que existem em qualquer superfície. Por conseguinte, isso se torna um poderoso adesivo que, apesar do uso constante, nunca perde as características.

Os mexilhões, por sua vez, têm os bissos, filamentos que possibilitam que eles grudem nas pedras tanto embaixo d'água quanto na superfície. De fato, o pesquisador Ingo Grunwalds, do Instituto Fraunhofer de Pesquisas Aplicadas de Materiais (IFAM), da Alemanha, comprovou que os mexilhões aderem ao Teflon, quando supostamente nada é capaz de fazê-lo.

Ambos os organismos possuem adesivos com propriedades exclusivas, e Phillip Messersmith, da Northwestern University, teve a excelente ideia de uni-los para formar o geckel. O resultado foi uma cola com um poder de adesão quinze vezes superior ao do mexilhão, mas que pode ser desgrudada milhares de vezes sem sofrer alterações. O geckel pode ser usado debaixo d'água e é biocompatível. Zemo certamente desejaria ter conseguido criar um adesivo assim, principalmente porque ele pode ser retirado sem nenhuma dificuldade.

# 9

## CAMALEÃO

### Cores para todos os gostos

Dimitri Smerdyakov é um dos primeiros vilões da vasta galeria de inimigos do Homem-Aranha. Ele é meio-irmão de Sergei Kravinoff (que mais tarde se tornaria conhecido como Kraven, Caçador), com quem tinha uma relação de amor e ódio em razão dos constantes abusos que esse último praticava contra ele. A despeito disso, Sergei o admirava por causa do seu talento para personificar amigos e desconhecidos. A sua primeira atividade criminosa é usurpar a identidade do Homem-Aranha para roubar um banco, porém é descoberto e encarcerado. O ódio de Dimitri pelo Homem-Aranha se desencadeia quando Kraven se suicida. Ele coloca a culpa desse ato no Homem-Aranha e toma uma decisão irreversível: ingere uma poção que faz o seu rosto perder todas as feições e permite que possa ser moldado à vontade. Assim nasce o Camaleão. Mais tarde, ele consegue obter um tecido com memória que reage aos seus impulsos nervosos e permite que ele assuma a identidade de quem desejar.

Obviamente, a ciência não está avançada a ponto de possibilitar que alteremos o nosso rosto à vontade, mas Dimitri se autodenominou com o nome de um animal capaz de mudar a cor de sua pele para se confundir com o ambiente. E ele não é o único capaz de conseguir fazer isso.

## Alterando a sintonia

Há cerca de uma centena de espécies de camaleões que podem mudar para cores que incluem o rosa, o azul, o vermelho, o laranja, o preto, o verde, o marrom, o roxo, o amarelo e o turquesa, entre outras. Essas mudanças acontecem por diferentes razões, não apenas para camuflagem. De fato, de acordo com os cientistas, essa estratégia surgiu mais tarde na evolução. A primeira razão foi uma manifestação fisiológica do estado do animal ou um indicador social. Os camaleões mudam de cor para mostrar a sua hierarquia, para reagir às condições de luz (se está com frio, se torna mais escuro, já que essas tonalidades absorvem mais radiação) ou para atrair as fêmeas (alguns mudam de marrom para roxo no corpo e amarelo com manchas verdes nas pestanas). No entanto, como fazem isso? Esses animais têm células especializadas chamadas cromatóforos que estão localizadas em diferentes camadas debaixo da pele externa, que é transparente. As células da camada superior se denominam xantóforos e eritróforos, e contêm pigmentos amarelos e vermelhos respectivamente. Debaixo delas existe uma substância incolor chamada guanina, que reflete a parte azul do espectro luminoso. Desse modo, se a camada superior das células for principalmente amarela, o camaleão ficará verde graças à mistura do azul com o amarelo.

## A luz é a cor e vice-versa

Debaixo dessa camada celular encontra-se a melanina, mais escura e responsável por determinar a luminosidade da cor. Todas essas células estão repletas de pigmentos granulosos situados no citoplasma. É o grau de dispersão que assinala a intensidade da cor: se o pigmento estiver distribuído homogeneamente na célula, a cor resultará intensa, mas se ele estiver apenas no centro, a cor ficará mais apagada. A totalidade das células pode modificar a localização dos pigmentos (por isso, elas são tão especializadas), influenciando, por isso, a cor do camaleão, que pode mudar em apenas vinte segundos.

Mas há outros animais que também mudam de cor. O besouro joia,[36] por exemplo, é um escaravelho que tem habitualmente um tom dourado brilhante, mas pode mudar para laranja brilhante com manchas pretas para afastar os seus predadores: aves que acham os escaravelhos deliciosos, mas fogem das joaninhas.

---

36. *Charidotella sexpunctata*, anteriormente conhecido como *Metriona bicolor*. (N. dos T.)

A aranha-da-casca-de-darwin (*Caerostris darwini*) muda de cor com uma estratégia oposta: para caçar. Ela muda de cor de acordo com o ambiente, para poder se aproximar mais de sua presa.

## Seres humanos camaleônicos

Nós poderíamos adquirir essa capacidade? Na realidade, nós praticamente a temos. Vamos voltar um pouco no tempo. A iniciativa TimeTree of Life [A Árvore da Vida Temporal] é um projeto muito interessante de Blair Hedges

(biólogo evolucionista da University of Pennsylvania) e Sudhir Kumar (doutor em genética e biologia da University of Arizona). Os dois cientistas elaboraram um banco de dados de quase todas as espécies conhecidas e as relacionaram com o primeiro antepassado comum. De acordo com o seu banco de dados (disponível em www.timetree.org), os seres humanos compartilharam um antepassado com os camaleões há 428 milhões de anos. Na hora de mudar a cor da pele, porém, esse tataravô não tem nenhuma utilidade para nós.

Contudo (na ciência quase sempre há um senão), o peixe-zebra, a truta e o salmão podem nos ser úteis. Há 455 milhões de anos, a Terra era povoada por um parente distante comum do *Homo sapiens* e dos salmões (é o que afirma o TimeTree of Life). O interessante é que, recentemente, o doutor em genética Roger Cone, da Vanderbilt University, descobriu um gene, o *agrp2*, que permite que os organismos que o possuem mudem de cor para mimetizar-se com o ambiente. Por que isso é interessante? Porque nós, seres humanos, temos dois genes dessa família (a *agouti*), que são os genes que determinam a cor da nossa pele e do nosso cabelo. Além disso, esse gene também foi detectado em mamíferos. A lebre do ártico (*Lepus articus*) muda a pelagem, que é branca no inverno e marrom na primavera. E estamos separados dessa lebre "por apenas" 103 milhões de anos.

# 10

## SHOCKER

## Um golpe de sorte

Herman Schultz nasceu em Nova York e, apesar de possuir um enorme talento para as invenções e para a engenharia, decidiu dedicar sua vida ao crime (parece repetitivo, mas na verdade existem muito mais heróis do que vilões). As suas habilidades logo o tornam conhecido como o melhor arrombador de cofres do mundo. Finalmente, ele é capturado, mas na prisão ele projeta luvas que lançam ar comprimido e que, ao fazer os disparos, vibram com tamanha pressão que as torna capazes de destruir e desestabilizar enormes estruturas. Em poucas palavras, Shocker tem o poder dos terremotos nas mãos. E se fôssemos super-heróis, deveríamos ficar bastante preocupados, porque ficamos praticamente impotentes na presença de um terremoto.

No entanto, para saber como refreá-lo, primeiro precisamos entender como ele começa.

### É possível evitar?

O nosso planeta é como uma cebola, pois tem diferentes camadas.[37] A parte externa, a mais fria e rígida, é a litosfera, que é formada por uma série de lâminas espessas, chamadas placas tectônicas, que se deslocam cerca de 2,5 cm/ano, em um ritmo bastante semelhante ao do crescimento das unhas dos dedos da

37. Para informações a respeito do núcleo terrestre, veja o capítulo sobre Magneto.

mão. A ciência ainda não descobriu o motivo pelo qual elas se movimentam, mas a explicação mais aceita está relacionada com as correntes de convecção no interior do manto terrestre.[38] O deslocamento dessas placas ocorre em um espaço finito, a Terra, e mais cedo ou mais tarde há um choque entre elas. Ocasionalmente, a sobreposição das placas gera novas cadeias montanhosas, porém, na maioria das vezes, acontece um terremoto. O espaço entre as placas é conhecido como falha. Nas falhas se acumulam grandes quantidades de rochas que permanecem no lugar graças ao atrito. Imagine-se colocando a mão sobre várias bolinhas de gude; quando você desloca a mão, as bolinhas também se movem. Imagine agora que você está fazendo isso em uma caixa e que o número de bolinhas ocupa uma extensão levemente maior do que a área da base da caixa. O movimento da sua mão, em algum momento, fará que elas subam uma por cima das outras, fazendo a sua mão também subir. Essa é uma descrição aproximada do que acontece em um terremoto. Quando esse fenômeno terrestre se desencadeia, as ondas causadas pela energia libertada começam a se propagar de um modo circular (como quando lançamos uma pedra em um lago). No início, no epicentro,[39] elas se propagam com grande energia e velocidade, mas, à medida que vão encontrando obstáculos, como o atrito que antes mantinha as rochas no lugar, a sua força vai diminuindo.

## Como pedras em um lago

As ondas sísmicas, ao iniciar um movimento sísmico, propagam-se de uma maneira circular, mais ou menos como quando atiramos uma pedra em um lago.

---

38. A convecção é uma forma de transferência de calor que tem lugar nos meios fluidos, como o núcleo do planeta. O núcleo exterior da Terra é líquido, e a parte desse líquido que está mais próxima do núcleo interior (sólido), quando esquenta, sobe e faz o fluido mais distante do centro (e mais frio) descer, até se aquecer e reiniciar a série. É esse ciclo de movimento contínuo que manteria o movimento das placas.

39. As ondas sísmicas se dividem em ondas do tipo P (as que ricocheteiam no núcleo líquido) e em ondas do tipo S (as que são absorvidas pelo núcleo). Essas ondas se deslocam a diferentes velocidades, e é isso que possibilita a detecção do epicentro de um terremoto. Ao medir a diferença de tempo entre as duas ondas e a distância percorrida, os geólogos podem calcular a distância até o ponto de origem do movimento, o que é chamado de distância epicêntrica. Os cálculos são realizados, em geral, em três etapas distintas. Cada etapa mede a diferença do tempo de chegada das ondas e multiplica esse número pela velocidade das ondas P (8 km/s). Em cada etapa se produz um círculo cujo raio é o resultado anteriormente obtido. O ponto de interseção dos círculos das três etapas equivale ao local mais provável de origem do sismo.

Se houvesse na falha um material que aumentasse o atrito, o terremoto poderia ser detido com bastante rapidez. O mesmo acontece quando você está esquiando na neve e, de repente, a camada de gelo acaba e você desliza na terra: você freia quase repentinamente. O problema que os geólogos enfrentam ao simular modelos para deter os terremotos diz respeito ao que fazer com a energia gerada. Poderíamos impedir que ela desencadeasse um sismo, porém não podemos evitar que ela seja gerada. Enquanto não souberem como aproveitar esse movimento, os cientistas terão de se concentrar mais na proteção do que no prognóstico.

# 11

## HARRY OSBORN

# Não se aceitam imitadores

Ele é o melhor amigo de Peter Parker e também filho do seu arqui-inimigo: o Duende Verde. Harry é tão inteligente quanto o pai, mas esse o menospreza constantemente ao favorecer Peter. Apesar disso, Harry se torna amigo do super--herói. Pelo menos até que descobre a sua identidade secreta e se dá conta de que ele é o assassino do seu pai. A partir desse momento, até morrer, ele luta constantemente contra o Homem-Aranha e contra o instinto que lhe diz que o seu pai era um vilão. Na última vez que aparece, pouco antes de morrer, Harry se sacrifica para salvar a mulher que ambos amam, Mary Jane, e o próprio filho, Normie. No leito de morte, Harry se arrepende de seu comportamento e garante a Peter que sempre serão amigos. Uma promessa que pode ser algo mais do que meras palavras. Pouco antes de morrer, Harry cria um computador com cópias da mente do seu pai e também da sua. Isso é possível?

## Cérebros piratas

De acordo com Henry Markram, a resposta é sim. Esse cientista é o fundador e diretor do Instituto Mente Cérebro da Escola Técnica Federal de Lausanne, na Suíça, e trabalha atualmente no Blue Brain Project, um supercomputador que pretende simular, em todos os aspectos, as funções de um cérebro vivo. Ao longo dos últimos quinze anos, Markram e sua equipe coletaram informações do neocórtex, a área do cérebro que nos permite pensar, que regula a linguagem e a memória. O plano é unir todas as informações obtidas para criar um simulador do cérebro de um mamífero em três dimensões. Até pouquíssimo tempo atrás, não existia um computador suficientemente potente para armazenar todo o conhecimento de um cérebro e aplicá-lo a um modelo. Mas o Blue Brain Project está mudando isso.

## Passos de gigante em direção a um cibercérebro

Neste ponto, talvez seja conveniente nos determos um pouco para examinar a lei de Moore, antes de falar sobre Markram.

Em 1965, Gordon Moore, físico e químico, porém mais conhecido por ser um dos fundadores da Intel, formulou uma lei que hoje tem o seu nome. De acordo com ela, a cada dezoito meses a potência dos computadores e a densidade das informações que eles armazenam são duplicadas. Isso deixou de ser uma hipótese estatística, já que foi comprovado, nos últimos 45 anos, que a duplicação da potência efetivamente ocorre. No entanto, nem sempre as coisas foram assim, já que ao longo da evolução do nosso planeta ocorreram três fases na história da informação. Nos primeiros bilhões de anos de vida na Terra, a informação contida nos genomas se acumulou em um ritmo próximo ao bit a cada cem anos. Quando chegamos aos seres humanos, o ritmo aumentou cem vezes, mas o grande salto teve lugar quando ocorreu a invenção da imprensa e os livros começaram a circular. Nesse momento, a transferência de informações aumentou exponencialmente, alcançando 10 bilhões de bits por ano. Os computadores multiplicaram esse número pelo fator de um milhão. Essas cifras dizem respeito à transferência de informações, mas não ao seu processamento. De acordo com a Lei de Moore, chegamos atualmente a um bilhão de bits por segundo, mas, se acreditarmos na Lei de Moore (e não teríamos motivo para não acreditar, já que ela continua se cumprindo), em 2020, nós chegaremos ao trilhão de bits por segundo, a capacidade de processamento do pensamento humano.

## A evolução dos neurônios

Agora sim podemos continuar com Markram e o Blue Brain Project. Esse supercomputador, composto de quatro torres do tamanho de uma geladeira, processa informações em um ritmo de 224 teraflops (um teraflop equivale a um bilhão de operações por segundo) graças aos seus 16 mil processadores. Cada um desses é usado para simular cerca de mil neurônios. Ao fazer esses neurônios se conectarem entre si, o pesquisador suíço faz o computador se comportar como um cérebro, porém não como o cérebro humano, mas sim como o de um camundongo com algumas semanas de vida. Parece incrível que 16 mil dos processadores mais potentes disponíveis não possam sequer ser comparados com o cérebro humano. De acordo com Markram, há anos os neurocientistas vêm tentando entender o funcionamento da memória com base na hipótese de que

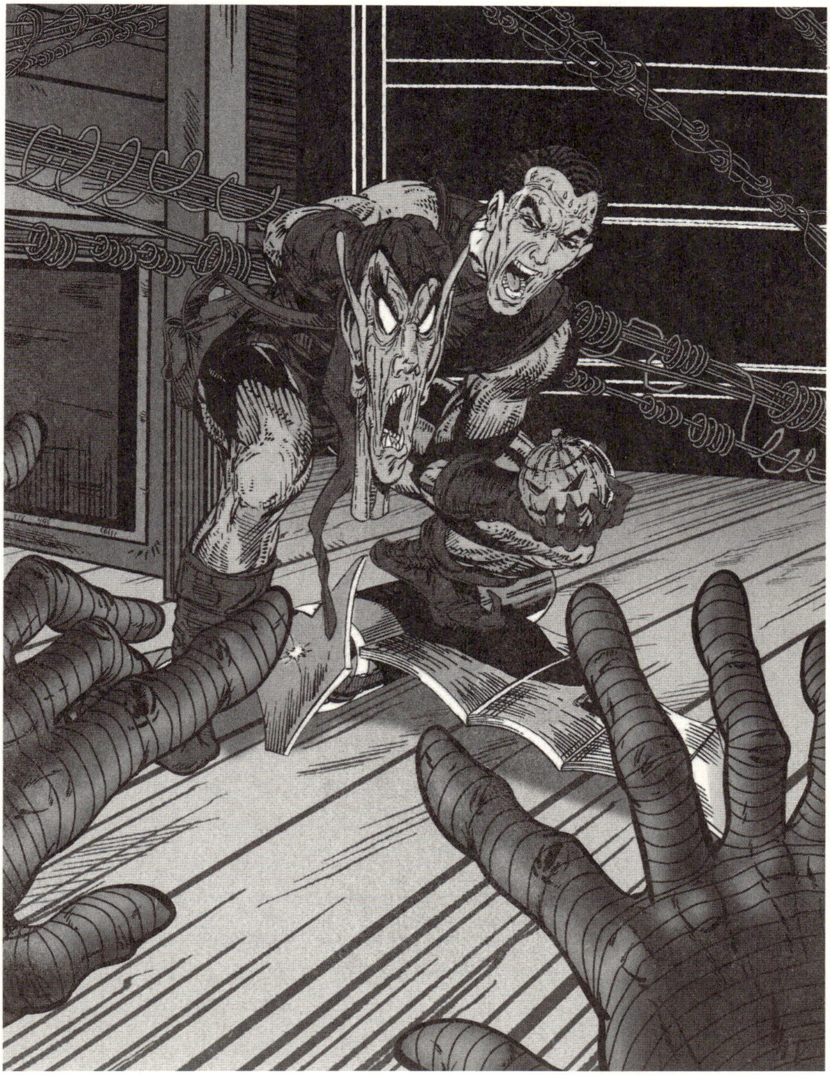

as recordações deixam uma marca nos neurônios, modificam algo, e essa é a marca que procuravam. Para Markram, no entanto, esse é um dos grandes equívocos da neurociência. "Todas as evidências", garantiu ele, em uma recente entrevista, "indicam que os nossos neurônios são sempre diferentes, que se modificam a cada milésimo de segundo. O seu cérebro hoje é muito diferente daquele que você tinha aos 10 anos de idade. No entanto você se lembra daquela época. A pergunta, portanto, deveria ser: como podemos recordar uma coisa tão longínqua, se o nosso cérebro está tão diferente? A resposta a essa pergunta nos ajudará muito a compreender o cérebro humano."

## Começando pelo fim

O que a equipe do Blue Brain Project está fazendo é engenharia inversa: eles aprendem como funciona o cérebro e, em seguida, aplicam esses conhecimentos de projeto, processamento e conectividade a uma máquina. E esse tipo de engenharia lhes proporcionou um conhecimento assombroso na descoberta de como funciona a consciência, o passo imprescindível para criar máquinas que sejam autoconscientes. De acordo com a teoria, quando a frequência das oscilações elétricas (entre 40 e 80 hertz) aumenta no cérebro humano, a mente faz uniões de percepção, que são a base da consciência. Ao introduzir uma simulação biológica nos computadores, a equipe de Markram obteve uma oscilação semelhante. "Não tentamos simular esse fenômeno nos computadores", confessa o próprio Markram. "Ele simplesmente apareceu. Agora, por engenharia inversa, podemos examinar minuciosamente o circuito e ver exatamente quais são os 'neurônios' que estavam envolvidos no processo."

O projeto de construir um modelo do cérebro humano tem enormes aplicações médicas, já que possibilitará que os cientistas simulem uma doença neurodegenerativa, verifiquem como ela começa, como se desenvolve e entendam todos os circuitos envolvidos. Esse conhecimento permite não apenas que eles criem melhores medicamentos, mas também que os testem nesse cérebro virtual para saber como respondem. Para Markram, em apenas dez anos, seremos capazes de criar esse modelo. O que ele ainda não sabe é quantos anos demoraremos para desenvolvermos uma máquina consciente, mas acredita que isso é uma questão de tempo e que certamente acontecerá: "É como uma máquina que se desenvolve muito rápido e, de repente, levanta voo", conclui.

Porém ele não é o único que está trabalhando nessa tecnologia.

## A sociedade da mente

Um dos gurus da inteligência artificial (AI) é Marvin Minsky, professor do MIT, cujos trabalhos foram influenciados pela obra de Isaac Asimov. Graças ao seu apreço e dívida para com a ficção científica, ele foi inclusive consultor em *2001: Uma Odisseia no Espaço,* de Arthur C. Clarke. Já em 1950, quando ainda não havia se formado, construiu uma máquina que simulava as ligações das redes neuronais e, nove anos depois, foi um dos fundadores do Laboratório de Inteligência Artificial do MIT. Em 1985, ele escreveu um livro que se tornou crucial para definir se é possível construir um computador que se comporte como um cérebro humano: *A Sociedade da Mente.* No livro, Minsky explica a sua teoria sobre como funciona a mente; o complexo fenômeno do pensamento pode se fragmentar em processos simples e especializados que trabalham em conjunto, como indivíduos em uma sociedade. Assim como Markram, esse cientista acha que o segredo está na simulação, já que, de acordo com ele, se uma teoria for simples, podemos construir um modelo matemático, mas se for complexa, teremos de fazer uma simulação. No entanto, isso se revela muito complicado, já que os cientistas começaram a criar máquinas que resolviam problemas muito difíceis ou executavam tarefas como jogar xadrez, mas não conseguiram avançar em tarefas mais simples, como entender por que os seres humanos fogem da chuva, mas depois tomam banho de chuveiro.

Para Minsky, os seres humanos não são o final da evolução; por conseguinte, se pudéssemos criar uma máquina tão inteligente quanto uma pessoa, "também poderíamos fabricar uma que fosse mais inteligente ainda", assinala o cientista. "Não faz sentido criar uma pessoa. O que você quer é fabricar uma coisa que possa fazer o que para você é impossível. De que serviria isso? Há problemas que ainda somos incapazes de resolver. Por que não criar melhores físicos, engenheiros ou matemáticos? Devemos ser arquitetos do nosso próprio futuro. Se não o formos, a nossa cultura poderá desaparecer."

## A sobrevivência do melhor hardware

Por último, vamos falar de Adrian Thompson, do Centro Computacional de Neurociência da University of Sussex. Ele é um dos fundadores de uma nova ciência chamada *hardware evolutivo,*[40] que consiste em computadores que evo-

40. *Evolvable hardware,* em inglês. (N. dos T.)

luem para resolver problemas, à semelhança de nossos neurônios. Para isso, ele usa um processador de silício que pode reconectar seus circuitos em bilionésimos de segundos e se configurar de outra maneira. Thompson trabalha com um processador Xilinx XC6216 que pode ser reconfigurado pelo usuário, permitindo-lhe estabelecer as conexões que ele considere mais apropriadas para a tarefa escolhida.

No entanto, o verdadeiro conceito de *evolução* é usar algoritmos genéticos. Esses codificam uma possível solução para um determinado problema a partir de uma sucessão de zeros e uns (os bits). Basicamente, eles alternam respostas positivas e negativas até chegar à solução final. Essa sucessão de bits se transforma em uma espécie de cromossomo artificial da solução encontrada pelo processador. As soluções que conseguem as respostas mais corretas são reunidas de uma maneira semelhante àquela em que os cromossomos se reúnem na reprodução sexual, com partes que se combinam para produzir uma nova sucessão. De vez em quando, adicionam-se algumas mutações aleatórias (assim como acontece na natureza) e depois são novamente avaliadas. As melhores são novamente escolhidas, combinadas, e assim sucessivamente até que os melhores "cromossomos" sejam encontrados. Esse tipo de algoritmo tem sido usado para resolver problemas matemáticos que pareciam impossíveis ou para projetar melhores turbinas.

## Eu, computador

E isso ajudou Thompson a dar o primeiro passo no que se refere ao reconhecimento da voz. Das mais de 4 mil "células" que compõem o processador, esse cientista só permitiu que cem se encarregassem de distinguir as inflexões. Ele conseguiu isso trabalhando duas semanas com algoritmos genéticos. O mais estranho é que ele próprio reconhece que não sabe como o processador conseguiu alcançar o objetivo. De fato, quando analisou o número de células, constatou que, das cem iniciais, apenas 32 haviam sido suficientes para desenvolver a tarefa. As outras 68 permaneceram alheias ao trabalho. "Um processador projetado pelo homem", confessa Thompson, "teria necessitado de algo entre dez e cem elementos lógicos (as células) para chegar ao mesmo lugar. Não é difícil imaginar como conseguiremos criar uma máquina que tenha consciência da sua existência". Garanto que Harry Osborn, o segundo Duende Verde, teria gostado de ouvir isso.

# Parte 5

# ANTI-HERÓIS

## A luta interior

Anjos caídos, heróis torturados e vítimas das circunstâncias. São provavelmente os mais humanos do universo das histórias em quadrinhos... Se deixarmos de lado os seus poderes. Eles refletem vários aspectos da sociedade que os viu nascer. Homens que são capazes de qualquer coisa para conseguir comida para os seus filhos (Homem-Areia, The Sandman), que chegam a qualquer extremo para comprovar a ciência e enfrentam as instituições políticas que os perseguem (Hulk), que são vingadores anônimos que não aceitam um sistema de justiça que oprime os fracos e favorece os poderosos (Rorschach). Personagens imprescindíveis, o que os torna humanos são a luta interna e a contradição da sua conduta.

# 1

## HULK

## Você me deixa verde

O *alter ego* do físico Bruce Banner. A massa verde chega ao mundo graças à explosão de uma bomba de raios gama que se propagou pelo corpo do cientista. A partir desse momento, as emoções negativas (ira, irritação, raiva, terror e até mesmo o ciúme) despertam o monstro (Hulk) que reside dentro dele. De fato, em uma de suas histórias afirma-se que "quanto mais zangado Hulk está, mais forte ele fica", informação que logo verificaremos se tem fundamento. Desse modo, esse anti-herói não consegue se controlar quando se transforma e é capaz de enfrentar tanto os malfeitores quanto os heróis das histórias em quadrinhos: as suas lutas contra O Coisa, o membro mais forte do Quarteto Fantástico, são notórias. Entre os seus poderes, além da óbvia força bruta, estão uma grande capacidade de regeneração. Sua pele permite que ele respire debaixo d'água e consiga sobreviver desprotegido no espaço e na presença de explosões nucleares. Mas tudo isso não pode explicar por que ele é verde: os raios gama são uma forma de radiação 10 mil vezes mais poderosa do que a luz visível. Infelizmente para os gibis coloridos, os raios gama se encontram fora do espectro da luz visível; eles têm cor, mas é impossível descrevê-la para o olho humano.

### Uma inteligência privilegiada

Por sua vez, de acordo com o universo Marvel, Bruce Banner tem "uma mente brilhante, impossível de ser avaliada por um teste": ele é especialista em biologia, química, engenharia e fisiologia, e tem também um doutorado em física nuclear.

Quando examinamos o espectro eletromagnético no capítulo sobre o Super-Homem, vimos que quanto menores são as ondas, mais energia elas contêm. Os raios gama, que causaram a mutação de Hulk, são uma das fontes de energia mais poderosas que conhecemos. De fato, o resultado da explosão de uma supernova são raios gama (e é isso que possibilita que os astrônomos detectem o evento), esse tipo de explosão é um dos eventos com mais energia no Universo. Embora tenhamos visto no capítulo sobre o Senhor Sinistro que

certas substâncias químicas ou radiações podem causar mutações em nosso DNA, a potência dos raios gama teria sido excessiva para Bruce Banner e, em vez de ter causado mutação, teria matado não apenas Bruce, mas também milhares de pessoas. Peter Brown, professor de Astrofísica da University of Texas, ressalta que uma explosão de raios gama é milhões de vezes mais poderosa do que a explosão do Sol, e se ocorresse muito perto do nosso planeta, o destruiria. Nem é preciso falar, obviamente, a respeito do que aconteceria se isso ocorresse diretamente na Terra. Para termos uma ideia, Peter Brown, astrônomo da University of Oklahoma, é um dos poucos privilegiados que conseguiram ver "ao vivo" (bem, por meio do seu telescópio) uma explosão de raios gama. O evento recebeu o nome de GRB030329 e provavelmente, de acordo com Brown, foi causado pela explosão de uma supernova que tinha de cinquenta a cem vezes o tamanho do nosso Sol, e quando acabar de se consumir por completo, provavelmente formará um buraco negro. E é isso que os astrofísicos estão esperando: ver como surge um deles.

## A raiva o transforma

Sem dúvida. Ainda assim, existe algo verdadeiro na sua transformação: Banner se transformava nessa massa quando era apanhado em uma espiral de ira da qual não conseguia sair. Recentemente, cientistas espanhóis, chefiados por Neus Herrero, pesquisadora da Universidad de Valencia, descobriram que a raiva tem consequências em nosso organismo que, embora não nos transforme no Hulk, nos faz ficar mais humanamente parecidos com o monstro verde.

Na presença da raiva, a frequência cardíaca, a tensão arterial e a produção de testosterona aumentam, o cortisol (o hormônio do *stress*) diminui e a atividade cerebral aumenta. É o que indica uma nova pesquisa liderada pelos cientistas da Universidad de Valencia (UV) que analisa as mudanças na reação cardiovascular, hormonal e de ativação assimétrica do cérebro quando ficamos zangados.

Para testar como reagimos diante de uma emoção negativa, Herrero realizou um teste em trinta homens. Os voluntários foram submetidos ao que é conhecido como teste de indução da raiva: foram apresentadas a eles cinquenta frases em primeira pessoa que refletiam situações cotidianas que provocam essa emoção. Antes do teste, e imediatamente depois dele, foram medidos a frequência cardíaca, a tensão arterial, os níveis de testosterona e de cortisol e a atividade cerebral.

## O seu monstro interior

O primeiro resultado visível foi comprovar de que modo a raiva provocava mudanças em nosso sistema nervoso autônomo, responsável por controlar o sistema cardiovascular e endócrino (encarregado de liberar hormônios).

Posteriormente, eles verificaram de que maneira haviam aumentado a frequência cardíaca, a tensão arterial e os níveis de testosterona (um hormônio produzido pelos homens que, quando utilizado em atletas, é considerado um esteroide, pois aumenta a força muscular). No entanto, o mais estranho ainda não havia acontecido.

Embora, de modo geral, emoções positivas, como a alegria, estejam associadas à proximidade de outras pessoas (precisamos compartilhá-las para apreciá-las mais) e, pelo contrário, os sentimentos negativos, como a tristeza, estejam mais ligados ao distanciamento dos outros, parece que nem tudo o que sentimos é compatível com esse modelo. Pelo menos a raiva não é. Nas palavras de Herrero: "O caso da raiva é especial porque ela é um sentimento negativo, porém, com frequência, desperta um impulso de aproximação. Normalmente, quando ficamos zangados, temos a tendência natural de nos aproximarmos daquilo que nos provoca raiva para tentar eliminá-lo". Será que é por isso que quando Hulk fica zangado, em vez de assumir o comportamento de fuga, próprio de um animal encurralado, ele decide lutar? Para eliminar o objeto da sua raiva? A pesquisa realizada na Universidad de Valencia é a primeira a analisar todos os parâmetros psicobiológicos de uma emoção e poderia confirmar o que Charles Darwin assegurava: cada emoção tem um padrão psicobiológico próprio e diferente das outras.

## Quero você verde

Mas e a cor verde? A tonalidade da pele não tem nada a ver com radiação, como vimos anteriormente; o que pode ocorrer em um momento de raiva é que, se a nossa pressão sanguínea cair e menos sangue chegar à pele, essa "muda" para uma cor mais pálida (como quando ficamos enjoados) e pode adquirir um tom amarelado ou até mesmo ficar um pouco esverdeada, mas nada que se assemelhe ao verde característico dessa criatura.

## ▶ 2

# ESPECTRO

## O vingador do Além

A entidade que leva este nome enigmático foi criada em 1940 pelo "pai" do Super-Homem, Jerry Spiegel. A vida desse personagem começa com a morte do policial Jim Corrigan. A sua alma se recusa a entrar no mundo subterrâneo

quando escuta uma voz (que se chama exatamente A Voz) lhe avisando que a sua missão no futuro é acabar com o mal no mundo. Sua primeira tarefa é vingar sua própria morte e acabar com os homens que o assassinaram. Com o tempo, quando sente que a sua missão foi cumprida, o espírito do policial vai para o Além. Apesar disso, a história continua: a alma do Lanterna Verde (também conhecido como Geoff Johns) assume o papel do Espectro, embora não tenha ouvido nenhuma ordem de A Voz para fazê-lo.

## Etrigan, o Demônio: com uma boa índole

Provavelmente é o único demônio bom (sob protesto) de todas as mitologias. Segundo a história, Etrigan, filho do demônio Belial, é desafiado para uma luta pelo mago Merlin. Quem ganhar ficará com os poderes do outro. O mago de Lancelot, que está a ponto de perder a luta, lança um feitiço ligando Etrigan ao corpo de um mortal, Jason Blood, que o "obriga" a fazer o bem. Pelo menos na medida em que é possível fazer isso com um demônio forte o bastante para lutar com o Super-Homem em igualdade de condições e que, além disso, extrai um poder sadomasoquista da dor, que ele encara como uma forma de prazer, algo que certamente é estimulado pelo fato de ele ter uma capacidade regenerativa superior à dos outros super-heróis. Ah! Ele também pode manipular a matéria no âmbito molecular. É um pequeno capeta.

## Parasitas do Universo Marvel

Etrigan e Espectro são dois personagens que compartilham a mesma habilidade: parasitar outros seres para alcançar seus propósitos, transformar os outros em zumbis a fim de atingir os seus objetivos. E isso não é exclusivo deles. Na natureza também há exemplos de zumbis.

Suponhamos que você seja um fungo. Mas um fungo bastante elitista. Você precisa crescer até uma altura determinada, em de temperaturas muito específicas, em condições de umidade características e com uma localização exata. No entanto, como você é um fungo, não pode se deslocar livremente para procurar esse lugar. O que você faz então? Infecta uma formiga para que ela faça isso para você.

Um recente trabalho indica que as esporas do fungo *Ophiocordyceps unilateralis* infectam o cérebro das formigas *Camponotus leonardi* e as "obrigam" a descer das alturas onde habitualmente vivem para morder com força uma folha e morrer durante a mordida. A partir desse momento, o corpo do infeliz inseto passa a ser a casa do fungo, que encontrou seu ambiente ideal.

## Os zumbis existem

Pesquisadores (cientistas da Harvard University, da University of Exeter, da University of Arizona e da Universidade de Copenhagen) descobriram isso quando analisaram o comportamento das formigas e constataram que todas as infectadas haviam mordido a parte inferior de uma folha, 98% tinham mordido uma das "veias" da folha que se encontrava 25 centímetros acima do solo, em uma faixa de umidade que estava entre 94% e 95% e em um intervalo de temperatura que ia dos 20 °C aos 30 °C. Em poucas palavras, o fungo conseguiu ser transportado exatamente para onde teria maior probabilidade de se desenvolver.

Além disso, os cientistas quiseram verificar a precisão do sistema de seleção de ambiente dos fungos e conduziram algumas das formigas infectadas, depois de mortas, para lugares alternativos (mais altos ou mais baixos, com condições de umidade e temperatura diferentes das anteriormente mencionadas), enquanto deixaram formigas de outro grupo no local "escolhido" pelos fungos. As formigas desse último grupo desenvolveram normalmente os fungos no prazo previsto, porém no caso das do primeiro grupo, isso não aconteceu: nenhum fungo cresceu nelas.

Finalmente, os cientistas também introduziram as esporas em outras formigas, do gênero Polyrhachis, mas essas não se revelaram tão dóceis quanto as originais, o que os levou a concluir que o fungo evoluiu para manipular um hospedeiro específico.

## Assim é o seu cérebro infectado

Tudo bem, dirá você, isso acontece com as formigas, mas não pode ocorrer no cérebro humano; a nossa mente é complexa demais para isso. Pois Steven C. Schlozman, doutor da Escola de Medicina de Harvard, não concorda muito com isso e, na realidade, realizou um estudo de como seria o nosso cérebro se fôssemos zumbis, e o resultado foi o seguinte.

## O lobo frontal

Esta é a região do cérebro que nos permite pensar cuidadosamente e resolver problemas abstratos. É claro que não há muita atividade nela se você tiver sucumbido aos mortos-vivos. No entanto, pouca não significa nenhuma. Sabemos que os zumbis nos veem e escutam, de modo que Schlozman deduziu que a atividade dessa área é a mínima necessária para que se preste atenção ao tálamo, onde são processados os estímulos sensoriais. Essa região do cérebro também é a que controla a nossa impulsividade, a que é responsável por fazer você se calar antes de falar e morder a língua antes de responder à sua mãe. Por conseguinte, não há muito para ver aqui e devemos passar ao próximo segmento.

## A amígdala e o córtex anterior cingulado

Como não há pensamentos abstratos, todo o comportamento de um morto-vivo se baseia nas emoções, como a ira ou a raiva, que se alojam nas partes mais primitivas do nosso cérebro, em particular, na amígdala. E sabemos disso por intermédio de uma experiência. Foi demonstrado, no caso de diversos animais cuja amígdala havia sido deliberadamente danificada, que quanto maior era a lesão, mais leves eram as suas reações violentas. Schlozman garante que "não podemos ficar zangados com os zumbis, já que é o delicado equilíbrio entre a amígdala e o lobo frontal que nos torna humanos". E esse equilíbrio sustenta o córtex anterior cingulado, que regula e alivia a irritabilidade da amígdala para que o lobo frontal tenha tempo de reagir e fazer a pausa necessária. A conclusão é que um zumbi deverá ter um córtex anterior cingulado muito danificado para que não possa conduzir esse diálogo, o que resulta em uma personalidade extremamente agressiva.

## O cerebelo e os gânglios basais

A degeneração do cerebelo é descrita pelo National Institutes of Health dos Estados Unidos da seguinte maneira: a pessoa caminha com as pernas abertas, de um modo instável, habitualmente acompanhado por um tremor de trás para frente no tronco. Os zumbis têm claramente uma disfunção nessas áreas do cérebro, já que elas são responsáveis por controlar a fluidez dos movimentos e o equilíbrio.

## Os neurônios espelho

São os que nos permitem sentir empatia, perceber o que o outro sente. Evidentemente, os zumbis são incapazes de interpretar as nossas emoções: medo, angústia, raiva... o que possibilita que eles sigam adiante sem se importar com o dano que possam causar.

## A substância cinzenta e a substância branca

A substância cinzenta é responsável pelo processamento das informações que chegam aos nossos órgãos sensoriais, enquanto a substância branca é, basicamente, responsável por todo o "cabeamento" do sistema nervoso. Os especialistas especulam que disfunções em ambas seriam uma das causas da psicopatia, um distúrbio mental caracterizado pela incapacidade de sentir empatia por outra pessoa e pela ausência do sentimento de culpa ao cometer atos violentos.

## Hipotálamo ventromedial

Os zumbis são sempre caracterizados por ter uma fome voraz e insaciável. A explicação mais razoável para isso é que essa região do seu cérebro seja disfuncional por ser a encarregada de nos avisar quando nos sentimos saciados.

# 3

# MISTER X

## A vida é um sonho

Este é um dos poucos personagens deste livro que não pertencem às duas grandes editoras americanas de quadrinhos: a Marvel e a DC. Ele foi criado em 1983 pelo designer de capas Dean Motter para a editora Vortex. Por que então está incluído neste livro? Tudo tem a sua razão, e não o farei perder o sono. Literalmente. A ação transcorre em Radiant City, uma cidade construída sob a influência da arquitetura Bauhaus e do filme de Fritz Lang, *Metropolis*. Tudo gira em torno de uma figura, Mister X, que construiu a cidade sob a premissa da "psicotetura" (mistura de psicologia e arquitetura), que tornou todos os cidadãos loucos como ele. Para corrigir o dano que causou, ele decide consertar a sua criação, e por isso se recusa a dormir, trabalhando ininterruptamente e percorrendo a cidade 24 horas por dia graças a uma droga: a Insomalina.

### O sonho é movimento

O relato fala da importância do ato de sonhar quando dormimos, recorrendo a uma pergunta que os cientistas fazem até hoje: se dormimos para descansar, mas o nosso cérebro registra o mesmo dispêndio de energia durante o período que passamos acordados e durante o sono, para que dormimos? Pode ser que a resposta seja: para sonhar.

Jens Schouenborg é um neurocientista da universidade sueca de Lund que fez uma descoberta surpreendente. Por ser original, mas também por ter sido acidental. Esse professor sueco me contou que, quando a sua filha mais nova nasceu, "levá-la para a cama se tornou uma tarefa árdua. Pelo menos até ela completar 1 ano. Por esse motivo, eu me acostumei a ficar deitado ao lado dela até que adormecesse. Eu sabia quando ela estava completamente adormecida porque os seus músculos começavam a palpitar. Depois de muitas noites, eu me dei conta de que esse tremor dos músculos seguia um padrão. Foi assim que me ocorreu a ideia de que esse movimento involuntário tinha um propósito, de modo que iniciei a experiência". A experiência a que ele se refere é uma pesquisa que durou cerca de uma década. Durante esse, Schouenborg e sua equipe estudaram dois grupos de ratos com menos de duas semanas de vida enquanto dormiam. Quando esses roedores se encontram no seu *habitat*, e enquanto estão dormindo, eles movimentam lateralmente o rabo; é um movimento involuntário que lhes permite tocar outro membro da ninhada. O contato lhes proporciona segurança. Com o propósito de ver o que aconteceria se os estímulos fossem alterados, Schouenborg dividiu os ratos em dois grupos: no primeiro grupo, ele soprava ar na direção do lado esquerdo da cauda quando os ratos a moviam para a direita, e vice-versa (para simular que, apesar do movimento para um lado, o contato se encontrava no lado oposto), enquanto o outro grupo recebia o ar de uma maneira coerente. Passadas apenas duas horas, os ratos do primeiro grupo começaram a exibir um estranho reflexo: quando os pesquisadores aproximavam um *laser* dos ratos pelo lado esquerdo da cauda, esses a moviam na direção da fonte de calor, em vez de afastá-la, como seria lógico. Nas palavras do neurocientista: "Em um sistema nervoso recém-formado, esse poderia ser o mecanismo que constrói os canais nervosos da medula espinhal até os músculos, para que, no futuro, o cérebro reconheça o caminho exato para controlar determinados movimentos durante o estado desperto. Em certo sentido, poderíamos dizer que sonhar nos ensina a nos mover".

## Não me acorde porque vou aprender algo

Mas e os adultos? Por que sonhamos quando crescemos? Inúmeras pesquisas confirmam que o sonho e a memória estão intimamente ligados e que toda a atividade cognitiva que tem lugar quando estamos dormindo tem a ver com o aprendizado.[41]

---

41. David Eagleman, neurocientista do Baylor College of Medicine, é um dos grandes especialistas na pesquisa da memória e da sua relação com o sonho.

Recentemente, uma pesquisa realizada pelos psicólogos Michael Franklin, da University of Michigan, e Michael Zyphur, da Tulane University, demonstrou como o sonho estimula o nosso aprendizado. Os cientistas convocaram um grupo de estudantes, todos jogadores de basquete, para fazer um exercício: eles

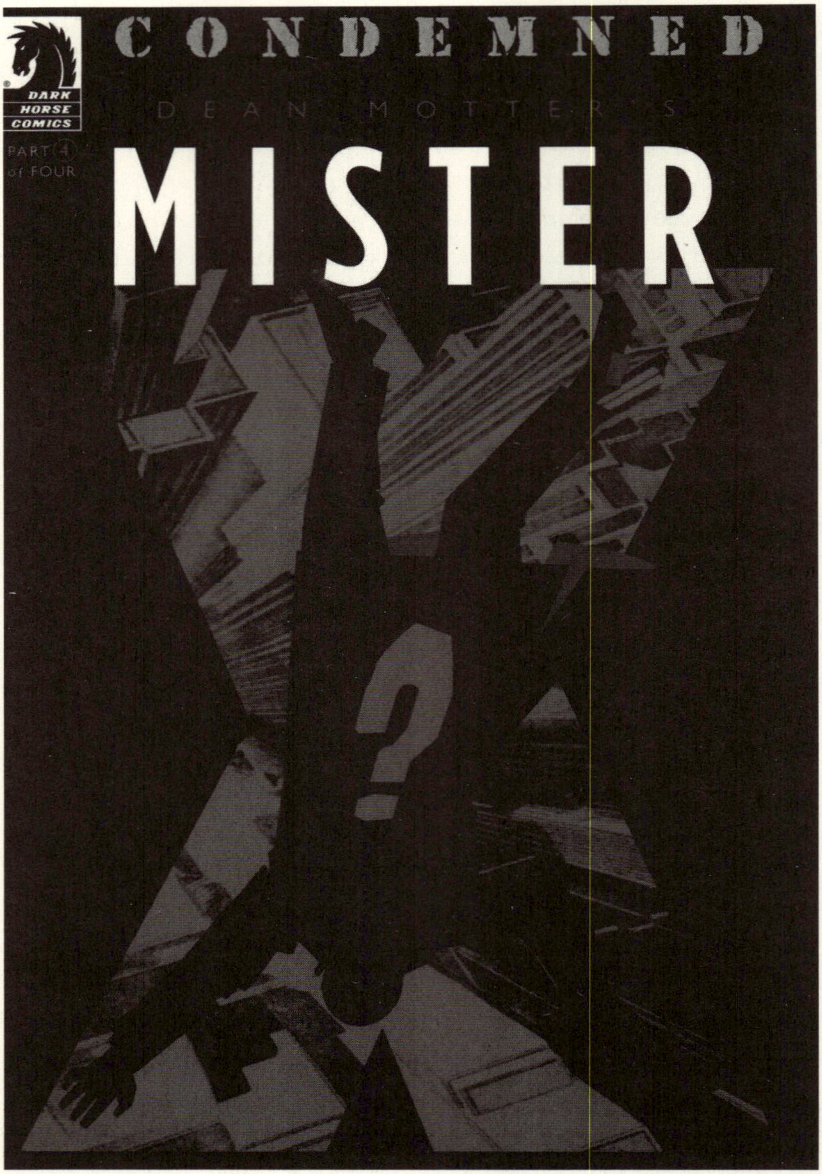

deveriam imaginar que estavam fazendo cestas o máximo de tempo possível. A simulação logo se incorporou aos seus sonhos, e quando isso aconteceu, os cientistas pediram que eles parassem de pensar nesse comportamento durante o dia. O estranho é que ele continuou a se repetir à noite durante algum tempo. Algumas semanas depois, Zyphur e Franklin analisaram para tentar descobrir se as "cestas fantasmas" haviam influído de alguma maneira nas habilidades esportivas dos estudantes. Não apenas foi constatado que elas, de fato, haviam tido uma influência, como também se concluiu que as cestas efetivas tiveram uma melhora de quase 20%. Com essas informações nas mãos, os psicólogos publicaram um trabalho chamado *The role of dreams in the evolution of the human mind*,[42] no qual garantem que: "O tempo que passamos sonhando configura inegavelmente como o nosso cérebro se desenvolve. As experiências que adquirimos ao sonhar ao longo de toda a nossa existência influem na maneira como nos relacionamos com o ambiente e estão destinadas a nos afetar não apenas como indivíduos, mas também enquanto espécie. À medida que ocorrerem os avanços científicos na neurociência, estaremos capacitados para demonstrar algumas dessas hipóteses". Quando entrevistei esses cientistas e perguntei se a razão de necessitarmos dormir fosse apenas para que possamos sonhar, todos concordaram que isso era possível. Por conseguinte, quando alguém lhe perguntar se você está sonhando, pode responder: "Não estou evoluindo".

---

42. Tradução literal: *O papel dos sonhos na evolução da mente humana.* (N. dos T.)

# ▶ 4

## HOMEM-AREIA (THE SANDMAN)

## O mundo é um grão de areia

O codinome desse vilão é William Baker. Ele apareceu pela primeira vez como inimigo do Homem-Aranha em 1963. Embora isso não justifique as suas maldades, temos de reconhecer que ele teve uma infância bastante complicada. Aos 3 anos de idade, seu pai abandonou a família. Sua mãe, nas horas em que estava trabalhando, o deixava na praia, onde o pequeno William passava o tempo construindo castelos de areia durante horas. Num determinado período da adolescência, foi perseguido por um grupo de três estudantes dos quais se defendia usando uma técnica que ele mesmo chamou de "Escoar como areia entre os dedos". Tudo começava a conspirar para que William se transformasse no Homem-Areia; faltavam apenas algumas peças. Com o tempo, ao perceber que não poderiam derrotar William, os quatro se tornaram amigos. No entanto, pouco depois, um deles, chamado Vic, lhe pediu um grande favor: que fraudasse uma partida de futebol americano (William era uma das estrelas do time da escola) para que pudesse quitar uma dívida que tinha com a máfia. O estratagema foi descoberto, William foi expulso da escola, iniciou sua vida de delinquente e acabou indo parar na prisão. A ironia é que, após vários delitos e penas, ele vai para a prisão de Rikers Island e lá ele divide a cela com o pai, embora nunca lhe revele quem é e se apresente como Flint (por causa de uma professora por quem havia se apaixonado) e Marko (por causa do treinador que o expulsou do time). Assim nasce Flint Marko, o outro codinome do Homem-Areia. Depois que o pai de William cumpre sua pena, o filho resolve fugir do cárcere, mas na fuga acaba indo parar em uma zona de testes nucleares e cai em uma área onde a areia havia sido irradiada com um reator experimental.

## Você é mais irritante do que um grão de areia

Segundo a história, o corpo de William e a areia se misturam e nasce então o Homem-Areia, com seus poderes. Estes possibilitam que ele molde à vontade a densidade do seu corpo, que pode ter a rigidez da areia molhada e compacta, a maciez da areia seca, dispersar-se no ar e percorrer grandes distâncias levado pelo vento ou se transformar em uma tempestade de areia e sufocar os seus inimigos. Além disso, também pode mudar de tamanho. É um adversário terrível. E sortudo. Se William, ao fugir, tivesse caído em uma área com farinha, serragem ou cascalho, em vez de areia, a história desse vilão teria sido muito diferente. Por quê? Graças a uma qualidade própria da areia. E única.

Por mais que isso possa desagradar aos fanáticos pelo Homem-Aranha, os cientistas não estão pesquisando como fundir areia com o DNA de uma pessoa. No entanto, estão aprendendo muito com ela. Já faz tempo, por exemplo, que sabemos o motivo pelo qual ela endurece quando lhe acrescentamos água (algo que favorece o Homem-Areia, desde que a quantidade do líquido não seja excessiva). Basicamente, o que acontece é que as moléculas de água constroem pontes que unem os grãos de areia. A tensão superficial dessas pontes atua como uma faixa de borracha, e a maneira mais fácil de rompê-la é adicionando mais água. Os construtores de castelos de areia sabem muito bem disto: a areia molhada tem um ponto de umidade que é ideal para a construção de fortalezas e esculturas no estilo de Gaudí:[43] a água rompe a tensão superficial (o elástico) e os grãos de areia podem se mover com mais liberdade. É esse conhecimento, que adquirimos na praia quando crianças, que está sendo estudado atualmente pelos cientistas visando à construção de prédios antissísmicos.

## Seguindo a onda

Durante um terremoto (consulte o capítulo sobre o Shocker), as ondas de choque comprimem o solo com muito mais rapidez do que o tempo que a água leva

43. Antoni Gaudí i Cornet (25 de junho de 1852–10 de junho de 1926) foi um arquiteto catalão e figura representativa do modernismo catalão. Suas obras refletem o seu estilo altamente individual e inconfundível e estão em grande medida concentradas em Barcelona, particularmente a sua obra-prima, a Sagrada Família. (N. dos T.)

para escorrer, o que faz a pressão do líquido aumentar porque a água está aprisionada. Quanto maior a pressão, maior a carga que ela suporta, e menor o peso que a areia vai suportar. Ironicamente, essa diferença reduz a pressão entre os grãos de areia, ainda que, às vezes, eles se encontrem debaixo de toneladas de peso. O professor de engenharia da University of Colorado, Stein Sture, garante que, "até esse ponto, entendemos o que acontece, mas como exatamente interagem os grãos de areia nessas pressões? É muito complicado estudar isso no laboratório, já que o peso da areia adiciona tensão aos grãos. Se pudéssemos reduzir essa tensão...". O caso é que isso foi feito. Sture enviou areia ao espaço em uma experiência denominada Mecânica de Materiais Granulares (MGM, sigla do nome em inglês), que consiste em colocar água saturada de areia em uma luva de látex que seja repetidamente comprimida por dois pratos situados nas extremidades da luva. Três câmeras registraram as deformações sofridas pela luva nos repetidos ciclos. Quando ela voltou à Terra, os cientistas usaram um

escâner de tomografia computadorizada para analisar a estrutura interna da coluna de areia. Mais tarde, injetaram epóxi nela para preservar essa estrutura e poder estudá-la tranquilamente. Eles ficaram muito surpresos com o que descobriram: "Constatamos que as propriedades da força eram o dobro do que supúnhamos. Isso quer dizer que, na presença de pressões baixas, a areia pode suportar o dobro do peso que imaginávamos. No entanto, e agora vem o que nos deixou perplexos, se reduzirmos a pressão até que ela fique próxima de zero, a força se evapora por completo". A areia precisa de pressão para ser forte (o mesmo que ocorre com o Homem-Areia), e esse conhecimento possibilitará que os engenheiros saibam se um terreno é adequado para que se construam casas sobre ele ou se ele não suportará adequadamente as diferenças de pressão.

## Combata os terremotos com... desodorante

No entanto, há outra solução possível: um *spray* que transforme a areia em rocha, algo em que o doutor Ralf Cord-Ruwisch, da Murdoch University, está trabalhando. O que o procedimento faz é solidificar levemente a areia ou conferir a ela uma consistência semelhante à do mármore. O composto com que Cord-Ruwisch trabalha é uma mistura de cálcio, bactérias e outros componentes que obrigam as bactérias a formar sedimentos (o sólido produzido em uma dissolução líquida devido a reações químicas) com o cálcio, gerando o carbonato de cálcio, que é muito parecido com o arenito. As aplicações dessa tecnologia são inúmeras; poderíamos construir estradas no deserto, solidificar o leito marinho para possibilitar explorações de mineração, solidificar os diques de países à beira-mar como a Holanda.

A equipe de pesquisa que trabalha com Cord-Ruwisch já fez experiências fora do laboratório e, até agora, o maior bloco que conseguiram endurecer é do tamanho de um contêiner. "E descobrimos que quanto mais vezes tratamos a areia com esse método, mais ela endurece", garante o cientista, "ela acaba ficando mais parecida com o mármore do que com o arenito. Essa tecnologia possibilitaria que construíssemos um castelo de areia, o endurecêssemos e, em seguida, o levássemos para casa como uma escultura maciça". E ela também poderia servir para derrotar o Homem-Areia. Se bem que a forma mais fácil é a que foi descoberta há milhares de anos na Mesopotâmia: esquentar a areia a mais de 1.500 °C, transformá-la em vidro (o que se faz com areia de sílica, carbonato de sódio e calcário) e, uma vez que este esteja duro, quebrá-lo em pedacinhos... Ou fazer copinhos de bebida com as sobras, para guardar como suvenir.

# 5

## RORSCHACH

### Como se estivesse pintado

Outro anti-herói com uma infância complicada: Walter Joseph Kovacs é filho de Silvia (uma prostituta) e de um tal de Charlie, de quem só sabemos o nome. Sua mãe quase não cuidava dele, e nas poucas vezes em que o fazia, ela o maltratava. Não é de estranhar que, aos 10 anos, Walter tenha sido expulso do colégio por arrancar parte do rosto de um menino que o perturbava durante as aulas. Depois de passar por diferentes orfanatos, ele consegue emprego em uma loja de roupas. Ali ele trabalha com um tecido inteligente projetado pelo Dr. Manhattan: um material que continha líquidos sensíveis ao calor que constantemente criavam desenhos em branco e preto. Esse tecido é o que Kovacs mais tarde usaria como máscara, adotando o nome do psicólogo suíço Hermann Rorschach, criador de um teste que analisa a interpretação que o paciente faz de "desenhos" feitos com tinta preta.

O tecido fazia parte de uma encomenda feita por uma mulher italiana, Kitty Genovese, que o rejeita. Dois anos mais tarde, quando Kovacs fica sabendo que Kitty fora estuprada e assassinada, decide vestir a máscara e se declarar vingador dos indefesos. É claro que se torna um vingador sem escrúpulos, violento e claramente contrário a qualquer sistema. Sua instabilidade psicológica, como indicam os próprios companheiros do grupo Watchmen, o transforma em um personagem imprevisível e agressivo. Assim como a sua máscara, ele é complexo e versátil.

## Um personagem complexo e versátil

Embora fosse verdade que esse personagem trabalhava ao lado de uma equipe de heróis, a realidade é que a sua personalidade poderia tê-lo transformado em um vilão com todas as letras: violento, vingativo e volúvel (isso mesmo, todas as palavras começam com a letra V). É por isso que ele está neste capítulo. Rorschach sem dúvida conheceu Batman e, de alguma maneira, conheceu os tipos de tecido que o homem morcego usava para confeccionar os seus trajes. Os tecidos inteligentes haviam sido úteis para que ele criasse uma máscara que se modifica de uma maneira aleatória e constante, de maneira a exibir os desenhos de Rorschach diante de suas vítimas, questionando de um modo direto a saúde mental destas pelo mal que haviam praticado e pelo qual seriam condenadas. Hoje em dia, é possível fabricar a máscara de Rorschach (embora ela seja um pouco cara). Porém vamos caminhar passo a passo.

## Agindo com cuidado e sutileza

No capítulo sobre o Batman, vimos como é possível prover certos tecidos de pequenos processadores que informem os dados biométricos do usuário. Também conhecemos os tecidos com memória da forma, aqueles que, graças a uma corrente elétrica ou um estímulo químico, recuperam uma configuração anterior. Suponhamos agora que fosse possível combinar um tecido como os que descrevemos anteriormente com um que mudasse de cor à medida que percebesse alterações mínimas de temperatura em quem os estivesse usando. O processador o dotaria da sensibilidade de perceber modificações insignificantes e atuar em consequência dessas, a memória da forma poderia alterar sutilmente a configuração para que a incidência de luz e sombras lhe conferisse outro aspecto, e o desenho do novo tecido iria variar constantemente graças à sua interação com a temperatura e, até mesmo, com a composição do suor do usuário.

Pois existem tecidos assim. São conhecidos como cromáticos ou camaleônicos, já que mudam de cor em resposta a condições externas. Isso pode acontecer quando uma fonte de luz incide sobre eles (nesse caso, são conhecidos como fotocromáticos) ou quando eles "detectam" uma alteração na temperatura. No primeiro caso, os tecidos fotocromáticos reagem diante da radiação ultravioleta.

## Roupa feita de cristal

O segundo exemplo é o mais interessante para o nosso propósito, já que é ativado diretamente pela temperatura: o termocromismo. Há dois modos de alterar a cor de uma roupa por meio da temperatura, e ambos o fazem graças a

reações químicas. Primeiro, podemos fabricar roupas que tenham no seu interior microcápsulas de cristal líquido. Este alinha as suas moléculas de uma maneira muito específica que possibilita que ele reflita somente um determinado tipo de onda luminosa. Quando o cristal líquido esquenta, a disposição da sua estrutura se modifica e começa a refletir outro tipo de onda luminosa, outra cor, o que, para os nossos olhos, parece ser uma mudança de cor. Quando o cristal volta à temperatura inicial, ele recupera também a antiga cor.

A segunda reação química relacionada com o termocromismo se baseia em milhões de pequenas cápsulas que parecem uma célula. Cada uma delas tem uma membrana exterior com um solvente hidrófobo que impede que ele se dilua na água. O solvente tem partículas de um "disparador de cores" e de um precursor de tingimento. Quando o cristal retorna à temperatura inicial, ele também retoma a antiga cor. Quando a temperatura volta a descer, o solvente novamente se solidifica e a cor original volta a estar presente.

Pode parecer complicado, mas, se pensarmos nas reações químicas que permitem que certos indicadores mudem de cor ao entrar em contato com uma substância ácida (como o limão) ou uma base (como o sabão), poderemos entender melhor o que acontece. Para demonstrar isso em casa, podemos fazer uma experiência muito simples: ferva um maço de couves cortado em pedaços pequenos. Pode comer a verdura, se desejar, mas, por favor, não jogue fora a água do cozimento. Coe a água e deixe esfriar durante meia hora. Molhe um filtro de papel com a água resultante, que será o indicador, e espere que ele seque (você saberá quando isso acontecer, porque ele terá recuperado a cor original). Em seguida, pingue uma gota de suco de limão sobre o papel. Este mudará de cor na presença de uma substância básica (pH maior do que 7) ou ácida (pH menor do que 6).

# 6

# NAMOR, O PRÍNCIPE SUBMARINO

## Um banho de ego

Autoritário, arrogante, solene e com um discurso extraído de um personagem de Shakespeare, Namor é um anti-herói que não se deixa influenciar por ninguém. Sua história começa nove meses antes de seu nascimento graças a um encontro fortuito entre Fen, a filha do imperador da Atlântida, e Leonard McKenzie, capitão do *Oráculo*, um navio quebra-gelos. Certo dia, a bela Fen não volta da viagem que fizera para investigar a presença de um navio nas águas antárticas, por isso seu pai, Thakorr, envia um destacamento de soldados atlantes para atacar o navio, sem saber que McKenzie e Fen haviam se casado em segredo (isso mesmo, aparentemente, as atlantes são muito rápidas). Os soldados dão o capitão por morto e levam a "viúva" de volta para a sua úmida morada, sem saber que nove meses depois iriam ter uma surpresa: um rosado bebê, Namor, cuja cor escandaliza os atlantes azulados. Apesar do escândalo da nobre mãe solteira, Namor cresce e se torna o príncipe do seu povo, alternando a vida entre a superfície (onde se alia tanto a Von Doom quanto ao Quarteto Fantástico, como lhe for mais conveniente) e o fundo do mar.

### Seres humanos submarinos?

Os seres humanos poderiam viver debaixo d'água? Surpreendentemente, a resposta é sim. Embora habitualmente acreditemos que as altas pressões do fundo do mar nos esmagariam, a realidade indica outra coisa. Primeiro, vejamos o que acontece na maior profundidade a que um ser humano já desceu sem nenhum tipo de sistema de respiração artificial, simplesmente submergindo e prendendo a respiração. Quem detém o recorde é o russo Alexei Molchanov, que desceu a 250 metros. Nessa profundidade, a pressão sobre o corpo humano é de aproxi-

madamente 26 atmosferas: imaginemos um pequeno caminhão carregado com duzentos sacos de cinco quilos de batata cada um. Esse é o peso que Alexei suporta sobre o seu corpo. Como é possível que ele não seja esmagado por semelhante pressão? Por uma simples razão: o nosso corpo é composto principalmente de água (quase 70%) e se mantém na mesma pressão da água que o cerca. O problema, portanto, não é entrar, mas sim sair dela. O ar que respiramos habitualmente não é oxigênio puro; na verdade, ele contém 80% de nitrogênio. Quando o corpo é submetido a pressões extremamente elevadas nas profundezas do mar, o nitrogênio se transforma em bolhas e a pressão se modifica com excessiva rapidez, as bolhas se alteram e começam a se mover rapidamente, produzindo obstáculos nos vasos sanguíneos e impedindo que o oxigênio chegue às células. É isso que nos impede de viver no mar. Bem, isso aliado à impossibilidade de respirar debaixo d'água. Embora, talvez, no futuro, descubramos que o segredo está na língua, pelo menos na língua da tartaruga almiscarada (*Sternotherus odoratus*). A língua desse animal é revestida de pequenas protuberâncias que se encarregam de permutar o oxigênio com a água... Ou seja, no mar, essa tartaruga respira com a língua!

## Como peixe embaixo d'água

Por enquanto, o máximo que o homem consegue aguentar sem respirar é quase vinte minutos. E digo o homem (e não o ser humano) porque quem detém esse recorde é o suíço Peter Colat. Como ele consegue? Com alguns truques e muito treinamento. Em primeiro lugar, à medida que o nosso corpo metaboliza oxigênio, ele produz um resíduo, o $CO_2$, dióxido de carbono. Para impedir que o $CO_2$ suba para níveis perigosos, os profissionais fazem respirações rápidas, eliminando grande parte dele. Outro truque é respirar oxigênio puro, porque isso também retarda o surgimento do $CO_2$. O passo seguinte é mergulhar em um tanque com água muito fria. Isso desencadeia a bradicardia reflexa (ou bradicardia decorrente da imersão), que é própria dos mamíferos (até algumas aves a possuem): quando enfrentamos a água, especialmente se ela estiver fria, o corpo reajusta a circulação sanguínea para que somente o coração e o cérebro recebam sangue... ou seja, oxigênio. De acordo com Richard Potkin, especialista em pneumologia da University of California, alguns profissionais "podem reduzir a pressão sanguínea e o ritmo cardíaco para níveis muito baixos, de uma maneira semelhante à dos especialistas em meditação. Esse tipo de bradicardia encerra muita negação da dor. É, de fato, uma experiência extracorpórea, já que é preciso desligar-se do próprio corpo".

## Vivendo da água

Poderemos um dia respirar debaixo d'água? Atualmente, é possível respirar em líquidos com um elevado teor de oxigênio, como o perfluorocarbono (embora a experiência não seja de modo nenhum recomendável). No entanto, a ciência está pesquisando outras possibilidades inspiradas em um inseto. É um besouro cujo nome científico é *Dytiscus marginalis*. Ele tem uma série de pelos rígidos no abdômen que repelem a água, de maneira a criar uma camada de ar entre seu corpo e a água, possibilitando que o inseto "respire" debaixo d'água com essas "guelras". O pesquisador Glen McHale, da Trent University (Inglaterra), está pesquisando atualmente um material sintético que seja hidrófobo. McHale criou uma espuma que até agora deu bons resultados, já que repele a água, mas permite a entrada de oxigênio. Por enquanto, a sua utilização mais provável será em equipamentos submarinos que precisam de oxigênio para funcionar. No entanto, nas palavras do próprio pesquisador, "se o conteúdo de oxigênio na água for estável, pode-se usar indefinidamente essa espuma".

## PRÓXIMOS LANÇAMENTOS

Editora
Cultrix
SÃO PAULO